Welch ein September
qué septiembre...
What a September
que setembro...

P. Joseph Kentenich '85

Gertrud Pollak · Joaquín Alliende-Luco

Vallendar-Schönstatt

CIP-Kurztitelaufnahme der Deutschen Bibliothek:

Pollak, Gertrud
Welch ein September: P. Joseph Kentenich '85 =
Qué septiembre .../Gertrud Pollak; Joaquín Alliende-Luco.—
Vallendar-Schönstatt: Patris Verlag, 1986
ISBN 3-87620-126-8
NE: Alliende-Luco, Joaquín:

Alle Rechte vorbehalten. Printed in Germany
© 1986 by Patris Verlag GmbH, Vallendar-Schönstatt

Gestaltung: BJS Concept, Essen

Lithos: Teamwork, Essen

Druck: Druckpartner, Essen

ISBN 3-87620-126-8

Gertrud Pollak

Geboren 1954 in Geislingen/Steige, Deutschland — Staatsexamen in Germanistik und Katholischer Theologie — Promotion zur Dr. theol. mit einer Dissertation über Säkularinstitute im Fachbereich Dogmatik, Albert-Ludwigs-Universität Freiburg im Breisgau — Bildungsreferentin, Leitung der internationalen Öffentlichkeitsarbeit und Verantwortung für die Publikationen zum Gedenkjahr 1985 — danach pastoraler Dienst, Diözese Rottenburg-Stuttgart.

Nace en 1954 en Geislingen/Steige, Alemania Federal — Diploma Estatal en literatura alemana, germanística y teología católica. — Doctorado en teología en la Universidad Albert-Ludwigs de Friburgo en Brisgovia, con una disertación sobre los institutos seculares en la perspectiva de la teología dogmática — Directora de las relaciones públicas internacionales y responsable de las publicaciones del centenario del nacimiento del Padre José Kentenich. — Desde 1986, servicio pastoral en la Diócesis de Rottenburg-Stuttgart.

Born in 1954 in Geislingen/Steige, Germany — state degree in German Studies and Catholic Theology — received her doctorate in theology at the Albert Ludwig University in Freiburg in Breisgau with a dissertation on secular institutes in the perspective of dogmatic theology — head of international public relations coordination and responsible for publications concerning the Centennial — starting in 1986, pastoral and parish service in the diocese of Rottenburg-Stuttgart.

Nasce em 1954 em Geislingen/Steige, Alemanha Federal — Formada em literatura alemã, germanística e teologia católica — Doutorado em teologia pela Universidade Albert-Ludwigs de Friburgo em Brisgóvia, com uma dissertação sobre os institutos seculares da perspectiva da teologia dogmática — Diretora de Relações Públicas internacionais e responsável pelas publicações do centenário do nascimento do P. José Kentenich. — Desde 1968 Assistente Pastoral na Diocese de Rottenburg-Stuttgart.

P. Joaquín Alliende Luco

Geboren 1935 in Santiago de Chile — Priesterweihe 1961 in Freiburg/Schweiz — Mitglied der Generalleitung des Säkularinstitutes der Schönstatt-Patres — Mitglied der Chilenischen Sprachakademie — Mitglied des Reflexionsteams der Lateinamerikanischen Bischofskonferenz (CELAM) — Sekretär der Kommission für die Evangelisierung der Kultur bei der Bischofskonferenz von Puebla — Mitglied der Kommission für Glaube und Kirchenverfassung beim Ökumenischen Rat der Kirchen in Genf — Verschiedene theologische und lyrische Publikationen in Lateinamerika und Europa — Vorsitzender der internationalen Kommission für die Feiern zum 100. Geburtstag von P. Josef Kentenich.

Nace en 1935 en Santiago de Chile — Ordenado sacerdote en 1961 en Friburgo, Suiza. — Miembro del Consejo General del Instituto Secular de los Padres de Schoenstatt — Miembro correspondiente de la Academia Chilena de la Lengua — Miembro del equipo de reflexión del Consejo Episcopal Latinoamericano (CELAM) — Secretario de la Comisión para la evangelización de la cultura en la Conferencia Episcopal de Puebla — Miembro de la Comisión Constitución y Fe, adjunta al Consejo Mundial de Iglesias, en Ginebra. — Diversas publicaciones teológicas y poéticas en América Latina y Europa — Presidente de la Comisión Internacional para la celebración del centenario del P. José Kentenich.

Born in 1935 in Santiago, Chile — ordained in 1961 in Fribourg, Switzerland — member of the General Council of the Secular Institute of the Schoenstatt Fathers — member of the Chilean Academy of Language — member of the reflexion team of the Latin American Bishops' Conference (CELAM) — Secretary of the Commission for Evangelization of Culture at the Bishops' Conference in Puebla — member of the Commission for Constitution and Faith at the World Council of Churches in Geneva — various theological and poetic publications in Latin America and Europe — President of the International Commission for the Celebration of the 100th Birthday of Fr. Joseph Kentenich.

Nasce em 1935 em Santiago do Chile — Ordenado sacerdote em 1961 em Friburgo, Suíça. — Membro do Conselho Geral do Instituto Secular dos Padres de Schoenstatt — Membro correspondente da Academia Chilena da Língua — Membro da Equipe de Reflexão do Conselho Episcopal Latino-Americano (CELAM) — Secretário da Comissão para a Evangelização da Cultura da Conferência Episcopal de Puebla — Membro da Comissão Constituição e Fé, adjunta ao Conselho Mundial das Igrejas, em Genebra — Diversas publicações teológicas e poéticas na América Latina e Europa — Presidente da Comissão Internacional para a celebração do centenário do nascimento do P. José Kentenich.

Schritte

Jemand malt früh	7
Eine Zeit wächst — Erinnerung	19
"Euer Herz lebe auf" — Erneuerung	89
Jeden Tag ins dritte Jahrtausend — Aussendung	229
Ein Netz durch Kontinente und Völker	243

Pasos

Alguien pinta temprano	7
Crece un tiempo — Recuerdo	19
"Vuestro corazón viva" — Renovación	89
Cada día hacia el tercer milenio — Envío	229
Una red entre continentes y pueblos	246

Steps

The painter gets an early start	7
A time grows — Remembrance	19
"May your hearts live anew" — Renewal	89
Each day into the third millennium — Commission	229
A network throughout continents and nations	249

Passos

Logo cedo alguém pinta	7
Cresce uma época — Recordação	19
"Vosso coração renasça" — Renovação	89
Cada dia rumo ao terceiro milênio — Envio	229
Uma rede através de continentes e povos	252

gratias patri habentes

Wir danken allen, die Fotos zur Verfügung gestellt haben, denen, die einen finanziellen Beitrag zur großzügigen Subvention des Buches geschenkt haben und allen, die uns in vielfältiger Form geholfen haben, diesen Auftrag der Kommission '85 zu erfüllen. Unser besonderer Dank gilt Birgitt Winter und Maria Graciela Alvarez für die Mitarbeit bei der Produktion des Bildbandes. Für die Übersetzungsarbeiten in den Grundsprachen danken wir P. Gilberto Cavani (portugiesisch) und Jonathan Niehaus (englisch).

Agradecemos a todos los que pusieron a disposición fotos, a los muchos que dieron generosos aportes para subvencionar el libro y a cuantos en múltiples formas nos ayudaron a cumplir con este encargo de la Comisión Internacional del Centenario. Una particular gratitud expresamos a Birgitt Winter y a María Graciela Alvarez quienes trabajaron en la producción. Por las traducciones en los idiomas básicos agradecemos al P. Gilberto Cavani (portugués) y a Jonathan Niehaus (inglés).

We want to thank all those who made their photos available to us, those who have provided financial support so generously, and those who have helped in any way to make it possible for Commission '85 to complete the task of publishing this book. We would like to extend our special thanks to Birgitt Winter and María Graciela Alvarez for their able assistance in the production of this book. For the translation work we would also like to thank Fr. Gilberto Cavani (Portugese) and Jonathan Niehaus (English).

Agradecemos a todos que puseram à disposição fotos e a muitos que deram generosas contribuições para subvencionar a presente obra e a todos os que de muitas formas colaboraram. Expressamos especial gratidão a Birgitt Winter e a Maria Graciela Alvarez, que trabalharam na produção. Pelas traduções nos idiomas básicos agradecemos ao P. Gilberto Cavani (português) e a Jonathan Niehaus (inglês).

Der Hl. Geist belebt die Kirche und ruft Frauen und Männer als willige Werkzeuge. Einer unter ihnen in diesem bewegten 20. Jahrhundert ist P. Josef Kentenich, dessen 100. Geburtstag 1985 begangen wurde. Die geistliche Familie, die er in der Kirche gegründet hat, feierte ihn auf sehr verschiedene Art. Es geschah treue Erinnerung, aber auch Erneuerung und Aussendung.

Es ist meine tiefe, gläubige Überzeugung, daß in den internationalen Feierlichkeiten im September jenes Jahres ein erneuter 'Einbruch des Göttlichen', ähnlich der Gründung Schönstatts vom 18.10.1914, sich wiederholt hat und ein neuer Lebensaufbruch aus dem Charisma des Gründers geschah. All das wird in uns wach beim Betrachten der folgenden Seiten, und unsere Dankbarkeit an den Dreifaltigen Gott wächst für alles, was die Gottesmutter von ihrem Heiligtum aus gewirkt hat. Das Aufeinanderzugehen und der geschehene Austausch vielfältigen Lebens sind ein Stück Vorwegnahme der Inkulturation der Weltkirche auf ihrem Weg ins dritte Jahrtausend.
Tatsächlich — welch ein begnadeter September...

An meinem 60. Primiztag,
15.08.86

P. A. Menning

P. Alexander Menningen

El Espíritu Santo vivifica la Iglesia y llama a hombres y mujeres como dóciles instrumentos suyos. Uno de ellos en este agitado siglo XX es el P. José Kentenich, de quien en 1985 se ha cumplido el centenario de su nacimiento. Ello ha sido celebrado en múltiples formas por la familia espiritual que él fundara. Las festivades han sido un tiempo de recuerdo fiel, pero también de renovación y de envío.

Es mi profundo y creyente convencimiento que en las celebraciones internacionales de septiembre de ese año, se volvió a dar una renovada 'irrupción divina', similar a la acontecida en la fundación de Schoenstatt el 18 de octubre de 1914 y que así, del carisma del fundador, ha brotado nueva vida. Todo esto se hace presente en nuestro ánimo al recorrer las páginas de este libro y con ello, crece nuestra gratitud a la Trinidad Santísima por todo lo que la Virgen María ha realizado desde su santuario. El recibirse los unos a los otros y el intercambio de los diversos rostros de la vida, han sido un cierto adelanto de inculturación de la Iglesia que camina hacia el tercer milenio.

En verdad ¡qué bendecido septiembre...!

Al cumplirse 60 años de mi primera misa,
Asunción de la Sma. Virgen María, 1986

P. A. Menning

P. Alexander Menningen

The Holy Spirit brings life to the Church and calls men and women to be his willing instruments. One of these in the swirl of our own 20th Century is Fr. Joseph Kentenich, whose 100th birthday was just observed. The spiritual family which he founded in the Church celebrated the event in many different ways. Loyal remembrance was there, but also renewal and commission.

It is my deep, faith-filled conviction that in the international celebration of that September, a renewed „inbreak of the divine" repeated itself, similar to that of October 18, 1914, and a new eruption of life took place from the charism of the founder. All of that will awaken in us as we contemplate the following pages, and our gratefulness to the Triune God will grow for everything that the Blessed Mother has done from her shrine. The willingness to reach out and the interchange of multifaceted life are an anticipation of the inculturation of the universal Church on its way into the third millennium.

Yes, indeed, what a grace-filled September.

On the 60th anniversary of my First Mass, August 15, 1986

Fr. Alexander Menningen

O Espírito Santo vivifica a Igreja e chama homens e mulheres como instrumentos livres. Um instrumento de Deus neste conturbado século XX foi o P. José Kentenich, cujo centenário de nascimento foi celebrado em 1985. A família espiritual por ele fundada celebrou-o de muitas formas. Houve recordação fiel, mas também renovação e envio.

É minha convicção profunda e crente que nas celebrações internacionais em setembro desse ano repetiu-se uma nova ‚irrupção do divino', como aconteceu na fundação de Schoenstatt a 18.10.1914. Verificou-se um novo ressurgimento de vida, a partir do carisma do Fundador. Tudo isso se despertará em nós ao contemplarmos as páginas que seguem e assim crescerá nossa gratidão à Santíssima Trindade por tudo o que Nossa Senhora realizou de seu Santuário. Os múltiplos contactos e o intercâmbio de vida verificado são uma antecipação da inculturação da Igreja universal rumo ao terceiro milênio.
Realmente — que abençoado setembro...

No 60º aniversário de minha primeira missa,
Assunção de Nossa Senhora, 1986

P. Alexander Menningen

Jemand malt früh

Alguien pinta temprano

The painter gets an early start

Logo cedo alguém pinta

 Die Lebensmitte P. Josef Kentenichs und seiner weltweiten Schönstattfamilie, der Ort des Liebesbündnisses mit der Gottesmutter am 18.10.1914 steht im Zentrum des Signets: das Heiligtum. Die blaue Farbe erinnert an Maria. Um diese Mitte herum soll ein neues Land entstehen, ein Stück des Reiches Christi, ein Land der Liebe, der Freiheit, der Freude, der Wahrhaftigkeit, der Sieghaftigkeit — eine fruchtbare Sonnenau (Heimatlied), worauf die gelbe Fläche hinweist.

Al centro está el santuario. Como en la vida del P. José Kentenich, como en la familia de Schoenstatt que se extiende por el mundo. El lugar santo de la alianza de amor con María el 18.10.1914. El color azul significa la Virgen. Desde este centro surge una porción del Reino de Cristo, un mundo nuevo, una tierra de amor, libertad, alegría, veracidad, justicia y victoriosidad. Un nuevo Tabor. La superficie amarilla representa esta tierra.

The center of life for Fr. Joseph Kentenich and his worldwide Schoenstatt family, the place of its foundation and of the covenant of love with Mary on October 18, 1914, stands in the center of the centenary symbol. The blue color depicts the Blessed Virgin Mary. Around this center people are trying to take the message of Jesus seriously and to realise his kingdom of love, freedom, joy, truth and justice. In prayers written in Dachau, Fr. Kentenich expressed this as a "fruit-bearing sunlit meadow". The yellow area is a symbol for this.

No centro está o Santuário, lugar da Aliança de Amor com Nossa Senhora a 18.10.1914. Ele é o ponto central da vida do P. José Kentenich e da sua Família de Schoenstatt espalhada por todo o mundo. A cor azul lembra Maria. Junto a esse centro as pessoas procuram assumir a mensagem de Jesus e concretizar o seu reino de amor, de liberdade, de alegria, de veracidade e de justiça. E' um novo Tabor. A superfície amarela representa esse reino.

 Sie ist umschlossen von den Mauern der neuen Stadt. In ihr wohnen Menschen, die vor den Ansprüchen des Alltags nicht fliehen. Sie wollen die Herrlichkeiten Gottes in ihrem Lieben, Denken und Tun erfahrbar machen.

El Apocalipsis muestra la Iglesia como una Ciudad Nueva. De ella quiere ser Schoenstatt reflejo y realización. Aquí se dibujan los muros de una ciudad cuyos habitantes no huyen de las duras exigencias cotidianas. Ellos buscan, por su trabajo, su oración, su lucha, su servicio, ser testigos que hagan presente la gloria de Dios en medio de la historia.

The yellow surface is then surrounded by the walls of the New City (cf. Revelation 21). The inhabitants of this city don't turn it into a ghetto, they don't run away from the commitments of everyday life. God belongs in their lives. He must be experienced more and more in the world and through the city dwellers find the way to all people.

Esta superfície está circundada pelos muros da Cidade Nova (cf. Apocalipse 22). Os habitantes desta cidade são pessoas que não fazem dela um gueto, que não fogem das exigências do dia-a-dia, pois Deus é parte essencial de suas vidas. Ele deve ser perceptível no mundo e chegar a todos através dos habitantes desta Cidade Nova.

"Confluentes"

Heinz Kassung malt die Landschaft um das Deutsche Eck in Koblenz, wo Mosel und Rhein zusammenfließen.

Heinz Kassung muestra donde el Rin y el Mosela confluyen en la ciudad de Coblenza.

Here Heinz Kassung shows where the Moselle and the Rhine flow together in the city of Koblenz.

Heinz Kassung mostra onde o Mosela e o Reno confluem na cidade de Coblença.

Schon im Jahr 1984 malt ein Koblenzer Künstler das Signet.

Ya en enero de 1984 un artista de Coblenza pinta el símbolo.

The centennial logo was already designed in January 1984 by a Koblenz artist.

Em janeiro de 1984 um artista de Coblença pinta o símbolo de Centenário.

Heinz Kassung begann 1949 zu malen und trat damit in die Fußstapfen seines Vaters. Von 1952-1957 studierte er an der Hochschule für Kunst und Design in Köln. Ende 1957 wurde er zum Meisterschüler von Prof. F. Vordemberge gekürt. Seit 1958 ist er als selbständiger Künstler in Koblenz tätig. Dort wurde er 1935 geboren.

Heinz Kassung incursionó en la pintura en 1949, siguiendo las huellas de su padre. Entre 1952 y 1957 estudió en la Escuela Superior de Arte y Diseño de Colonia. A fines del 57 fue nombrado discípulo-asistente del maestro F. Vordemberge y desde 1958 se desempeña como artista independiente en Coblenza, ciudad que lo vio nacer en 1935.

Following in his father's footsteps, Heinz Kassung began to paint in 1949. From 1952-1957 he studied at the College of Arts and Design in Cologne. At the end of 1957 he was commissioned as a Masters student of Professor F. Vordemberge. Since 1958 he has been employed as an independent artist in Koblenz, where he was born in 1935.

Seguindo as pegadas de seu pai, Heinz Kassung começou a pintar em 1949. De 1952 a 1957 estudou na Faculdade de Arte e Desenho em Colônia. Em fins de 1957 foi nomeado assistente do Prof. F. Vordemberge e desde 1958 atua como artista independente em Coblença, cidade que o viu nascer em 1935.

Signet '85

El Símbolo del Centenario

The Centenary Symbol '85

O Símbolo do Centenário

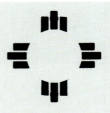

Es soll etwas ausgehen von dieser Stadt. Auf zwölf Wegen ziehen die Menschen als Werkzeuge und Boten des Bundes durch die zwölf Tore hinaus. Die Stadt ist keine Festung. Sie steht allen Menschen offen. Ein wirklicher Lebensaustausch soll im Gedenkjahr entstehen, ein neues Miteinander und viele Begegnungen.

Esta ciudad no es una fortaleza cerrada en sí misma. Tiene doce puertas. Por ellas entra y sale la vida. Así se suscitan nuevos encuentros y parten mensajeros que anuncian la buena noticia de la alianza de amor.

Something must radiate from this city. The path to a vital interchange between individuals who are ready to serve and to allow themselves to be enriched, leads through 12 gateways.

Algo deve-se irradiar dela. Das doze portas partem caminhos pelos quais se pode dar um intercâmbio de vida entre pessoas dispostas a servir e a enriquecer-se mutuamente.

Alles ist geprägt von der Form des Kreuzes, die den Grundriß der neuen Stadt bestimmt. Das Kreuz Christi als bleibendes Zeichen der Erlösung macht Gottes Liebe offenkundig und schenkt Leben in Fülle.

La cruz marca, imprime carácter a todo el símbolo. Su diseño se descubre en los muros de la ciudad. Cristo está en la existencia de los hombres. Cruz redentora, que hace patente el amor del Padre y regala vida en plenitud.

The whole symbol is engulfed by the sign of the cross which determines the fundamental profile of the New City. The Cross of Christ, as the prevailing symbol of salvation, reveals the fullness of the love of God. Mary's activity from the little shrine shows itself in the lives of many people whom she has guided and led to Christ.

A forma de uma cruz que impregna todo o conjunto, marca os alicerces da Cidade Nova. A Cruz de Cristo é símbolo permanente de redenção. É sinal do amor de Deus aos homens. Pode-se perceber a atuação fecunda e maternal de Maria a partir do Santuário pelo grande número de pessoas que Ela atrai e conduz a Cristo.

Die Planungstagung 1982

Auf einer 'Internationalen Planungstagung zum 100. Geburtstag von Pater Kentenich' trafen sich vom 19.-26.10.1982 in Haus Mariengart 50 Vertreter aller Gemeinschaften des föderativ aufgebauten Schönstattwerkes aus 17 Ländern. Von Anliegen und Wünschen, die aus der immer größer werdenden internationalen Schönstattfamilie kamen, wurden die Entwürfe zu zwei wichtigen Dokumenten erarbeitet, die das Generalpräsidium des Schönstattwerkes dann als Grundlinie zu den Feiern des 100. Geburtstages des Gründers herausgegeben hat.

O Encontro de Planejamento de 1982

Representantes de 17 países de todas as comunidades que constituem a Obra de Schoenstatt acorrem, em outubro de 1982, à Casa Mariengart, próxima ao Santuário original. São 50 pessoas. Este encontro tem a finalidade de perscrutar o que o Deus vivo está pedindo da Família Internacional em relação ao centenário do Fundador. Os resultados são apresentados em dois documentos que o Conselho Internacional completa e aprova como diretrizes para o ano do centenário.

The 1982 Planning Conference

October 19-26, 1982 saw the "International Planning Conference for the Hundredth Birthday of Father Kentenich" in Haus Mariengart in Schoenstatt, with fifty participants representing all branches of the movement and 17 nations. The input from the steadily growing international Schoenstatt Family became the basis for drafts of two key documents which the General Presidium of the Schoenstatt Work published as keynotes to the celebration of the founder's centenary.

Cecilie Scheffer

La Jornada de Planificación de 1982.

Representantes de 17 países y de todas las comunidades que constituyen la federativa Obra de Schoenstatt acuden en octubre de 1982 a la casa Mariengart, cerca del santuario original. Son cincuenta personas. Esta jornada se reúne para escrutar lo que el Dios vivo está pidiendo a la Familia Internacional respecto del centenario del fundador. Los resultados se formulan en dos documentos que el Consejo Internacional completa y aprueba como directrices para el año jubilar.

Aus einem Grußwort von P. Alexander Menningen an die Planungstagung:

"Wenn die Mitglieder des Schönstattwerkes sich zu den geplanten Gedenkfeiern vereinen, begegnen einander die Vertreter vieler Sprachen, Länder und Kontinente. In ihnen tut sich die ganze Weite einer kirchlichen Gründung jenseitigen Ursprungs auf...'Sie zeigt an, daß die formende Hand des Gründers auch heute noch unter uns gegenwärtig ist."

Palabras de saludo del P. Alexander Menningen para la Jornada de Planificación

"Cuando se reúnan los schoenstattianos para las celebraciones conmemorativas, se producirá el encuentro de personas que hablan diferentes lenguas y provienen de diferentes países y continentes. en ustedes ya se hace presente toda la amplitud de una fundación eclesial que tiene su origen en la realidad divina... Esto muestra que la mano plasmadora del fundador continúa hoy actuando entre nosotros."

from Fr. Menningen's greeting to the Planning Conference:

"If the members of the Schoenstatt Work come together for the planned celebrations, then representatives of many languages, nations and continents will encounter each other. In them will open the whole width of a founding in the Church with supernatural origin. The mutual acceptance and interaction of life effects a growing width and depth and an anticipated inculturation of the universal Church in miniature. It shows that the forming hand of the founder is still active in our midst today."

Der Geist malt früh in den Herzen.

El Espíritu de Dios pinta en los corazones.

Schon die ersten Planungen waren begleitet und getragen vom Gebet vieler — besonders der Kranken. In Schönstatt existiert unter seinen über 20 Gliederungen eine eigene Gemeinschaft der Kranken. Ihr Einsatz ist symbolisiert in diesen 100 Rosen der Liebe und 100 Ähren des Opfers.

Even the earliest stages of planning were accompanied and carried by the prayers of many people — especially the sick. Among Schoenstatt's twenty-plus branches and communities is a branch for the sick. Its involvement is symbolized in its 100 roses of love and 100 ears of sacrifice.

Junto al trabajo de planificación, desde el comienzo la oración y el sacrificio. Especialmente responsable de esta dimensión se siente la liga de los enfermos, una de las 25 agrupaciones del movimiento. Su entrega la simbolizan cien rosas y cien espigas.

A oração e o sacrifício acompanham os trabalhos desde o planejamento. A Liga dos Doentes, uma das 25 comunidades de Schoenstatt, sente-se especialmente responsável por este setor. Sua contribuição é simbolizada por 100 rosas e 100 espigas.

The Spirit as 'painter' — an early start in many hearts

O Espírito de Deus pinta nos corações.

20.10.84

Sechzig Busse und etwa 300 PKWs fahren langsam auf Berg Schönstatt hinauf. Sie befördern die über 6000 Menschen, die zur Eröffnung des internationalen Gedenkjahres gekommen sind. Schon aus der Ferne werden sie von einer großen Fahne begrüßt, die an einem der Türme der Dreifaltigkeitskirche weht — von einem stürmischen Wind in Bewegung gehalten. Die Pilger füllen die Kirche, den Platz davor, wo ein großer Altar aufgerichtet wurde, und das Gelände drum herum. Um 10 Uhr künden die Glocken den Anfang des Ereignisses, zu dem sich an diesem Ort versammelt haben.

Hauptzelebrant der Eucharistiefeier, mit der das Gedenkjahr eröffnet wird, ist Bischof Dr. Paul Cordes, Vizepräsident des Päpstlichen Laienrates (Rom). Mit ihm konzelebrieren drei chilenische Bischöfe — Bischof Franz-Josef Cox, Bischof Manuel-Camilo Vial und Bischof Alejandro Jiménez — und Bischof Ramón Villena von den Philippinen, dazu 150 Priester aus 12 Nationen. Am Ende wird zum erstenmal das Gebet des Gedenkjahres gebetet.

Sessenta ônibus e trezentos automóveis sobem lentamente o Monte Schoenstatt. Levam mais de seis mil pessoas que vieram participar da abertura internacional do centenário do Fundador. Ao longe saúda-os a imponente bandeira, pendente de uma das torres da Igreja da Santíssima Trindade, que se agita movida por um vento impetuoso. Os peregrinos enchem a igreja, a praça em frente — onde se instalou um altar-monumento — e suas adjacências. As 10 horas da manhã os sinos anunciam o início do evento que os congrega nesse lugar

Preside a celebração eucarística, com a qual se abre o centenário, o Bispo Paulo Cordes, Pro-Secretário do Conselho Pontifício para os Leigos (Roma). Outros 3 bispos chilenos — Dom Francisco José Cox, Dom Manuel Camilo Vial e Dom Alejandro Jiménez — um bispo filipino — Dom Ramón Villena — e cento e cinquenta sacerdotes de doze diferentes nacionalidades concelebram com ele.

Sesenta buses y trescientos automóviles ascienden lentamente hacia la cumbre del Monte Schoenstatt. Conducen hasta allí a más de seis mil personas que han venido a participar en la inauguración internacional del centenario del padre. Las saluda desde la distancia una imponente bandera que flamea de una de las torres de la Iglesia de la Santísima Trinidad, movida por un viento tormentoso. Los peregrinos llenan la iglesia, la plaza frente a ella — donde se ha instalado un altar monumental — y sus parajes adyacentes. A las 10 de la mañana, las campanas anuncian el comienzo del evento que los congrega en este lugar.

Preside la eucaristía con la que se da apertura al centenario Monseñor Paul Cordes, Prosecretario del Consejo Pontificio para los Laicos (Roma). Otros tres obispos chilenos — monseñores Francisco José Cox, Manuel Camilo Vial y Alejandro Jiménez —, un obispo de Filipinas — Monseñor Ramón Villena — y ciento cincuenta sacerdotes de doce naciones concelebran con él. Al final se reza por primera vez la oración del centenario.

Sixty buses and 300 automobiles make their slow ascent to the summit of Mount Schoenstatt. They bring over 6000 people who have come to the opening of the international commemorative year. At a distance they are already greeted by a large banner which waves from one of the towers of the Church of the Trinity. Stormy winds keep the banner in motion. The pilgrims fill the church, the square before it where a large altar has been erected, and continue to fill in the area around the church. At 10 o'clock the bells announce the beginning of the happening for which everyone has gathered at this place.

The main celebrant of the Eucharistic celebration with which the centennial year is to be opened is Bishop Dr. Paul Cordes, Vice President of the Pontifical Council for the Laity in Rome. Three Chilean bishops concelebrate with him — Bishop Franz-Josef Cox, Bishop Manuel Camilo Vial and Bishop Alejandro Jiménez — and Bishop Ramón Villena of the Philippines, in addition 150 priests from 12 nations. At the end, the Prayer of the Centennial is prayed for the first time.

Bishop Paul-Josef Cordes

"Therefore we have to thank God that he sent the Church Father Kentenich. It is only too fitting that this extraordinary man be expressly noted by an abundantly varied celebration of his 100th birthday. Our Holy Father himself made reference to him on the occasion of the last General Chapter of the Schoenstatt Fathers in Rome because — as he himself said — he 'wanted to specifically name him (in Fulda) as one of the great priests of recent history and thus honor him in a special way.' For Father Kentenich appears in many of his theological and educational instructions like a messenger of forgotten truths. Like with his thoughts on 'childlikeness'... To me this 'childlikeness' appears to be one of the key words in this spirituality..."

Proclamación solemne

"Para gloria de la Trinidad, como expresión de nuestra alianza de amor
con la Madre, Reina y Victoriosa
tres veces admirable de Schoenstatt,
declaro abierto para la familia internacional
al año del centenario
de nuestro padre y fundador,
el P. José Kentenich.
Quiera el Dios vivo
regalarnos en estos meses
un año santo,
fecundo para la Iglesia de Cristo
y para todos nuestros pueblos. Amén."

Feierliche Proklamation

"Zur Ehre der Heiligsten Dreifaltigkeit und als Bekräftigung unseres Liebesbündnisses mit der dreimal wunderbaren Mutter, Königin und Siegerin von Schönstatt, erkläre ich das Gedenkjahr zum 100. Geburtstag unseres Vaters und Gründers, Pater Josef Kentenich, für die internationale Schönstattfamilie als eröffnet.

Möge der lebendige Gott die kommenden Monate für uns zu einem heiligen Jahr werden lassen, das für die Kirche Jesu Christi und für alle Völker fruchtbar wird".

Solemn Proclamation

"To the glory of the Trinity, and as an expression of our covenant of love
with the Mother Thrice Admirable,
Queen and Victress of Schoenstatt,
I declare, for the international Schoenstatt family,
the opening of the centennial year
of our father and founder,
Fr. Joseph Kentenich.
In the coming months may the living God
grant us the gift of a holy year,
fruitful for the Church of Christ and for all nations. Amen."

Bischof Dr. Paul Cordes

"Deshalb müssen wir Gott danken, daß er seiner Kirche Pater Kentenich geschickt hat. Es ist nur zu angemessen, auf den 100. Geburtstag dieses außergewöhnlichen Mannes durch eine reich gegliederte Feier nachdrücklich aufmerksam zu machen. Unser Heiliger Vater selbst hat sich anläßlich des letzten Generalkapitels der Schönstattpatres in Rom auf ihn bezogen, weil er ihn — wie er wörtlich sagte — 'als eine der großen Priestergestalten der neueren Geschichte namentlich nennen und ihn so in besonderer Weise ehren wollte'. Denn Pater Kentenich erscheint in manchen seiner theologischen und pädagogischen Weisungen wie ein Bote vergessener Wahrheiten. Etwa mit seinen Ausführungen zur 'Kindlichkeit'...Mir erscheint diese 'Kindlichkeit' als eines der Schlüsselworte für seine Spiritualität überhaupt..."

Mons. Paul Josef Cordes

"Por eso debemos agradecer a Dios que haya enviado al P. Kentenich. Es del todo justificado llamar expresamente la atención, con una celebración de variado despliegue, sobre este hombre excepcional. Nuestro Santo Padre mismo, con ocasión del último Capítulo General de los Padres de Schoenstatt en Roma, se ha referido a él, a quien considera como 'una de las grandes figuras sacerdotales de los tiempos recientes y por eso quiso nombrarlo públicamente (en Fulda) y tributarle honor.' En efecto, el P. Kentenich aparece en algunas de sus orientaciones y consignas como mensajero de verdades echadas en olvido. Por ejemplo, con sus reflexiones sobre la infancia espiritual... A mí me parece que esta 'infancia espiritual' constituye en suma un concepto clave de su espiritualidad..."

Deutschland, das Ursprungsland Schönstatts bringt als erste Nation sein Geburtstagsgeschenk. Dahinter steht ein reicher Lebensvorgang, dessen Höhepunkt heute erreicht ist: "das Liebesbündnis für unser Volk". Die mehr als 7000 Teilnehmer beten:

"Mit dir, unserer Mutter und Königin, wollen wir in unserer Umgebung eine Atmosphäre des Vertrauens schaffen. Wir wissen uns solidarisch mit allen, die zu einem neuen Anfang in der Glaubensgeschichte unseres Volkes beitragen wollen. Zeige du uns, wo wir in Kirche und Welt dem Leben dienen sollen. Sende uns zu den Männern und Frauen unseres Volkes, zu den Familien, zu den jungen Menschen, zu denen, die Leid tragen und Hilfe brauchen; sende uns in die Häuser, an die Arbeitsplätze, in die Pfarrgemeinden und in das öffentliche Leben."

Die Weihe nimmt Bischof Dr. Franz Hengsbach, Essen, entgegen. Im Tal wiederholen die siebenfarbigen Kleider der Jugendlichen im Tanz den lebendigen Bundesbogen, den Gott rechtzeitig zu Beginn der Feier am Himmel gemalt hatte.

Alemania, donde Schoenstatt nació, trae como primera familia schoenstattiana nacional, su regalo de cumpleaños al fundador. Es todo un rico proceso vital, denominado 'alianza de amor por nuestro pueblo' que ahora culmina. La multitud de los orantes reza: "Contigo, nuestra Madre y Reina, queremos crear en nuestro entorno una atmósfera de confianza. Nos sabemos solidarios con todos los que se empeñan por un nuevo comienzo en la historia de fe de nuestro pueblo. Muéstranos dónde podemos ser servidores de la vida en la Iglesia y en la sociedad. Envíanos al encuentro de los hombres y las mujeres de nuestro pueblo, envíanos a las familias, a los jóvenes, a los sufrientes, a los necesitados, envíanos a los hogares, a los lugares de trabajo, a las parroquias, envíanos a la vida pública." La consagración la toma el Obispo de Essen y fundador de Adveniat Mons. Franz Hengsbach. La juventud danza la historia de alianza del Antiguo y Nuevo Testamento y la del origen de Schoenstatt. Las vestimentas de los jóvenes repiten en el valle los siete colores de un arco iris de alianza que la mano de Dios pintara puntualmente al inicio de la fiesta.

Germany, Schoenstatt's land of origin, is the first nation to bring its birthday present. Behind it is a deep process of life which reaches its climax today: "The Covenant of Love for our People". The more than 7000 participants pray:

"With you, our Mother and Queen, we want to create an atmosphere of trust wherever we are. We acknowledge our solidarity with all those who want to contribute to a new beginning in the history of the faith of our people. Show us where we are meant to serve life in Church and world. Send us to the men and women of our nation, to the families, to the young people, to those who have to bear suffering and need help; send us into the homes, the workplaces, into the parishes and public life."

Bishop Franz Hengsbach of Essen accepts the concecration. The youth's seven-colored cloaks repeat in dance the living rainbow of the covenant, which God had painted in the sky right on time...at the beginning of the celebration.

A Alemanha, país onde surgiu Schoenstatt, é a primeira a trazer seu presente de aniversário. É todo um rico processo de vida que agora atinge seu ponto culminante: "A Aliança de Amor por nosso povo". Sete mil participantes rezam: "Contigo, nossa Mãe e Rainha, queremos criar ao nosso redor uma atmosfera de confiança. Reconhecemo-nos solidários com todos os que se empenham por um novo começo na história de fé de nosso povo. Mostra-nos onde ser servidores da vida na Igreja e na sociedade. Envia-nos ao encontro dos homens e das mulheres de nosso povo, envia-nos aos lares, aos lugares de trabalho, às paróquias, envia-nos à vida pública."

A consagração é aceita pelo Bispo de Essen, Fundador do 'Adveniat' Dom Franz Hengsbach. A juventude dança a história da Antiga e da Nova Aliança e a da origem de Schoenstatt. As vestes dos jovens repetem no vale as cores de um arco-íris de aliança que a mão de Deus pintara pontualmente no início da festa.

P. Josef Kentenich 1885 - 1968

18.11.1885	Geburt in Gymnich bei Köln
1899 - 1904	Besuch der Pallottiner-Schule in Koblenz-Ehrenbreitstein
1904 - 1910	Noviziat und Theologiestudium in Limburg
1906	Abschluß des Noviziates, Profeß als Pallottiner
8.7.1910	Priesterweihe in Limburg
1912 - 1919	Spiritual in Schönstatt
18.10.1914	Gründung der Schönstatt-Bewegung
ab 1919	Auf- und Ausbau der Schönstatt-Bewegung
20.8.1919	Gründung des 'Apostolischen Bundes'
20.8.1920	Gründung der 'Apostolischen Liga'
20.9.1941 - 11.3.1942	Gefangener der Gestapo in Koblenz (davon 4 Wochen Dunkelhaft)
13.3.1942	Ankunft im KZ Dachau
6.4.1945	Entlassung aus dem KZ
1945 - 1951	Weltreisen zur Ausbreitung der Schönstatt-Bewegung
1951 - 1965	Exil in Milwaukee — USA
16.11.1965	Aufnahme P. Kentenichs in den Klerus des Bistums Münster
22.12.1965	Audienz bei Paul VI
15.9.1968	Tod in der Dreifaltigkeitskirche auf Berg Schönstatt

P. José Kentenich 1885 - 1968

18.11.1885	Nace José Kentenich en Gymnich (Colonia, Alemania Federal)
1899	Ingresa al colegio de los padres palotinos en Coblenza - Ehrenbreitstein
1904 - 1910	Noviciado y estudios de teología en Limburgo
1906	Término del noviciado, profesa como palotino.
8.7.1910	Ordenación sacerdotal en Limburgo
1912 - 1919	Director espiritual en Schoenstatt
18.10.1914	Fundación del Movimiento de Schoenstatt
desde 1919	Desarrollo y estructuración del Movimiento de Schoenstatt
20.8.1919	Funda la 'Federación Apostólica'
20.8.1920	Funda la 'Liga Apostólica'
20.9.1941 - 11.3.1942	El P. Kentenich es encarcelado por la Gestapo en Coblenza; (las primeras cuatro semanas incomunicado en un calabozo)
13.3.1942	Llegada al campo de concentración de Dachau
6.4.1945	Es liberado
1945 - 1951	Comienzo de sus viajes intercontinentales para la expansión de Schoenstatt
1951 - 1965	Exilio en Milwaukee — E.E.U.U.
16.11.1965	Admisión del P. Kentenich en el clero de la diócesis de Münster
22.12.1965	Pablo VI lo recibe en audiencia
15.9.1968	El P. Kentenich muere en la iglesia de la Santísima Trinidad, en el Monte Schoenstatt.

Father Joseph Kentenich 1885 - 1968

18.11.1885	Joseph Kentenich born in Gymnich, West Germany
1899 - 1904	Attended the Pallottine school in Ehrenbreitstein near Koblenz on the Rhine River
1904 - 1910	Novitiate in Limburg and theological studies
1906	End of the novitiate, solemn profess as member of the community of the Pallottine Fathers
8.7.1910	Ordination to the priesthood
1912 - 1919	Moved to Schoenstatt, work as spiritual director
18.10.1914	Founding Document of the Schoenstatt Movement
1919	Development and extension of the Schoenstatt-Movement
20.8.1919	Founding of the Apostolic Federation (Union) in Hoerde near Dortmund
20.8.1920	Founding of the Apostolic League
20.9.1941 - 11.3.1942	Arrested by the Gestapo (Secret Police); held prisoner in Koblenz
13.3.1942	Arrival at the Dachau Concentration Camp
6.4.1945	Release from the concentration camp
1945 - 1951	International trips to extend the Schoenstatt Movement
1951 - 1965	Exile in Milwaukee, U.S.A.
16.11.1965	Father Kentenich's acceptance into the clergy of the Munster Diocese
22.12.1965	Audience with Paul VI
15.9.1968	Father Joseph Kentenich dies in the Adoration Church on Mount Schoenstatt

P. José Kentenich 1885 - 1968

18.11.1885	Nascimento em Gymnich (perto de Colônia)
1899	Ingressa no Seminário Palotino em Ehrenbreitstein (Coblença)
1904 - 1910	Noviciado e estudos teológicos em Limburgo
8.7.1910	Ordenação sacerdotal
1912 - 1919	Diretor espiritual em Schoenstatt
18.10.1914	Fundação do Movimento de Schoenstatt
a partir de 1919	Desenvolvimento e estruturação do Movimento de Schoenstatt
20.8.1919	Fundação da União Apostólica em Dortmund-Hoerde
20.8.1920	Fundação da Liga Apostólica
20.9.1941 - 11.3.1942	Prisioneiro da Gestapo em Coblença
13.3.1942	Chegada ao Campo de Concentração de Dachau
6.4.1945	Libertação do campo de concentração
1945 - 1951	Viagens internacionais para a expansão do Movimento
1951 - 1965	Exílio em Milwaukee (USA)
16.11.1965	Admissão do P. Kentenich no clero da Diocese de Münster
22.12.1965	Audiência com Paulo VI
15.9.1968	O P. Kentenich falece na Igreja da Santíssima Trindade, no Monte Schoenstatt.

Bleistiftzeichnung,
María Jesús Ortiz

Eine Zeit wächst - Erinnerung

Crece un tiempo - Recuerdo

A time grows - Remembrance

Cresce uma época - Recordação

Peter Josef Kentenich wurde in Gymnich geboren. Dort wurde er getauft. Jetzt kommen zum Geburtshaus und der Pfarrkirche Pilgergruppen. Hier eine Gruppe aus Brasilien.

Pedro José Kentenich nace en Gymnich. Allí es bautizado. Ahora la casa natal y la iglesia parroquial reciben a diferentes grupos de peregrinos. Aquí, un grupo de Brasil.

Peter Josef Kentenich was born in Gymnich. He was baptised there, too. Groups of pilgrims now visit the birthhouse and parish church. Pictured here is a group from Brazil.

Pedro José Kentenich nasceu e foi batizado em Gymnich. Peregrinos visitam a casa onde ele nasceu e a igreja paroquial. Na foto, um grupo do Brasil.

Die Bronzestatue wird zuerst von der Bevölkerung Gymnichs empfangen. Vertreter der Pfarrei bringen sie nach Schönstatt.

Los primeros en recibir la estatua son los de Gymnich. Ellos la llevan a Schoenstatt.

The bronze statue was first received by the citizens of Gymnich. Representatives of the parish bring it to Schoenstatt.

A estátua de bronze foi recebida primeiramente pela comunidade de Gymnich. Representantes da Paróquia levam-na a Schoenstatt.

Erftstadt

Geschäftsstelle '85

Paul M. Rothgerber

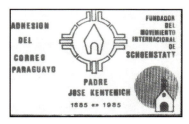

Einige der Gedenkmedaillen.

Some of the commemorative medals.

Algumas medalhas comemorativas.

Die Deutsche Bundespost wählt aus 23 Entwürfen den Vorschlag von Prof. Dr. Fritz Lüdtke für eine Sondermarke.

Sonderbriefmarke in Chile und andere Poststempel.

El correo alemán escoge entre 23 diseños la estampilla postal conmemorativa. Sello chileno y otros matasellos.

From a field of 23 designs, the German Federal Post Office chose a draft made by Prof. Fritz Lüdtke as the design for the German commemorative stamp.

Commemorative stamp in Chile and other commemorative marks.

Entre 23 projetos, os Correios da Alemanha escolheram um para o selo comemorativo.

Selo comemorativo do Chile e outros carimbos.

Der Künstler Paul M. Rothgerber erklärt seine Gedenktafel.

El artista Paul M. Rothgerber explica su obra.

Artist Paul M. Rothgerber explains his memorial plaque.

O artista Paul M. Rothgerber explica sua obra.

Erinnerung an vielen Orten. In Koblenz und Dachau gedenkt man der Zeit der Gefangenschaft unter dem Nationalsozialismus.

Se hace memoria en múltiples lugares. En Coblenza y Dachau se recuerda el tiempo de prisionero del nazismo.

Remembrance in many celebrations. In Koblenz and Dachau the years of imprisonment under the Nazis were recalled.

Recordação em muitos lugares. Em Coblença e Dachau é lembrado o tempo da prisãos sob o regime nazista.

Ein Gebäude, in dem historisches Material gesammelt ist und Dokumentationsräume, in denen Zeugnisse einer reichen Geschichte ausgestellt sind: das Pater-Kentenich-Haus, Geschenk der Marienschwestern im Gedenkjahr. Dr. Roman Fink führt bei der Einweihung in die Ideen der Innengestaltung ein.

A building where historical material is gathered and documentation rooms exhibit witnesses of a rich history: the "Father Kentenich House", a gift of the Schoenstatt Sisters of Mary for the centennial. Dr. Roman Fink explains the ideas behind the interior architecture.

Un edificio para guardar la documentación y albergar un museo con objetos que hablan de su rica historia. Es la casa Padre José Kentenich, regalo de las Hermanas de María en el centenario.

Um edifício para reunir material histórico e recintos destinados à documentação, em que são apresentados testemunhos de uma rica história: é a Casa José Kentenich, presente das Irmãs de Maria no centenário.

Eduard Werner, Metternich bei Koblenz

Bundesrepublik Deutschland

Bei dir ist die Quelle des Lebens.
Verantwortung der Frau für eine neue Kultur
Kongreß vom 14. – 17. Juni 1985
in Schönstatt-Vallendar/Rh.

Josef Kentenich ein Pionier der Frauenbewegung

Internationale Schönstattbewegung hielt ersten Frauenkongreß

SCHÖNSTATT / bei VALLENDAR. (KNA) Mehr Solidarität unter allen Frauen sowie ein neues „Selbstkonzept" der Frau wurden beim ersten Frauenkongreß der internationalen Schönstattbewegung gefordert, der am 17. Juni zu Ende ging. Rund 650 Teilnehmerinnen aus mehreren Ländern hatten sich an dem Wallfahrtsort eingefunden, um die aktuelle Frauenproblematik zu erörtern und die „Frauentheologie" Pater Josef Kentenichs, des Gründers der Schönstattbewegung, zu untersuchen, dessen 100. Geburtstag dieses Jahr gefeiert wird.

Während die stellvertretende Chefredakteurin der österreichischen Tageszeitung „Die Presse", Dr. Pia Maria Plechl, Wien, mehr Solidarität insbesondere der „Karrierefrauen" forderte, um das Ansehen der „Nur-Hausfrauen" zu heben, wies Renate Martin, Vallendar, auf die vielfältigen Einsatzmöglichkeiten der Frau in der Kirche hin. Gleichzeitig halte jedoch „der leise Auszug der Frauen aus der Kirche" an, was nach Ansicht Martins, die gemeinsam mit ihrem Mann an der letzten Bischofssynode über die Familie in Rom teilgenommen hatte, auf die mangelnde Glaubensweitergabe in der Familie zurückzuführen sei, die wiederum von der Kirche in Deutschland alleingelassen worden sei.

Ein verstärktes Engagement der christlichen Frau in allen gesellschaftspolitischen Bereichen angesichts der Perspektivelosigkeit der modernen Emanzipationsbewegung fordert die Stuttgarter Erziehungswissenschaftlerin Dr. Inge Birk. Während die derzeitigen Frauenbewegungen nur „Befreiung von" aber nicht „Befreiung wozu" predigten, hätte die christliche Frau die Aufgabe, sich Führungspositionen in Kirche, Gesellschaft und Politik nicht zu entziehen. Dr. Erika Frömgen, Diplompädagogin aus Ludwigshafen, machte darauf aufmerksam, daß ein neues „Selbstkonzept" der Frau angesichts der totalen Verunsicherung vonnöten sei. Dies habe auch Kentenich bereits in den 20er und 30er Jahren erkannt und während seines ganzen Lebens versucht, die Frau zu einem „gesunden Selbstbewußtsein" und zu einem „ausgeprägten Standesbewußtsein" zu erziehen.

Pater Günther Maria Boll von der Gemeinschaft des Schönstattpatres nannte Josef Kentenich einen „Pionier der Frauenbewegung", der sich auch trotz Anfeindung durch die Kirche nicht von seinem „starken Engagement an der Frauenfront" habe abhalten lassen. In seiner Lehre sei es ihm immer darum gegangen, so Boll weiter, das „überzeitliche Frauenbild" herauszuarbeiten und die Andersartigkeit, aber völlige Gleichwertigkeit von Mann und Frau zu betonen.

Die einzelnen Gliederungen feiern ihr eigenes Geburtstagsfest. Die Familien können endlich ihr eigenes Haus einweihen. Neben den Anstrengungen, das Geld zusammenzubringen, über 10000 Stunden Mitarbeit am Bau selbst. P. Johannes Tick, große Priestergestalt in der Entwicklung der Familienbewegung, hat Grund zur Freude. Von der Müttergemeinschaft kommen 6000 und hören den Vortrag von Bischof Dr. Paul Cordes, Vizepräsident des Päpstlichen Laienrates (Rom).

Die Mädchenjugend hat einen Festkalender für alle vorbereitet.

Cada una de las comunidades y agrupaciones tiene su celebración propia. Las familias inauguraron su casa levantada con gran esfuerzo (además del dinero reunido, cooperaron con 10.000 horas de trabajo en la construcción misma). El P. Johannes Tick, gran figura sacerdotal de la rama, tiene razón para estar alegre ese día. De la rama de madres acuden 6000 miembros y escuchan una conferencia del Vice-Presidente del Pontificio Consejo para los Laicos, Vaticano, Mons. Paul Cordes. El 'Congreso acerca de la mujer' tiene por tema: Responsabilidad de la mujer para una nueva cultura'. Hay interesantes ecos en la prensa. El 'Rhein Zeitung' titula su crónica: "José Kentenich, un pionero del movimiento de liberación femenina".

Individual branches celebrate their own ‚birthday parties'. The families dedicate a house of their own at long last. Besides the efforts that had gone into rounding up the necessary financial means, the families themselves donated over 10,000 hours of their time to work on the project. Fr. Johannes Tick, important priestly figure in the development of the family branch, has reason to be happy. Some 6000 members of the mothers' branch come to hear a talk by Bp. Paul Cordes, Vice President of the Papal Council for the Laity in Rome. The Women's Congress deals with the responsibility of woman for a new culture and finds wide resonance in the press. The article in the Koblenz newspaper 'Rheinzeitung' leads with the headline 'Joseph Kentenich a pioneer of the women's movement.'

Cada uma das comunidades e ramos do Movimento tem sua própria celebração. As famílias inauguram sua casa erguida com grande esforço (além do dinheiro reunido, colaboraram com 10.000 horas de trabalho na própria construção). O P. Johannes Tick, grande figura sacerdotal que trabalha com as famílias, tem razão para estar alegre nesse dia: Do ramo das mães acorrem a Schoenstatt 6.000 membros que ouvem com atenção a conferência do Vice-Presidente do Conselho Pontifício para os Leigos, o Bispo Paul Cordes. O Congresso sobre a mulher tem por tema: ‚Responsabilidade da mulher por uma nova cultura' e encontra ecos na imprensa. O ‚Rhein Zeitung' entitula sua crônica: "José Kentenich, um pioneiro do movimento de emancipação feminina".

Festkalender

20. 10. 84
Eröffnung des Pater-Kentenich-Gedenkjahres und großer Familientag der gesamten deutschen Schönstattfamilie

18./19. 5. 85
Dankeswallfahrt der Schönstatt-Mannesjugend

26. 5. 85
Geburtstagsfest/Schönstatt-Mädchenjugend

1./2. 6. 85
Männer-Sternwallfahrt

8./9. 6. 85
Studenten-Wallfahrt

14.–17. 6. 85
Kongreß für Frauen im Beruf

15.–17. 6. 85
Fest der Familien

23. 6. 85
Geburtstagsparty für Marienapostel aus den nord- und westdeutschen Diözesen.

29. 6. 85
Festveranstaltung der Schönstatt-Mütter

25. 8. 85
Krankentag

11.–15. 9. 85
Internationale Festwoche in Schönstatt

15. 9. 85
Großer Wallfahrtstag der Schönstattfamilie

16.–23. 9. 85
Romfahrt der internationalen Schönstattfamilie und Begegnung mit dem Heiligen Vater

25.–29. 9. 85
Internationales (und interdisziplinäres) Symposion in Schönstatt

18. 11. 85
100. Geburtstag von Pater Kentenich

Bundesrepublik Deutschland

In allen deutschen Diözesen Feiern.

Hay celebraciones en todas las diócesis. Algunas deben contratar trenes especiales. En Rottenburg-Stuttgart, donde se cuenta el mayor número de schoenstattianos, se une íntimamente el centenario con el importante Sínodo Diocesano. Los símbolos de ambos acontecimientos se funden en uno solo. En su peregrinación a Schoenstatt predica el Obispo Georg Moser.

Celebrations in all German dioceses. The diocese with the largest Schoenstatt Family, Rottenburg-Stuttgart, combined their diocese's regular synod with the centennial celebration — even in the graphic intertwining of both symbols. One preparation was a pilgrimage to Schoenstatt with Bp. Georg Moser.

Há celebrações em todas as dioceses da Alemanha. Algumas reservam trens especiais. Em Rottenburg-Stuttgart, onde há o major número de schoenstateanos, une-se intimamente o centenário com o importante Sínodo Diocesano. Os símbolos de ambos os acontecimentos se unem num só. Em sua peregrinação a Schoenstatt prega o Bispo Dom Georg Moser.

Pater-Kentenich-Begegnungsstätte

Die Diözese mit der größten Schönstattfamilie, Rottenburg-Stuttgart, verbindet das wichtige Ereignis ihrer Diözesansynode mit der Jahrhundertfeier — auch im graphischen Zusammenspiel der beiden Symbole. Vorbereitend eine Wallfahrt nach Schönstatt mit Bischof Dr. Georg Moser.

Bundesrepublik Deutschland

Am 16.11.1965 wird P. Kentenich in das Bistum Münster inkardiniert. Er verspricht dem Diözesanbischof dafür zu sorgen, daß die Vaterstellung der Bischöfe erkannt und lebensmäßig anerkannt wird. So soll die Kirche immer mehr Familie werden. Auf dem historischen Foto ist er mit den letzten drei Bischöfen Münsters zu sehen, mit den Bischöfen Höffner, Tenhumberg und Lettmann.

El 16.11.1965 el P. Kentenich fue incardinado en la diócesis de Münster. Allí prometió al obispo diocesano que Schoenstatt se empeñaría en que se perciba mejor la paternidad del obispo y en que se la reconozca vitalmente, y así la Iglesia sea más familia. En la histórica foto aparece con los tres últimos obispos de Münster, los monseñores Höffner, Tenhumberg y Lettmann.

Fr. Kentenich was incardinated into the diocese of Munster on November 16, 1965. He promised the bishop that he would see to it that the fatherly function of the bishops be recognized and actively acknowledged. With that the Church should become more and more a family. On this historical picture he is found with the three most recent bishops of Munster, Bishops Höffner, Tenhumberg and Lettmann.

Köln ist die Heimatdiözese des Gründers. Im Kölner Dom eine Gedenkmesse mit Weihbischof Dr. Klaus Dick. Kardinal Joseph Höffner schickt ein Grußwort.

Colonia es la diócesis natal del fundador. En la grandiosa catedral se le recuerda. El Cardenal Joseph Höffner envía un mensaje. Preside el Obispo Auxiliar Klaus Dick.

Cologne is the home diocese of the founder. A special Mass with Bp. Klaus Dick in the cathedral in Cologne. Cardinal Joseph Höffner sends his greetings.

Colônia é a diocese natal do Fundador. Isto é lembrado em sua grandiosa catedral. O Cardeal Arcebispo Dom Joseph Höffner envia uma mensagem. A celebração é presidida pelo Bispo Auxiliar, Dom Klaus Dick.

Em 16.11.1965 o P. Kentenich foi aceito oficialmente na Diocese de Muenster. Então prometeu ao Bispo Diocesano que Schoenstatt se empenharia para que se perceba melhor a paternidade do bispo e para que a mesma seja reconhecida vitalmente e assim a Igreja seja mais família. Na histórica foto aparece com os três últimos bispos des Muenster: Hoeffner, Tenhumberg e Lettmann.

DER ERZBISCHOF VON KÖLN

Grußwort
zur Feierstunde der Schönstatt-Bewegung
anläßlich der 100. Wiederkehr des Geburtstages
von Pater Joseph Kentenich
in Köln, Maternushaus

"Wann und Wo", Radierung von María Jesús Ortiz. Die marianische Spiritualität P. Josef Kentenichs ist eine ausgeprägt trinitarische. Hier das Symbol für die Dreifaltigkeit an der obersten Stelle des Bildes. Der Kölner Dom und der winzige Turm der Gymnicher Kirche zeigen das Wo an. Das turbulente Wann des ausgehenden 19. Jahrhunderts zeigt sich an den Rändern des Kreises.

'Cuándo y dónde', grabado de María Jesús Ortiz. El marianismo de José Kentenich fue marcadamente trinitario. Aquí el símbolo de las Tres Personas está en lo más alto. La catedral de Colonia y la diminuta torre de Gymnich indican el donde. El cuando del turbulento final del siglo XIX se dibuja en las formas del círculo.

"When and Where", a sketch by María Jesús Ortiz. Fr. Kentenich'a Marian spirituality is one which is decidedly Trinitarian. The symbol of the Blessed Trinity stands at the highest point. Cologne's cathedral and the tiny spire of the church in Gymnich show **where**. The turbulant **when** of the closing years of the 19th Century can be found around the edge of the circle.

'Quando e onde', gravura de Maria Jesus Ortiz. O marianismo do P. Kentenich foi sempre trinitário. O símbolo da Santíssima Trindade ocupa a parte superior do quadro. A Catedral de Colônia e a pequena torre de Gymnich indicam o onde. O quando do turbulento final do século XIX se desenha nas formas do círculo.

Bundesrepublik Deutschland

19.00 Uhr
Musical-Uraufführung
über Pater Kentenich
»Wagnis und Liebe«
in Groß St. Martin

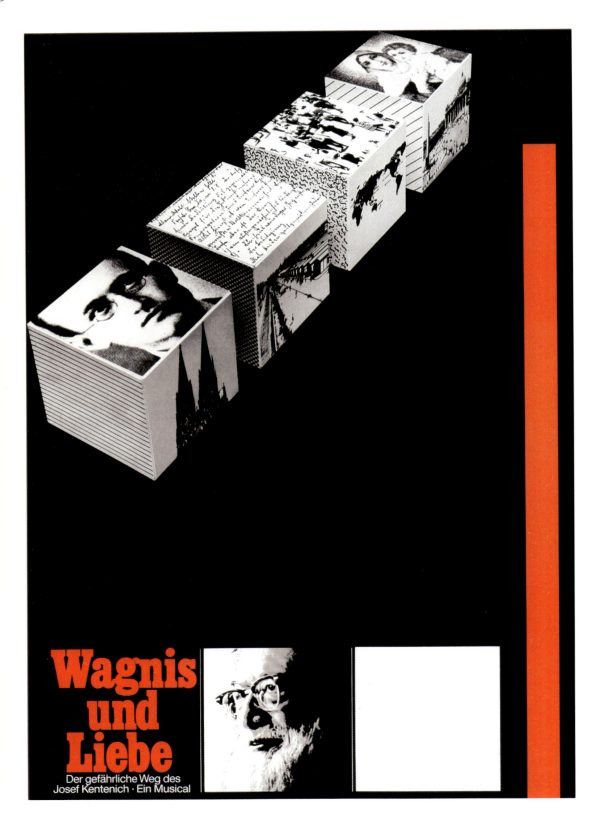

In den folgenden Monaten wird es in mehr als einem Dutzend deutscher und schweizer Städte gespielt. Für München beispielsweise organisiert der BDKJ und die Kolpingjugend eine Aufführung in Schwabing.

Dos de los más conocidos autores de dramas musicales en Alemania, W. Willms y L. Edelkötter, estrenan en Colonia 'Riesgo y amor: el peligroso camino de José Kentenich'. En los meses siguientes se representa en más de una docena de ciudades alemanas y suizas. En Munich, por ejemplo, organiza la puesta en escena la federación de movimientos católicos juveniles y la juventud trabajadora Kolping.

Two well-known specialists in writing musicals in Germany (W. Willms and L. Edelkötter) hold the premiere of their musical "Courage and Love: The Dangerous Way of Joseph Kentenich" in Cologne. In the following months it will be presented in more than a dozen cities in Germany and Switzerland. In Munich, for instance, the BDKJ (Organization of German Catholic Youth) organizes a showing of the musical.

Dois dos mais conhecidos autores de dramas musicais da Alemanha, W. Willms e L. Edelkötter, estréiam em Colônia 'Risco e Amor: o perigoso caminho de José Kentenich'. Nos meses seguintes a mesma peça é apresentada em várias cidades da Alemanha e da Suíça. Em Munique, por exemplo, a apresentação é organizada pela Federação de Movimentos Católicos Juvenis e pela Juventude Operária Kolping.

Deutsche Demokratische Republik

In der ehrwürdigen Kathedrale von Erfurt, Zentrum des katholischen Lebens in der Deutschen Demokratischen Republik, entfaltet sich ein vielgestaltiges Programm. Uns begleiten andere Bewegungen. Die Jugend drückt die Freude aller aus in ihrer Musik. Der Diözesanbischof Joachim Wanke steht der Feier vor und hält die Ansprache.

En la venerable catedral de Erfurt, centro de la vida católica de Alemania Oriental, se desarrolla un variado programa. Nos acompañan otros movimientos, la juventud expresa la alegría de todos con su música. Preside y predica el Obispo Diocesano Joachim Wanke.

In the venerable cathedral of Erfurt, center of Catholic life in East Germany, a widely varied program takes place. Other movements are there, too, and the youth expresses the joy of all through their music. The diocese's bishop, Joachim Wanke, presides and give the talk.

Na venerável catedral de Erfurt, centro da vida católica de Alemanha Oriental, desenrola-se um programa variado. Acompanham-nos outros movimentos; a juventude expressa a alegria de todos com sua música. Preside a celebração e prega o Bispo Diocesano, Dom Joachim Wanke.

Das Heiligtum dieses Landes steht in Friedrichroda.

El santuario de ese país está en Friedrichroda.

The East German shrine in Friedrichsroda.

O Santuário da Alemanha Oriental encontra-se em Friedrichroda.

Österreich

KUNST IM DIENST DES GLAUBENS

EINLADUNG

der Österreichischen Schönstattbewegung zur
feierlichen Vorstellung des Ölbildes

„DIE SENDUNG"

(eine symbolische Darstellung der Gründung Schönstatts)
von
MICHAEL FUCHS
anläßlich des 100. Geburtstages von
PATER JOSEF KENTENICH
(1885-1968),
Gründer der Internationalen Schönstattbewegung

Sonntag, 11. August 1985   15.30 Uhr
Michaelerkirche, Werdenbergkapelle
1010 Wien, Michaelerplatz
Referent: Kaplan Alexander Lagler, Baden bei Wien

Michael Fuchs

* geboren 1952 in Paris, aufgewachsen in USA
— seit 1971 österreichischer Staatsbürger
— mit seiner Frau und seinen Kindern wohnhaft in Wien
* 1970-1976 — Studium der Malerei an der Akademie der Bildenden Künste, Wien. Abschluß: Diplom
  — Studienreisen nach Israel, Griechenland, Frankreich, England, Deutschland, Holland, Ungarn, Italien, Jugoslawien
  — Ausstellungen in Tel Aviv, Zürich, Wien
  — seit 1972 als Porträt- und Kirchenmaler tätig
* seit 1979   Studium der Architektur
* 1980-1985   zahlreiche Ausstellungen in Österreich und im Ausland

* nació en 1952 en París. Su infancia y juventud transurren en los Estados Unidos
— desde 1971 es ciudadano austríaco
— actualmente vive con su esposa y sus dos hijos en Viena
* 1970-1976 — Estudios de pintura en la Academia de Artes Plásticas de Viena, los que finalizan con el diploma de pintor titulado
  — Viajes de estudios a Israel, Grecia, Francia, Inglaterra, Alemania, Holanda, Hungría, Italia, Yugoslavia
  — Exposiciones en Tel Aviv, Zurich, Viena
  — desde 1972 ejerce como retratista y pintor de iglesias
* desde 1979 Estudios de arquitectura en Viena
* 1980-1985   Numerosas exposiciones en Austria y otros países

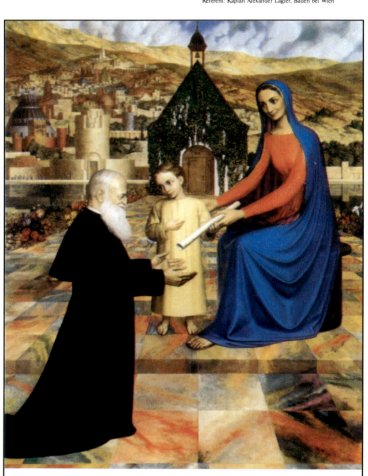

Die Sendung -
Allegorische Darstellung der Gründung Schönstatts
Öl auf Holz (180 x 240 cm)

El envío -
alegoría de la fundación de Schoenstatt
Oleo sobre tabla (180 x 240 cm)

The mission
An allegoric Representation of the Foundation of Schoenstatt
Oil on wood (180 x 240 cm)

A missão
Representação alegórica da Fundação de Schoenstatt
Pintura a óleo (180 x 240 cm)   1985

Flüchtig betrachtet könnte eine Marienerscheinung dargestellt sein - gerade das, was es in Schönstatt nie gegeben hat. Das Geschehen im Vordergrund zwischen Jesus, Maria und P. Kentenich zieht zwar spontan den Blick auf sich, aber es hält ihn nicht gefangen. Etwas drängt in die Tiefe, zum Hintergrund. Was bildnerisch klein und weit weg zu sein scheint, ist die Zielrichtung die Sendung. Am anderen Ufer des Flußes, das das Bild durchzieht, ersteht eine neue Stadt, belebt von Menschen und Natur - alles mit einem deutlichen Zug nach oben zu einem Höhepunkt, einer Kirche, deren drei spitze Türme die Dreifaltigkeit symbolisieren. Den einzelnen, menschliche Gemeinschaften, alle Dinge der Welt in Verbindung zu bringen und hinzulenken zum dreifaltigen Gott, dafür heute eine neue Stadt zu bauen, wo die Kirche Christi inmitten der Welt lebt - das ist die Sendung, die der kniende Priester vom Bündnisgeschehen aus den Händen Jesu und Mariens empfängt. Seine Augen sind geschlossen, weil er an jenem 18.10.1914 äußerlich wirklich nichts wahrnehmen konnte. Inneres Ringen, die Augen des Glaubens, das wache Aufnehmen der Zeichen der Zeit, hatten ihm die Gewißheit und gleichzeitige Notwendigkeit aufgedrängt, seine gottgegebene Sendung wirklich in Angriff zu nehmen. Offen und bittend strecken sich seine Hände Jesus und dessen Mutter entgegen; es sind kraftvolle Hände, die entschlossen das Erkannte angehen wollen.

Die Gründung Schönstatts, der Glaube an die Berufung, mußte sich gleichsam oft vollziehen - immer aus den gleichen Quellen des kindlichen Vorsehungsglaubens und der Bereitschaft, Werkzeug Jesu und Mariens zu sein. Nicht der junge Spiritual ist gemalt, sondern P. Kentenich als ein Gründer, der bis ins hohe Alter viel wagen mußte für das Durchtragen seiner Sendung.
Die enge Zusammengehörigkeit Jesu und seiner Mutter, die im Bild durch den Händekontakt und die gleiche Blickrichtung unterstrichen wird, bestimmen nicht nur das Geschehen der Gründung. Diese "Zweieinheit", ist Mitte des Lebens und der Botschaft P. Kentenichs. Sie ist das Fundament und der Weg. Die Farben der Gewänder Jesu und Mariens spiegeln sich wider in den Platten des Marmorbodens. Dieser zieht sich wie eine Brücke in den Bildhintergrund. Seine Farben prägen die Gemäuer der neuen Stadt.

Optischer Fluchtpunkt dieser Brücke ist die belaubte Kapelle, in der sich historisch die Gründung vollzogen hat. Dieses Heiligtum steht inmitten des Flusses, ganz im Strom der Zeit. Seine Tür ist geöffnet, weil möglichst viele Menschen hierdurch ans andere Ufer, in eine bessere Lebenssituation und schließlich zum dreifaltigen Gott finden sollen. Die Kapelle steht hinter und mit Jesus im Mittelpunkt. Hier ist der Anfang der Sendung und der Ort anhaltender Fruchtbarkeit. Eine bunte Blumenhecke umzäunt die Kapelle und verbindet die neue Stadt mit dem Geschehen im Vordergrund. Ein lebendiger "Mariengarten" wächst.

Der Anlaß der Entstehung des Kunstwerkes - der 100. Geburtstag von P. Josef Kentenich - unterstreicht die Botschaft des Bildes: Die Sendung geht weiter durch die Hände aller, die diesem Gründer auf der Spur sind. Im Bündnis mit Maria, aus der Quelle und den Grundkräften, die mit der kleinen Kapelle gemeint sind, soll jeder an seinem Platz mitbauen an der neuen Stadt, damit dieser Bund - nicht nur nach 1914 sondern über 1985 hinaus im Übermorgen des dritten Jahrtausends - Leben für viele wird. Die Wolken am Himmel deuten an, daß das geschehen wird in den Kämpfen der Geschichte.

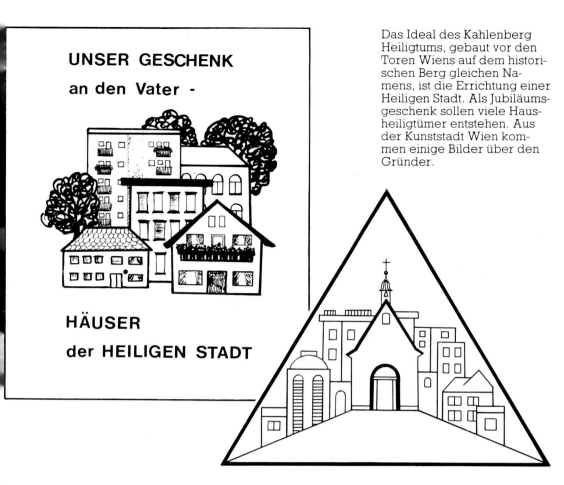

UNSER GESCHENK an den Vater -

HÄUSER der HEILIGEN STADT

Das Ideal des Kahlenberg Heiligtums, gebaut vor den Toren Wiens auf dem historischen Berg gleichen Namens, ist die Errichtung einer Heiligen Stadt. Als Jubiläumsgeschenk sollen viele Hausheiligtümer entstehen. Aus der Kunststadt Wien kommen einige Bilder über den Gründer.

El ideal del santuario de Kahlenberg, sito en el histórico monte de ese nombre en las puertas de Viena, contiene la misión de construir una ciudad santa. El regalo del centenario es impulsar muchos santuarios hogares. En Viena, ciudad de arte, nacen algunas excelentes representaciones del fundador.

The ideal of the Kahlenberg shrine, which stands before the gates of Vienna on the historically pivotal heights of the same name, is the erection of a holy city. The planned Jubilee gift is the erection of many home shrines. A few paintings of Father Kentenich also originate in this city of art.

O ideal do Santuário de Kahlenberg, situado às portas de Viena, no histórico monte de mesmo nome, é a construção de uma cidade santa. Como presente do centenário devem surgir muitos santuários-lar. Em Viena, cidade de arte, nasceram excelentes reproduções do Fundador.

Schweiz

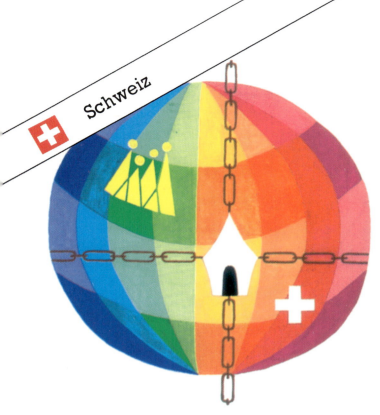

IMMACULATA
Gabe des Vaters
in Dir Bündnis leben
Familie bauen

Über lange Zeit hatte die Schweizer Bewegung sich bemüht, ihre eigene Sendung zu formulieren. Jetzt wird sie im Heiligtum von Quarten präsentiert: 'Immakulata, Gabe des Vaters, in Dir Bündnis leben, Familie bauen.'

Dieser gleiche Geist drückt sich in den Solidaritätsbillets aus, mit denen den Pilgern aus Burundi und Polen geholfen werden soll. Die Schlußveranstaltung präsidiert Bischof Otto Wüst, im Auftrag der Bischofskonferenz.

El movimiento suizo durante largo tiempo buscó formular su misión propia. Ahora la ofrecen en el santuario de Quarten: 'Inmaculada, don del Padre, queremos vivir en alianza contigo y construir familia'. Este mismo espíritu se expresa en los bonos de solidaridad para ayudar a los peregrinos de Burundi y Polonia. La ceremonia final la preside Mons. Otto Wüst, en representación de la Conferencia Episcopal.

Feier zum 100. Geburtstag von P. Joseph Kentenich in Quarten

Bündnisgesinnung erneuern im Gedenken an Bruder Klaus

Nach den internationalen Veranstaltungen am Ursprung der Bewegung in Schönstatt und in Rom, gestaltete am Sonntag nun auch die schweizerische Schönstatt-Familie in ihrem Bildungszentrum in Quarten SG eine eindrückliche Jahrhundertfeier des Geburtstages ihres Gründers P. Jos. Kentenich, fast auf den Tag genau, war er doch am 18. November 1885 geboren worden.

The Swiss movement had searched for many years before finally finding its mission. Here it is being presented in the shrine in Quarten: "(Mary) Immaculate, gift of the Father, live the covenant in you, (and) build family."

This same spirit expressed itself in the "solidarity tickets" which were a fund-raiser to help the pilgrims from Burundi and Poland. Bishop Otto Wüst presides at the closing ceremony in the name of the bishops' conference.

Já há muito tempo o movimento da Suíça se empenhou por formular sua missão específica. Agora é apresentada no Santuário de Quarten: "Imaculada, dom do Pai, em ti viver a aliança, em ti construir a Família". Este mesmo espírito se manifesta nos cupons de solidariedade para financiar a viagem dos peregrinos da Polônia e de Burundi. Representando a Conferência dos Bispos da Suíça, Dom Otto Wüst preside ao ato de encerramento.

Sverige

In der Krypta der Kathedrale von Stockholm ist der Gebetsraum der Schönstattfamilie. Jetzt hat auch die Fahne ihren Platz.

En la cripta de la catedral de Estocolmo está la ermita de Schoenstatt, ahora llega la bandera.

The crypt of the cathedral in Stockholm is the prayer room of the Schoenstatt family in Sweden. Now the flag has its place, too.

Na cripta da Catedral de Estocolmo encontra-se o recanto de oração da Família de Schoenstatt. É o momento da chegada da bandeira do centenário.

HAN ÄLSKADE KYRKAN

Pater Josef Kentenich föddes den 18 november 1885 i Gymnich nära Köln. När han var knappt nio år gammal vigde han sig åt Guds moder. Invigningen till henne gick så djupt, att han under senare år ständigt upprepade: "Vad jag är, och vad Schönstatt har blivit, har jag Guds moder att tacka för."

France

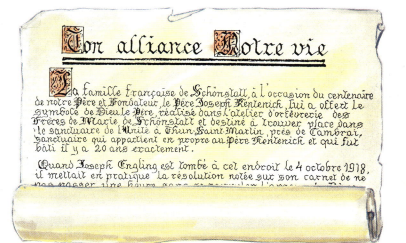

Josef Engling, in Frankreich gefallen, ist ein Saatkorn. Sie nennen ihn den 'Heiligen der Versöhnung'.
Seine Schwester hält mit einer Marienschwester das Symbol des Vatergottes für das Heiligtum von Cambrai.

José Engling fecunda la tierra francesa. Le llaman el "santo de la reconciliación". Una hermana suya trae con una hermana mariana el símbolo del Padre Celestial para el santuario de Cambrai.

Joseph Engling, who fell in battle in France, is like the proverbial grain of wheat. He is now called the "saint of reconciliation". Joseph's sister holds the Father Symbol for the shrine in Cambrai with a Schoenstatt Sister.

José Engling, tombado nos campos de batalha na França, é uma semente. Chamam-no "santo da reconciliação". Sua irmã e uma Irmã de Maria levam o símbolo do Pai Celestial ao Santuário de Cambrai.

Die Glocke für das Heiligtum in Józefów, in der Nähe von Warschau, wandert durch Schönstatt: hier in der Gründerkapelle. Bischof Ignacy Jeż von Koszalin und der Weihbischof von Opole, Bischof Jan Wieczorek, halten die Glocke. Bischof Jeż war Gefangener in Dachau. Dort predigte P. Kentenich unter Lebensgefahr für polnische Priester. Er besorgte ihnen auch Hostien und Wein, damit sie die Eucharistie feiern konnten.

La campana para el santuario en Józefów, junto a Varsovia, recorre Schoenstatt. Aquí, en la "capilla del fundador". La llevan el Obispo de Koszalin, Mons. Ignacy Jeż y el Obispo Auxiliar de Opole, Mons. Jan Wieczorek. Mons. Jeż fue prisionero en Dachau. Allí el P. Kentenich arriesgó su vida por predicar a los sacerdotes polacos (también les procuró hostias y vino para celebrar la eucaristía).

The bell for the shrine in Józefów, in the vicinity of Warsaw, makes a pilgrimage through Schoenstatt — here in the Founder Chapel. Bishop Ignacy Jeż of Koszalin and Auxiliary Bishop Jan Wieczorek of Opole hold the bell. Bp. Jeż was a prisoner in Dachau where Fr. Kentenich preached to the Polish priests despite the danger to his own life and saw to it that the priest had hosts and wine for the celebration of Holy Mass.

Dzwon dla Sanktuarium w Józefowie (w pobliżu Warszawy) wędruje przez Szensztat: tutaj w kaplicy Ojca Założyciela. Dzwon ten trzymają: biskup Ignacy Jeż-ordynariusz koszalińsko-kołobrzeski i biskup Jan Wieczorek-sufragan opolski. Biskup Jeż był więźniem Dachau, gdzie Ojciec Kentenich z narażeniem życia głosił kazania dla polskich księży i troszczył się także o hostie i wino dla nich, by mogli sprawować Eucharystię.

Prymas Karynał Józef Glemp otwiera Rok Jubileuszowy w Świdrze (k. Warszawy). Tutaj obok domu prowincjalnego Szensztackiego Instytutu Sióstr Maryi stoi pierwsze w Polsce Sanktuarium szensztackie, gdzie Maryja chce wychowywać serca wierne Chrystusowi, jego Kościołowi i miłości do ojczyzny.

Der Primas Kardinal Józef Glemp eröffnet das Gedenkjahr in Świder (Warschau). Hier steht neben dem Provinzhaus der Marienschwestern das erste Schönstattheiligtum Polens, wo die Gottesmutter die Herzen erziehen will zur Treue zu Christus und seiner Kirche und in der Liebe zum polnischen Vaterland.

El Cardenal Primado Józef Glemp inaugura el centenario en Świder, Varsovia. Allí, junto a la casa provincial del Instituto de las Hermanas de María, se encuentra el primer santuario en Polonia. La Reina fiel educa desde ese lugar los corazones en la fidelidad a Cristo y su Iglesia, y en el amor a la patria polaca.

Primate Cardinal Józef Glemp opens the centenary in Świder (Warsaw). Here, next to the province house of the Schoenstatt Sisters, stands the first Schoenstatt Shrine in Poland, where Our Lady wishes to teach fidelity to Christ and his Church and love for Poland.

Tvoj savez naš život.

Die Ostkirche, die slavischen Völker, der nahe und der ferne Osten waren im Herzen P. Kentenichs präsent und bedeuteten für ihn eine Herausforderung. Ins Urheiligtum ließ er ein Kreuz stellen, das eine Beziehung zu diesem Kulturraum lebendig halten sollte.

In Kroatien eigneten sie sich das Motto an: 'Tvoj savez naš život' (Dein Bund — unser Leben).

Las Iglesias orientales, los pueblos eslavos, el Oriente próximo y lejano, fueron una presencia y una exigencia en el corazón del P. José Kentenich. En el santuario original hizo poner una cruz que recuerde esos mundos. En Croacia hicieron suyo el lema ‚Tvoj save naš život' (Tu alianza nuestra vida).

The Eastern Church, the Slavic peoples, and Near and Far East were present in the heart of Fr. Kentenich and he saw them as a challenge for him and his movement. He was behind the Eastern Cross in the Original Shrine which is meant to keep the relationship alive between East and West.

In Croatia (Yugoslavia) the motto took root: "Tvoj savez nas zivot" (Your covenant our life).

A Igreja Oriental, os povos eslavos e o oriente estavam presentes no coração do P. Kentenich e eram para ele uma exigência. Interessou-se para que fosse colocada no Santuário original uma cruz que mantivesse viva a ligação com a cultura oriental. A Croácia adotou o lema: "Tvoj savez nas zivot' (Tua aliança - nossa vida).

Hubert Bolsinger
(Öl auf Leinen, 1979)

Scotland

The Schönstatt Sisters of Mary, Ardmory, 30 Langside Drive, Glasgow, G43 2QQ
Tel.: (041) 637 3316

OCTOBER 1984

Dear Schönstatt Family,

In the direct preparation for the centenary of Father Kentenich in 1985 the various different countries have each planned a "birthday present", i.e. that "Father Kentenich's Year" may really become a **holy year**. Perhaps the years could indicate what our original birthday present should be. Our **Scottish network of love**! Through our personal covenant, Mary be in a covenant of love! Through our personal covenant, Mary be educates us in the faith. She sees to it that the message of the G... everyday lives. More and more Our Lady must become... active contribution could be that as many people as... mates) can make their covenant of love with O...

Our two Sisters of Mary... very generous centenary...

1985 is the CENTENARY OF FATHER KENTENICH'S BIRTH.

What a marvellous gift is would be for him if we could build a Shrine in our own country; also erect our own Home Shrine in gratitude for all the many answers to prayer.

* * * * * * * * *

Enclosed please find a simple form of Home Shrine and (if you wish) tear off the section and send it to us.

Bishop John Mone, auxiliary in Glasgow, was principal celebrant of a Mass in St. Andrew's Cathedral, Clyde Street, last Sunday to mark the annual ceremony of the crowning of the picture of Our Lady of Schoenstatt.

The Bishop also carried out the crowning ceremony (above) — an annual gesture by the followers of Fr. Joseph Kentenich. The picture — a copy of the original which hangs at Schoenstatt in West Germany — was brought for the occasion from Ardmory, the Schoenstatt Sisters' house in Langside.

The Sisters came to Glasgow in 1965 and the crowning ceremony has now become a popular annual gathering for their many friends in the city.

CROWNING CEREMONY

Die schottische Schönstattfamilie konzentriert sich auf die Errichtung neuer Hausheiligtümer. Der Weihbischof von Glasgow krönt das MTA-Bild in der St. Andreas Kathedrale. Ein schottischer Sonderstempel macht auf das Gedenkjahr aufmerksam.

The Scottish Schoenstatt Family concentrates on the establishment of new home shrines. One of the bishops in Glasgow crowns the MTA-picture in the Cathedral of St. Andrew.
A Scottish commemorative cancellation draws attention to the centenary.

En Escocia durante 'el año del Padre Kentenich' se concentran los esfuerzos en nuevos santuarios hogares. El Obispo Auxiliar de Glasgow corona la imagen de María en la catedral de San Andrés. Un matasello del correo escosés recuerda el centenario.

Na Escócia, durante o ‚ano de Padre Kentenich', os esforços se concentram em novos santuários-lar. O Bispo Auxiliar de Glasgow coroa a imagem da MTA na Catedral de Santo André. Um carimbo dos Correios da Escócia recorda o centenário.

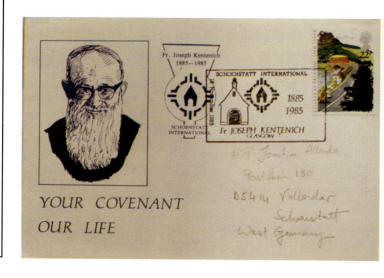

YOUR COVENANT OUR LIFE

England

Das englische Informationsblatt berichtet von einer sehr intensiv vorbereiteten Krönung und von den Hausheiligtümern.
Der Konvent der Klarissen von Cyrmu-Hawarden findet in der Verbundenheit mit Mitgliedern des Institutes der Frauen von Schönstatt einen Weg zur Vertiefung der eigenen franziskanischen Sendung. Aufbrüche im Geist des Apostolischen Weltverbandes von Vinzenz Pallotti.

El informativo de Inglaterra trae noticias de una coronación muy bien preparada y de los santuarios hogares. El convento de clarisas de Cyrmu — Hawarden intensifica su vinculación con miembros del instituto Nuestra Señora de Schoenstatt, por la cual procuran una profundización de su propio carisma franciscano. Ocurre en el espíritu de la Confederación Apostólica Universal de San Vicente Pallotti.

The English newsletter reports about a very intensively prepared crowning and about home shrines.
The convent of the Poor Clares in Cyrmu-Hawarden has found a way towards deepening their own Franciscan mission through contact with members of the Institute of the Women of Our Lady of Schoenstatt. Here is a development in the spirit of the World Apostolic Confederation of St. Vincent Pallotti.

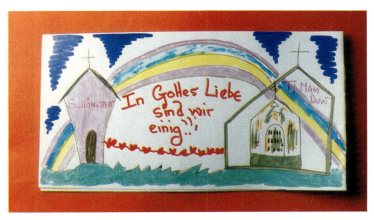

O informativo da Inglaterra traz notícias de uma coroação muito bem preparada e dos santuários-lar. O convento das clarissas de Cyrmu-Hawarden, vinculando-se com membros do Instituto Nossa Senhora de Schoenstatt, procura aprofundar seu carisma franciscano. Isto ocorre no espírito da Confederação Apostólica Universal de São Vicente Pallotti.

Ireland

Bishop blesses new Schoenstatt Oratory

THE NEW ORATORY and shrine of the Schoenstatt Sisters of Mary was blessed recently by Most Rev. Dr. Brendan Comiskey at 'Teach Mhuire', 39 Beechlawn, Wexford. Dr. Comiskey was principal celebrant of the first Mass in the new shrine, assisted by Very Rev. Declan Cleary, P.P., Castlebridge; Rev. Fr. Thomas Butler, O.S.A., Grantstown; Fr. William Howell, St. Peter's College; Very Rev. Patrick Cummins, P.P., Clonard; Rev. J. … Adm., and Rev. H. … R.C.A., were unable … owing to the celebration … Communion taking … same time as the …

The Apostolic Movement of Schoenstatt for the religious and moral renewal of the world in Christ. The movement was founded on 18th October, 1914 by Fr. Joseph Kentenich, a 27 year old priest, and a group of young students preparing for the …

Schoenstatt … in any … replicas … built …

travel to Schoenstatt this year to take part in the centenary celebrations to mark the birth of Fr. Kentenich from the 11th to 16th September. Thousands of members from all over the world will assemble in Schoenstatt. The festival week will be followed by a pilgrimage to Rome which will include a special audience with the Holy Father on September 20. Fr. Kentenich's cause for beatification was introduced in 1975. A Schoenstatt Pilgrimage to Our Lady's Island will take place Sunday, 16th June, com…

Pictured at the blessing of the new oratory and shrine at the Schoenstatt Sisters of Mary, Beechlawn, Wexford, were — Sister Florence, Fr. Declan Cleary, P.P., Castlebridge; Sister Ursula, Fr. Patrick Cummins, P.P., Clonard; The Bishop of Ferns, Dr. Brendan Comiskey; Fr. Tom Butler, OSA, Grantstown; Sister Romelia, General Counsellor, Mother House in Schoenstatt, Germany, and Fr. Willie Howell, St. Peter's College.

Die irische Schönstattfamilie schenkt den Anfang eines Schönstattzentrums. An der Vigil von Pfingsten 1985 weiht Bischof Dr. Brendan Comiskey die Hauskapelle ein.

Un hito importante del desarrollo del movimiento en Irlanda lo constituye la dedicación del oratorio por el obispo de Ferns, Brendan Comiskey, en la vigilia de Pentecostés. Así se inicia un centro para Schoenstatt en Wexford.

The Irish Schoenstatt Family gives as its gift the beginning of a Schoenstatt center in Wexford. On the vigil of the feast of Pentecost, 1985, Bishop Brendan Comiskey dedicates the house chapel.

A Família de Schoenstatt da Irlanda oferece como presente o início de seu centro schoenstateano. Na véspera da festa de Pentecostes de 1985 o Bispo Dom Brendan Comiskey inaugura a capela da casa.

España

Die Jugendlichen pilgern nach Santiago de Compostela, um im Gedenkjahr des Gründers der Schönstattbewegung die Hilfe des Landespatrons von Spanien zu erbitten. Kardinal Angel Suquía steht an der Spitze der Delegation aus Spanien, die zur Festwoche nach Schönstatt kommt. Bei gleicher Gelegenheit spielt das Ehepaar Iván und Valeria Olguín aus Barcelona sein Marionettenstück über das Leben P. Kentenichs: 'Eine tolle Geschichte, die wirklich passiert ist.'

Youth make a pilgrimage to Santiago de Compostela in order to ask for the intercession of Spain's patron saint for the centenary of the founder of the Schoenstatt Movement. Cardinal Angel Suquía heads the Spanish delegation to the Festival Week in Schoenstatt. One Spanish couple, Iván and Valeria Olguín of Barcelona, present a marionette play at the Festival Week about the life of Fr. Kentenich — 'A marvellous story that really happened.'

Los jóvenes peregrinan a Santiago de Compostela para implorar la bendición del patrono de España en el centenario del fundador de Schoenstatt. El Cardenal Angel Suquía preside la animosa delegación española a las festividades en Schoenstatt. En esa ocasión los esposos Juan y Valeria Olguín, de Barcelona, presentan su obra de marionetas sobre la vida del P. Kentenich: 'Una hermosa historia y que sucedió realmente'.

Jovens peregrinam a Santiago de Compostela para pedir a proteção do Padroeiro da Espanha no Centenário do Fundador do Movimento de Schoenstatt. O Cardeal Angel Suquía preside a delegação da Espanha que esteve em Schoenstatt durante a Semana Festiva. Nessa ocasião o casal de Barcelona, Iván e Valeria Olguín, apresentam uma peça de sua autoria para teatro de marionetes sobre a vida do P. Kentenich: ''Uma história fantástica que realmente aconteceu''.

Portugal

An die Liturgie in der Kathedrale von Lissabon schließt sich ein Familienfest um das Heiligtum der Hauptstadt Portugals an.
Kardinal Antonio Ribeiro schneidet die Geburtstagstorte an. Ein bekannter portugiesischer Künstler gestaltet eine Bronzemedaille. Im Heiligtum von Gafanha, Aveiro, krönt der Vorsitzende der portugiesischen Bischofskonferenz, Dom Manuel D'Almeida Trindade, das Bild der Gottesmutter.

La solemne celebración en la catedral de Lisboa se prolonga junto al santuario en una fiesta familiar. El Cardenal Patriarca parte la tarta de fiesta. Una medalla de un conocido artista queda como recuerdo. En el santuario de Gafanha, Aveiro, el Presidente de la Conferencia Episcopal, Dom Manuel D'Almeida Trindade corona la imagen de María.

A family celebration at the shrine in Portugal's capital city follows the liturgy in the cathedral in Lisbon. Cardinal Antonio Ribeiro cuts the birthday cake. A well-known Portugese artist designed a bronze medal. In the shrine at Gafanha, Aveiro, the president of the Portugese Bishops' Conference, Dom Manuel D'Almeida Trindade, crowns the picture of Our Lady.

À celebração na Catedral de Lisboa une-se uma festa de família, junto ao Santuário da Capital de Portugal. O Cardeal Patriarca Dom António Ribeiro corta a torta de aniversário. Um conhecido artista português modela uma medalha de bronze. No Santuário de Gafanha, Aveiro, o Presidente da Conferência dos Bispos de Portugal, Dom Manuel D'Almeida Trindade, coroa a imagem de Nossa Senhora.

Cabral Antunes, 1984

Brasil

Segnung des Grundsteins für das Heiligtum der Männer in den Bergen von Santa María.

Bendición de la primera piedra del santuario de la rama de hombres en la Sierra de Santa María.

Blessing of the cornerstone for the shrine of the men's branches in the mountains of Santa Maria.

Bênção da pedra fundamental do Santuário dos homens na região serrana de Santa Maria.

Am 07.09.1947 segnete der Gründer den Grundstein für das erste brasilianische Heiligtum: 'Tabor von Santa Maria.'
Aus diesen Jahren ein anderes Foto von P. Kentenich in Brasilien.

El 7 de septiembre de 1947 bendice el fundador la piedra fundamental del primer santuario brasileño: el Tabor de Santa María. De esos años otra foto del P. Kentenich en Brasil.

On Septemper 7, 1947, the founder blessed the cornerstone for the first Brazilian shrine, 'Tabor of Santa Maria'. Another picture of Fr. Kentenich in Brazil from the same years.

No dia 7 de setembro de 1947, dia da Proclamação da Independência do Brasil, o Fundador benze a pedra fundamental de seu primeiro Santuário: 'O Tabor de Santa Maria'. Uma outra foto do P. Kentenich no Brasil, da mesma época.

Brasil

Während des Gedenkjahres wird das Heiligtum von Curitiba eingeweiht. Sein Ideal 'Magnificat' entfaltet sich im Schatten der tropischen Araukarien.
Im Nordwesten, Recife, gibt es noch kein Heiligtum. Man trifft sich in einem bescheidenen Haus.

Durante el centenario se dedica el santuario de Curitiba. Su ideal es 'Magníficat' y se alza a la sombra de las araucarias tropicales. En el nordeste, Recife, todavía no hay santuario. Un modesto techo cobija los encuentros.

The shrine at Curitiba was dedicated during the centennial year. Its "Magnificat" ideal unfolds in the shadow of the tropical araucaria trees.
In Recife in the northwest, there's no shrine yet. Meetings are held in a simple house.

Durante o ano do centenário foi inaugurado o Santuário de Curitiba. Seu ideal ‚Magnificat' cresce à sombra das "araucárias brasiliensis". Recife, no Nordeste, não tem ainda um Santuário. Os encontros acontecem em uma casa simples.

Uruguay

1943 entstand in Nueva Helvecia das erste Filialheiligtum der Welt. Nach seiner Freilassung aus Dachau reist P. Kentenich nach Uruguay. Er läßt sich von Irma Ulmer 1949 dort malen.
Jetzt erinnert an seinen Aufenthalt ein Park, der seinen Namen trägt.

En 1943 nace en Nueva Helvecia el primer santuario filial del mundo. Después de Dachau, el P. Kentenich lo visita agradecido. De esa época tenemos de Irmgard Ulmer uno de los raros lienzos para los cuales él posara. Ahora, su paso por Uruguay, lo recuerda un parque que lleva su nombre.

The first daughter shrine in the world was built in Nueva Helvecia in 1943. After his release from Dachau, Fr. Kentenich made a trip to Uruguay. He let himself be painted there in 1949 by Irmgard Ulmer.
His visit is noted by a park which bears his name.

Em 1943, em Nueva Helvecia, foi construído o primeiro santuário filial do mundo. Depois de sua libertação de Dachau o P. Kentenich viaja ao Uruguai. Aí a artista Irmgard Ulmer, em 1949, pinta um retrato do Fundador. Hoje sua passagem pelo Uruguai é recordada por um parque que leva o seu nome.

Paraguay

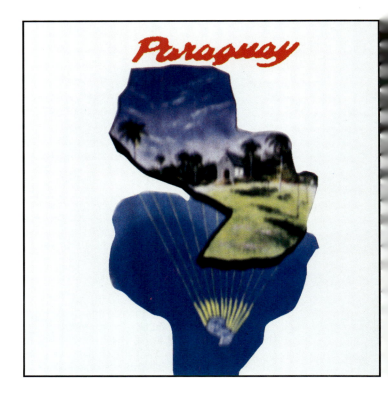

Zwischen Asunción und Caacupé steht das Heiligtum von Tuparendá. Das geistliche Erbe der jesuitischen Mission wird dort aufgegriffen. Von dem geographisch im Herzen Amerikas gelegenen Ort sollen neue Impulse für eine christliche Gesellschaftsordnung ausgehen.

Entre Asunción y Caacupé está el santuario de Tuparendá que se siente heredero de las misiones jesuitas. Desde allí se quiere contribuir a que en el 'corazón de América' crezca la 'Ciudad de Dios'.

Between Asunción and Caacupé is the shrine of Tuparendá. The spiritual legacy of the Jesuit missions is worked with in a special way. From here, the 'Heart of (South) America', they want to contribute to the building of a Christian social order.

Entre Assunção e Caacupé encontra-se o Santuário de Tuparendá. Aí se dá continuidade à herança espiritual das missões jesuíticas. Deste lugar, situado no coração da América do Sul, devem brotar novas forças para a construção de uma ‚Cidade de Deus': Tuparendá.

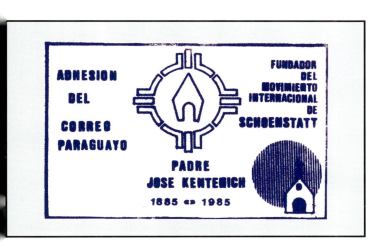

Ein kleiner Gedenkort liegt zwischen den Bäumen um das Heiligtum. Der Guarani-Volkskunst entsprechend, ein Porträt P. Kentenichs in Leder gebrannt.

Entre los árboles junto al santuario se levanta un memorial. También el arte popular guaraní lo representa en un grabado en cuero.

A small memorial stands among the trees next to the shrine. Here the local 'Guaraní' art-form portrays Fr. Kentenich in leather.

Junto ao Santuário, em meio às árvores, encontra-se um pequeno memorial. Um retrato do P. Kentenich, gravado a fogo em couro, segundo a arte popular guarani.

Argentina

Um das Heiligtum von La Loma, Paraná, findet das internationale Liederfestival statt. Sein diesjähriges Motto: 'Vater der Völker, wir gehen mit.'

En torno al santuario de La Loma, Paraná, tiene lugar un festival internacional de la canción. Su lema: 'Padre de pueblos, vamos contigo.'

An international songfest takes place around the shrine of La Loma (Paraná). Its motto this year: 'Father of nations, we go with you.'

Em torno do Santuário de La Lona (Paraná) tem lugar um Festival Internacional da Canção. O lema deste ano: 'Pai dos povos, vamos contigo'.

Am 09.06.1947 wallfahrtet P. Kentenich nach Luján. Es regnet stark. Bei der Rückkehr sagte er: "Unser Heiligtum von Schönstatt muß Leben bringen für die Nationalheiligtümer der verschiedenen Länder." Dieser Spur folgend pilgert die argentinische Schönstattfamilie von Florencio Varela, Buenos Aires, zum Nationalheiligtum von Luján. Nach 500 Jahren der Verkündigung des Evangeliums in Lateinamerika, lassen sie sich neu senden für eine 'zweite Evangelisierung' (Johannes Paul II).

El 9 de junio de 1947 el P. Kentenich peregrinó a Luján. Llovía mucho. Al regresar dijo: "Nuestro santuario de Schoenstatt debe aportar vida a los santuarios nacionales de los diversos países". Siguiendo esa huella, la familia argentina peregrina desde Florencio Varela (Buenos Aires) al santuario nacional de Luján. Ahora desde aquí son renovados en su envío para preparar los 500 años de la evangelización de América Latina en el espíritu del novenario convocado por Juan Pablo II.

On June 9, 1947, Fr. Kentenich made a pilgrimage to Luján. It rained heavily. On returning he said, "Our Schoenstatt shrine must bring life for the national shrine of the various peoples." Following in his footsteps, the Argentinian Schoenstatt Family makes the pilgrimage from the national Schoenstatt Shrine in Florencio Varela (Buenos Aires) to the national Marian Shrine in Luján. Approaching 500 years after the first proclamation of the Gospel in Latin America, they let themselves be sent for a 'second evangelization' (John Paul II).

In Paraná wird eine Hütte gebaut als Ort der geistigen Begegnung mit dem Gründer. Am Zentrum Villa Warcalde, Cordoba, steht eine neue Statue.

In Paraná a hut is built as a place of spiritual encounter with the founder. A new statue stands at the Schoenstatt center in Villa Warcalde in Cordoba.

En Paraná se levantó una chocita como lugar de encuentro espiritual con el P. Kentenich. En Villa Warcalde, Córdoba, se yergue una nueva estatua.

Em Paraná ergue-se uma cabana como lugar de encontro espiritual com o Fundador. Em Villa Warcalde (Córdoba) há um nova estátua.

No dia 9 de junho de 1947 o P. Kentenich peregrinou a Luján. Chovia muito. Ao voltar disse: "Nosso Santuário de Schoenstatt deve trazer vida aos santuários nacionais dos vários países". Seguindo suas pegadas, a Família de Schoenstatt da Argentina peregrina de Florencio Varela (Buenos Aires) ao Santuário Nacional de Luján. Seguindo a orientação de João Paulo II, buscam aí novas forças para preparar-se durante 9 anos, até 1992, para o quinto centenário do evangelização da América.

Argentina

Zu den Landesfeiern in Argentinien kommen Vertretungen von mehr als 20 Diözesen nach Florencio Varela. Das Geburtstagsgeschenk soll die 'Kirche des Gedenkjahres' sein. Der Grundstein dazu wird gesegnet. Am Platz vor dem Nationalkongreß und im Hauptbahnhof der Metropole Buenos Aires laden Transparente und Plakate zur Jahrhundertfeier ein.

Representatives from more than 20 dioceses come to Florencio Varela for the national celebration. Their birthday present is the "Centennial Church", for which the cornerstone is laid. On the main square in front of the Argentinian Congress and in the central train station of metropolitan Buenos Aires, posters and signs invite all to come to the centenary celebration.

Las celebraciones nacionales de Argentina convocan a las delegaciones de más de 20 diócesis en Florencio Varela. El regalo conmemorativo es la 'iglesia del centenario'. Se bendice la primera piedra. Frente al palacio del Congreso Nacional en Buenos Aires y en la estación central de ferrocarriles de la metrópoli, se anuncian las festividades.

As celebrações nacionais da Argentina convocam delegações de mais de 20 dioceses em Florencio Varela. O presente comemorativo é a 'Igreja do Centenário'. Nessa ocasião é benzida sua pedra fundamental. Em frente ao Palácio de Congresso Nacional a na estação ferroviária central de Buenos Aires se anunciam as festividades.

Chile

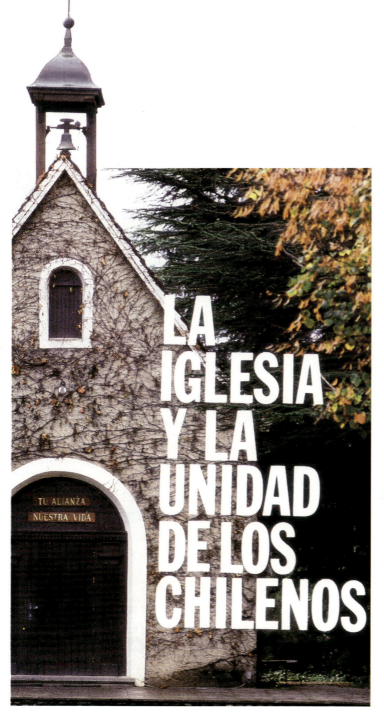

LA IGLESIA Y LA UNIDAD DE LOS CHILENOS

In der Zerrissenheit der politischen Lage Chiles tagt die chilenische Bischofskonferenz am Heiligtum von Bellavista. Durch die Presse geht der Aufruf der Bischöfe zu einer Einheit in Gerechtigkeit und Freiheit. Schönstatt in Chile engagiert sich dafür. P. Kentenich hat dieses Heiligtum eingeweiht. Der Ingenieur Mario Hiriart opfert 1949 sein junges Leben dafür auf.

La Serena, Grundsteinlegung

En medio de un Chile desgarrado políticamente, la Conferencia Episcopal sesiona junto al santuario de Bellavista. En la prensa aparece el llamado a la unidad de los obispos. Schoenstatt en Chile se compromete en esta tarea. El P. Kentenich bendijo este santuario. El joven Profesor de Ingeniería Mario Hiriart muere por su fecundidad.

Primera piedra

In the middle of the tense political situation in Chile, the Chilean Bishops' Conference meets at the shrine in Bellavista. The bishops appeal through the press for a unity in justice and in freedom. Schoenstatt in Chile actively pursues these goals. Fr. Kentenich dedicated the shrine. The young engineer Mario Hiriart offered up his life for it in 1949.

La Serena, cornerstone-laying.

Em meio de um Chile dilacerado politicamente, a Conferência dos Bispos se reune junto ao Santuário de Bellavista. Na imprensa publica-se o apelo dos bispos à unidade, baseado na justiça e na liberdade. No Chile Schoenstatt se compromete com essa tarefa. Este Santuário foi bento pelo P. Kentenich. O jovem professor de engenharia Mario Hiriart ofereceu a vida por sua fecundidade.

La Serena, pedra fundamental.

En Chile se acuña la primera medalla con la imagen del P. Kentenich.
Ocurre con motivo de los cincuenta años de Schoenstatt, en 1964.

Chile

In Bellavista, Santiago, wird die Sondermarke vorgestellt. Berichte darüber erscheinen in den Medien des ganzen Landes.

En Bellavista, Santiago, se lanza el sello de correos. La información es ampliamente difundida por los medios de comunicación social.

Introduction of the commemorative stamp in Bellavista (Santiago). Stories about the stamp appeared in the press throughout Chile.

Um artista popular de Lima grava a fogo, na casca de uma moranga, o símbolo do centenário. Uma revista missionária relata os primeiros passos de Schoenstatt no Peru.

Perú

Ein Volkskünstler aus Lima brennt in eine getrocknete Calabazafrucht das Signet. Über die Anfänge Schönstatts in Peru berichtet eine Missionszeitschrift.

Um artista popular de Lima grava a fogo, na casca de uma moranga, o símbolo do centenário. Uma revista missionária relata os primeiros passos de Schoenstatt no Peru.

A local artist from Lima burns the logo into a dried calabaza fruit. A mission-periodical reports about how Schoenstatt got started in Peru.

El artista popular limeño pirograba en una calabaza el símbolo. Sobre el naciente Schoenstatt peruano informa una revista misionera.

Colombia

In Armenia, in El Quindío, lebt Schönstatt. Als Motto und Geschenk an den Gründer haben sie formuliert: 'Kolumbianische Familie, Tochter des Vaters, Heiligtum Mariens.' Mit viel Mühe versuchen sie durch Gebet, Opfer und finanzielle Beiträge, Land zu gewinnen für ein künftiges Heiligtum.

Hemos pensado, en medio de nuestra limitación y pobreza, regalarle al Padre el terreno para el Santuario y si es posible el Santuario. Estamos trabajando intensamente en la consecución de un buen Capital de gracias a la Mater con este fin.
Para el Centenario, queremos trabajar con el lema: FAMILIA COLOMBIANA, HIJA DEL PADRE, SANTUARIO DE MARIA.
La dirección de mi Casa y Sede del Movimiento es: Calle 22 #19-12 Armenia, Quindío, Colombia. Teléfono 47835.
Desde ya agradezco Padre Joaquín su colaboración con nosotros y esperamos sus special bendición desde el Santuario. Confío en una buena comunicación usted.

Armando Sánchez Vélez Pbro.

Schoenstatt lives in Armenia, in El Quindío. As motto and present for the founder they formulated the following: "Columbian family, daughter of the Father, Mary's shrine." Despite many difficulties they are trying to find the necessary land for a future shrine through prayer, sacrifice and financial contributions.

Em Armênia, em El Quindío Schoenstatt vive. Oferecem como presente ao Fundador o lema: "Família da Colúmbia, filha do Pai, Santuário de Maria". Com muito esforço procuram conquistar, com orações, sacrifícios e contribuições em dinheiro, o terreno para seu futuro santuário

Once años de Alianza

Klare Luft, am Horizont die Spitzen der Anden. In La Paz wächst ein ganz von Laien getragenes Schönstatt, von Studenten und jungen Ehepaaren. Eine Geschichte der Treue inmitten einer vielfach gespannten Situation im Land. Mit eigener Hände Arbeit wurde ein kleiner Treffpunkt gebaut, die Hütte von Achumani. Die junge Malerin unter ihnen sieht P. Kentenich mit bolivianischen Augen.

Aire purísimo. Cumbres andinas. En La Paz crece un Schoenstatt llevado enteramente por laicos, estudiantes y jóvenes matrimonios. Una historia de fidelidad en una nación convulsionada. Construyen con sus propias manos la ermita de Achumani. Entre ellos, una joven pintora que mira con ojos bolivianos al padre.

Bolivia

Clear air, the peaks of the Andes on the horizon. The small Schoenstatt Family which is growing in La Paz is carried entirely by lay members — by students and by young couples. A history of loyalty in the midst of a tense Bolivian situation. With their own hands they built a meeting point, the hut at Achumani. One young woman who is a painter portrays Fr. Kentenich from the Bolivian point of view.

Ar puríssimo. No horizonte os cumes dos Andes. Em La Paz cresce um Schoenstatt sob a responsabilidade exclusiva de leigos, estudantes e jovens casais. Uma história de fidelidade num país em situação difícil. Constroem com suas próprias mãos a ermida de Achuman. Entre eles, uma jovem pintora que vê o P. Kentenich com olhos bolivianos.

Ecuador

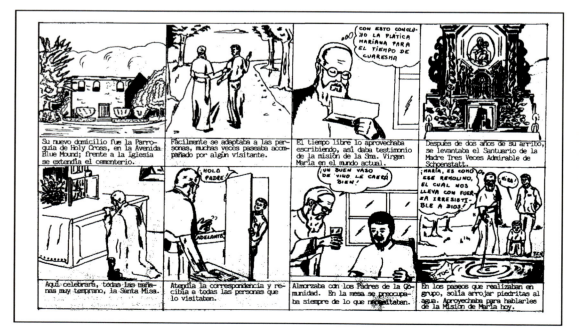

Presentación

El amor y la admiración por una gran figura de nuestro tiempo, el Padre José Kentenich, ha despertado la iniciativa de estas dos jóvenes dibujantes para editar esta revista sobre la vida y misión del Padre Fundador del Movimiento Apostólico de Schoenstatt.

Felicitamos a Patricia y Peggy Castro por su valioso aporte desde Ecuador y América Latina al Schoenstatt Internacional.

MOVIMIENTO APOSTOLICO DE SCHOENSTATT
Guayaquil - Ecuador

Septiembre 1985

Alle sollen von ihm erfahren! Patricia und Peggy suchen einen Weg zu den Kindern.

Everyone should know about him! Patricia and Peggy's comic book is just one initiative.

Sua história deve chegar a todos. Patrícia e Peggy começam seu trabalho.

Schönstatt in Ecuador engagiert sich sehr in der Vorbereitung des Papstbesuches. Am 31.01.85 segnet Johannes Paul II die Krone für das Heiligtum in Guayaquil und empfängt als Geschenk ein "Kreuz der Einheit". Auch neue Lieder entstehen. Eines ruft nach Gott als dem Vater des indianischen Amerikas "Padre Amerindio" und bekennt: "Ich liebe dich auf Quechua." Diese Liebe hat Auswirkungen im apostolischen Einsatz und im Dienst an Kindern. Neben dem Heiligtum ein Kinderdorf.

El Schoenstatt ecuatoriano trabaja entusiastamente para preparar la visita del Santo Padre. El 31.01.85 Juan Pablo II bendice la corona para el santuario de Guayaquil y recibe de regalo una 'cruz de la unidad' como pectoral. También nacen nuevas canciones, una se dirige a Dios llamándolo 'Padre Amerindio' y le dice 'te amo en quechua'. El compromiso apostólico y el servicio a la infancia abandonada son signos de ese amor.

The Ecuadorian Schoenstatt Family works enthusiastically on the preparations for the Holy Father's visit to that country. On January 31, 1985, Pope John Paul II blesses the crown for the shrine in Guayaquil and receives a Unity Cross as gift in return. New songs were written. One calls on God as the Father of Indian America — "Padre Amerindio" — and proclaims, "I love you in Quechua" (a local Indian language). Apostolic involvement and service to children are signs of this love. An orphanage is just a stone's throw from the shrine.

Schoenstatt no Equador prepara-se entusiasmado para a visita do Papa. No dia 31 de janeio de 1985 João Paulo II benze a coroa para o Santuário de Guaiaquil e recebe de presente uma 'Cruz da Unidade'. Compõem-se novas canções. Uma se dirige a Deus como "Pai Ameríndio" e lhe diz: "Eu te amo em quechua". O compromisso apostólico e a assistência à infância abandonada são sinais desse amor.

Venezuela

QUERIDA MADRE Y REINA VICTORIOSA DE SCHOENSTATT

Con gran cariño deseamos agradecerte nos hayas elegido para comenzar tu Schoenstatt venezolano. Conocemos nuestras limitaciones y sabemos perfectamente que no somos los más indicados para ser los apóstoles de tu reino. Sin embargo, animados por el ejemplo de Pentecostés y de todas las muestras de tu cariño, te pedimos con sencillez que solicites a Dios Padre, Dios Hijo y Dios Espíritu Santo, nos conceda las gracias especiales de acogimiento, uniendo principalmente a nuestro grupo como una familia. Ayúdanos a modificar y a perfeccionar nuestros espíritus y a cristianizar y proyectar nuestras modestas inquietudes apostólicas. Distinguida y hermosa Señora de Schoenstatt: te pedimos también que, desde el santuario original, hagas llegar tus gracias a la comunidad cristiana más amplia, haciendo que en este mundo haya más paz, acabando con la pobreza marginal. Muchas gracias por toda tu dedicación a nosotros, recibe nuestro amor desde Venezuela.

Caracas, julio 1985

José Luis te agradecemos recés esta oración en el Santuario original Gracias

Mitglieder der Bewegung aus Caracas erbitten mit einem Brief nach Schönstatt Solidarität im Gebet und im Einsatz für die Ärmsten des Landes.

In a letter which they wrote, the Schoenstatt members in Caracas call for solidarity in prayer for the founding of the movement in Venezuela and for help for the poorest of the poor in their country.

Os membros do Movimento de Caracas enviam uma carta a Schoenstatt pedindo orações e auxílio para o povo mais carente.

Radio novela sobre la vida del P. Kentenich

El Padre Kentenich nació en 1885 en Alemania y fue ordenado sacerdote en 1910. En el año 1914 fundó Apostólico de [...] yor repercusión en la Iglesia y en el mundo contemporáneo. El propósito fundamental del movimiento fundado por el Padre Kentenich es la renovación religi[...] dio de María. La espiritualidad de Schoenstatt aspira a la formación de un hombre nuevo y de un nuevo tipo de comunidad que debe ser [...]ólica y ma[...]

Un momento muy importante en la vida del Padre Kentenich fue al ser [...] por la policía ofi[...] conocida [...]

58 radio — EL NUEVO DIA, MARTES 3 DE SEPTIEMBRE DE 1985

Kentenich por las ondas radiales

"UNA ESTRELLA en el camino" es el título de una radio novela que sobre la vida del Padre José Kentenich se está transmitiendo por varias emisoras de radio en Puerto Rico. El autor es el mismo que escri[...]

México

Querétaro is one of the most visited Schoenstatt shrines in the world. There a radio serial about Fr. Kentenich's life was produced with 55 parts and was broadcast in Mexico and other countries in the Caribbean.

Querétaro é um dos santuários de Schoenstatt com maior afluência de peregrinos do mundo. No México e em países do Caribe foi transmitida mais de uma vez uma radionovela em 55 capítulos sobre a vida do P. Kentenich.

Querétaro ist eine der Schönstattkapellen mit dem größten Pilgerstrom in der Welt. Dort wurde eine Hörspielreihe über das Leben von P. Kentenich in 55 Folgen produziert, die mehrfach in Mexiko und den karibischen Ländern ausgestrahlt wurde.

Querétaro es uno de los santuarios schoenstattianos con mayor afluencia de peregrinos en el mundo. A ello contribuye una radionovela de 55 capítulos sobre la vida del P. Kentenich que se transmite en México y en países del Caribe.

República Dominicana

Nuestro lema:
"Con María Reina, Padre,
tu Alianza es nuestra vida"

Este lema nos ayudó grandemente
a iluminar nuestra realidad Social
dominicana.—

P. Fausto R. Yepás.

"Das Motto hat uns entscheidend geholfen, unsere reale soziale Lage in der Dominikanischen Republik ernsthaft anzugehen."

"The motto greatly helped us to illuminate our real social situation in the Dominican Republic."

«O lema do centenário ajudou-nos muito a iluminar a realidade social de República de São Domingos.»

Bei seinen Reisen nach Südamerika zeigte er auf, wie der Glaube den Einsatz für eine gerechtere soziale Ordnung impliziert. Hier im Gespräch mit einem Politiker.

En sus viajes a América Latina señala las exigencias de la fe para un orden social más justo. Aquí, conversando con un político.

On his trips to South America, Fr. Kentenich showed how faith implies involvement for a juster social order. Here conversing with a politician.

Em suas viagens à América Latina o P. Kentenich acentuou as exigências da fé para uma ordem social mais justa. Aqui, conversando com um político.

24.11.1985 in der Dominikanischen Republik. Das Gedenkjahr erreicht seinen Höhepunkt. Die Gemeinschaft der Diözesanpriester weiht ihr 'Priesterheiligtum von Getsemaní' in San Francisco de Macorís ein. Während der Liturgie der Regenbogen!

En la República Dominicana, el 24 de noviembre, culminando el centenario, los sacerdotes diocesanos de Schoenstatt dedican el 'Santuario sacerdotal de Getsemaní' en San Francisco de Macorís. Durante la ceremonia ¡el arco iris!

In the Dominican Republic, November 24 is the climax of the centennial. The community of the Schoenstatt diocesan priests dedicates its "Gethsemani Shrine" in San Francisco de Macorís. And during the ceremony...a rainbow!

24.11.1985. República de São Domingos. O centenário atinge seu ponto culminante. Os Sacerdotes Diocesanos de Schoenstatt inauguram seu 'Santuário Sacerdotal de Getsêmani' em São Francisco de Macoris. Durante a celebração, o arco-íris!

Puerto Rico

El Comité Organizador de la celebración del Natalicio del Padre José Kentenich, invita a las actividades que con este motivo se llevarán a cabo los días 14 al 18 de octubre de 1985, en el Campus de Ponce de la Universidad Católica de Puerto Rico.

Beachtliche Präsenz in den Kommunikationsmedien. Eine Ausstellung in der Katholischen Universität, das Interesse von Politikern, ein Symposion über pädagogische Fragen prägen das Gedenkjahr in diesem Land. Im Heiligtum von Cabo Rojo wird Maria am Pfingstfest gekrönt. Die Priestergemeinschaft 'Esclavos de la Eucaristía y de María Virgen' darf das Leben ihres Gründers P. Aníbal Reyes als geistliches Geschenk anbieten.

Importante presencia en los medios de comunicación social. Una exposición en la Universidad Católica, el interés de dirigentes políticos, un simposio sobre temas pedagógicos, marcan el centenario en este país. En el santuario de Cabo Rojo es coronada María en la fiesta de Pentecostés y la comunidad sacerdotal schoenstattiana 'Esclavos de la Eucaristía y de María Virgen' puede ofrecer la vida de su fundador, el P. Aníbal Reyes como regalo espiritual.

Important presence in communications and media. An exhibition at the Catholic University, the interest of politicians, and a symposium on educational questions form the centennial here. Mary was crowned in the shrine at Cabo Rojo on Pentecost Sunday. The Schoenstatt community of priests, "Esclavos de la Eucaristía y de María Virgen" (Slaves of the Eucharist and the Virgin Mary), can offer the life of its founder, Fr. Aníbal Reyes, as a spiritual gift.

Notável presença nos meios de comunicação social. Uma exposição na Universidade Católica, o interesse de dirigentes políticos, um simpósio sobre temas pedagógicos marcam o centenário neste País. No Santuário de Cabo Rojo Nossa Senhora é coroada na festa de Pentecostes e a comunidade sacerdotal schoenstateana 'Escravos da Eucaristia e de Maria Virgem' pode oferecer a vida de seu fundador, P. Aníbal Reyes como presente espiritual.

por dentro

EL NUEVO DIA-MARTES 5 DE FEBRERO DE 1985

educación
Simposio apostólico en Schoenstatt

CON MOTIVO de las celebraciones del Primer Centenario del Natalicio del Padre José Kentenich se llevarán a cabo cuatro simposios exponiendo los principios pedagógicos del famoso sacerdote fundador de uno de los movimientos apostólicos de mayor trascendencia en la historia contemporánea: el Movimiento Apostólico de Schoenstatt.

El Padre Kentenich, quien se distinguió por una vida sacerdotal de absoluta consagración una diócesis alemana, desde que llegó a la Isla está adscrito y vive en la Diócesis de Ponce.

EL SEGUNDO simposio se llevará a cabo el viernes 22 de marzo, a las 9:00 de la mañana, y el tema a tratarse será "El Padre José Kentenich: Educador de la mujer consagrada".

La tercera de esta serie de actividades será el viernes 19 de abril y el tema a tratarse será "El Padre José Kentenich: La conferencia de ese día será la Hermana M. Mattía Amrhein, Superiora de las Hermanas Marianas de Schoenstatt en Puerto Rico.

Educador de la Moral Cristiana". La conferencia del día lo será la Hermana Elena Lugo, Ph.D., miembro del Instituto de Hermanas Marianas y profesora de filosofía del Recinto Universitario de Mayagüez de la Universidad de Puerto Rico.

LA ULTIMA de esta importante serie de actividades será el 8 de junio y el tema a tratarse será "El Padre José Kentenich: Educador de catequistas". La conferenciante será la Sra. María Teresa Maldonado, profesora retirada del Departamento de Instrucción Pública de Puerto Rico.

PROGRAMA

Lunes 14 - oct. - 1985 10:00 a. m.	Apertura Exposición de documentos, literatura, retratos y objetos pertenecientes al Padre José Kentenich Biblioteca Encarnación Valdés - UCPR
Martes, 15 - oct. - 1985 10:30 a. m.	Conferencia: "Dilema de la libertad interior y la conquista del hombre nuevo", por el Padre Juan Manuel Pérez Salón Audiovisual Biblioteca E. Valdés
Jueves, 17 - oct. - 1985 11:00 a. m.	Celebración Santa Misa por el SER Monseñor Juan Fremiot Torres Oliver, Obispo de Ponce y Gran Canciller de la UCPR Capilla Espíritu Santo Centro de Estudiantes Manuel González Pató

La exposición estará abierta al público del 15 al 18 de octubre de 1985 en la Biblioteca Encarnación Valdés.

United States of America

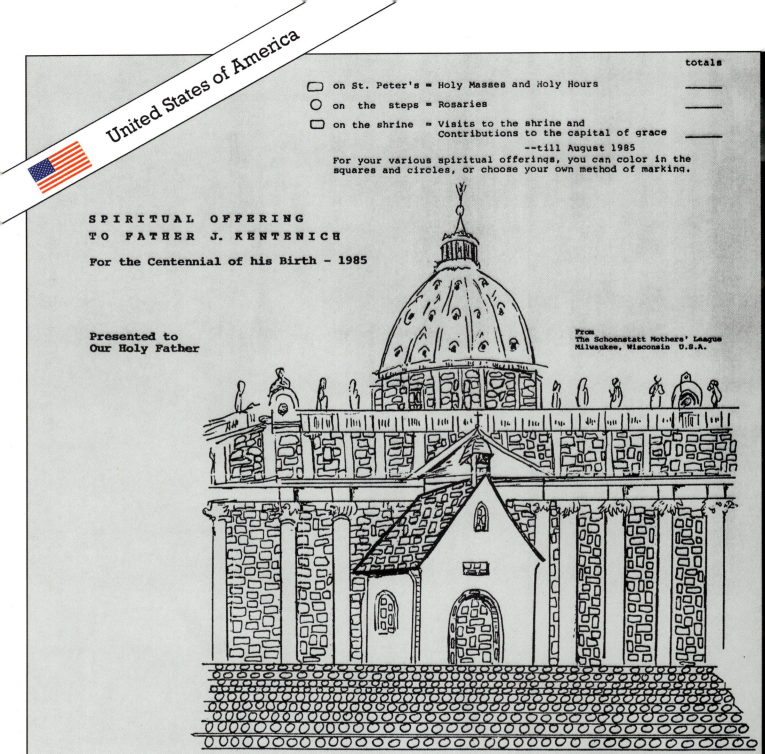

☐ on St. Peter's = Holy Masses and Holy Hours totals: _____
○ on the steps = Rosaries _____
☐ on the shrine = Visits to the shrine and Contributions to the capital of grace _____
—till August 1985

For your various spiritual offerings, you can color in the squares and circles, or choose your own method of marking.

SPIRITUAL OFFERING TO FATHER J. KENTENICH

For the Centennial of his Birth – 1985

Presented to Our Holy Father

From The Schoenstatt Mothers' League Milwaukee, Wisconsin U.S.A.

"Laßt euch als lebendige Steine zu einem geistigen Haus aufbauen, zu einer heiligen Priesterschaft, um durch Jesus Christus geistige Opfer darzubringen" (1 Petr 2, 5). In diesem Geist wird der Besuch beim Papst mit einem Strom von Gebet und geistigen Geschenken vorbereitet.

"vosotros cual piedras vivas entrad en la construcción de un edificio espiritual, para un sacerdocio santo, para ofrecer sacrificios espirituales" (1 P 2,5). En este espíritu se prepara la visita al Papa con una corriente de oración y entrega.

FATHER JOSEPH KENTENICH · FOUNDER OF SCHOENSTATT · 1885-1985

"Let yourselves be built as living stones into a spiritual house, a holy priesthood, so that you can bring spiritual sacrifice through Jesus Christ" (1 Pt 2,5). In this spirit the Papal audience was prepared with many prayers and spiritual offerings.

"Como pedras vivas constituí-vos em um edifício espiritual, dedicai-vos a um sacerdócio santo, a fim de oferecerdes sacrifícios espirituais aceitáveis a Deus por Jesus Cristo." (1 Pd 2,5). Seguindo essa exortação, a audiência com o Papa é preparada por uma corrente de orações e ofertas espirituais.

TU ALIANZA
NUESTRA VIDA

YOUR COVENANT
OUR LIFE

DEIN BUND
UNSER LEBEN

Die Novizinnen der Marienschwestern werden eingekleidet. Auf der Einladung erscheint das Signet und das Motto in drei Sprachen. Zwischen den Wolkenkratzern von New York, in der Kathedrale von St. Patrick und im internationalen, auf dem Land gelegenen Zentrum von Waukesha, Delafield, wird das Gedenkjahr gefeiert.

Las novicias de las Hermanas de María toman hábito. En la invitación viene una adaptación del símbolo y el lema en tres idiomas. Entre los rascacielos de Nueva York, en la catedral de St. Patrick y en el campestre centro internacional de Waukesha, Delafield, se celebra el centenario.

Reception of new candidates into the novitiate of the Schoenstatt Sisters of Mary. The centennial logo and motto appear on the invitation — in three languages. In St. Patrick's Cathedral amidst the skyscrapers of New York and at the International Schoenstatt Center in Waukesha (near Milwaukee), the centennial was celebrated.

As noviças das Irmãs de Maria recebem o hábito. No convite aparece uma adaptação do símbolo e o lema do centenário em três idiomas. Entre os arranha-céus de Nova Iorque, na Catedral de St. Patrick e o Centro Internacional, Dellafield, situado nos arredores da cidade, celebra-se o centenário.

United States of America

Erzbischof Pio Laghi, Pronuntius in Washington, leitet die Feiern von Waukesha. Dort hat die Schönstattfamilie ein Farmhaus restauriert, in dem der Gründer mehrmals gewesen ist. Symbol für die Beiträge dazu sind Steine, auf die das Haus gemalt ist.

Mons. Pio Laghi, Pro Nuncio en Washington preside las celebraciones en Waukesha. Allí se restauró la casa de una granja donde el fundador estuvo en varias ocasiones. Símbolo y recuerdo de los aportes son unas piedras donde se representa la casa.

Monsignor Pio Laghi, Pro-Nuncio to the United States, presides at the celebration in Waukesha. The Schoenstatt Family there renovated a farmhouse where the founder was on numerous occasions. Stones on which a picture of the house was painted are a symbol of the contributions towards the restoration.

O Arcebispo Pio Laghi, Pro Núncio em Washington, preside às celebrações em Waukesha. A casa de campo em que o Fundador esteve várias vezes foi reformada. Para simbolizar e recordar as ofertas pintou-se a casa em pequenas pedras.

The restoration of this house is a gift to Father Joseph Kentenich for the Centennial of his birth
1885 — 1985

Ort der Begegnung, der Integration zwischen Amerikanern angelsächsischer und mexikanischer Abstammung. Während der Pilgertage bereichern sich gegenseitig zwei Kulturen im Schatten des Heiligtums von Lamar, Corpus Christi, Texas. Die Mannesjugend verbindet mit dem Signet des Gedenkjahres den Christus in der Gründerkapelle.
In Minnesota, im Land vieler Farmer, liegt Sleepy Eye. Intensives Familienbewußtsein findet seinen Ausdruck auch im Vatersymbol, das sie für das Heiligtum geschenkt haben.

Tierra de encuentro, de integración entre 'anglo' y 'mexicans americans'. En los días de peregrinación dos culturas se enriquecen a la sombra del santuario de Lamar, Corpus Christi, Texas. La juventud masculina une el símbolo del centenario con el Cristo de la "capilla del fundador".

En Minnesota, corazón del mundo de los granjeros, está situado Sleepy Eye. La rica vida familiar se expresa en el símbolo de Dios Padre que regalan al santuario.

Place of encounter and integration between the 'Anglos' and Mexican-Americans. During pilgrim days the two cultures come to mutual enrichment in the shadow of the shrine in Lamar, Texas (near Corpus Christi). The boys youth brought together the centennial logo and the crucifix of the Founder Chapel.
In Minnesota, state of many farmers, is Sleepy Eye. The awareness of the importance of good, strong families also found expression in the Father Symbol which they presented for their shrine.

Terra de encontro, de integração entre americanos de origem inglesa e mexicana. Nos dias de peregrinação as duas culturas se enriquecem à sombra do Santuário de Lamar, Corpus Christi, Texas. A juventude masculina une o símbolo do centenário ao Cristo da Capela do Fundador.

Em Minnesota, lugar de muitas fazendas, está situado Sleepy Eye. A profunda consciência de família encontra sua expressão no símbolo de Deus Pai que é oferecido para o Santuário.

Die Erzbischöfe von Sidney, Edward B. Clancy, und von Perth, William Foley, feiern mit. Bei der Schlußveranstaltung in Mulgoa, Sydney, zelebriert Weihbischof David Cremin. Die gleiche Freude verbindet beim internationalen Festival Menschen verschiedener Volksstämme, die in Australien zusammenleben. Der Bischof schneidet die Riesentorte an.

Los arzobispos de Sydney, Edward B. Clancy y de Perth, William D. Foley presiden los sendos festejos. En Mulgoa (Sydney) el Obispo Auxiliar David Cremin celebra la eucaristía. En el 'Festival Internacional' se integran en una misma alegría representantes de los diferentes pueblos que convergen en la sociedad australiana. El obispo parte una inmensa torta.

The Archbishops of Sydney, Edward B. Clancy, and of Perth, William Foley, preside at celebrations. Auxiliary Bishop David Cremin presides at the closing celebration in Mulgoa (Sydney). At the International Festival people of the many different national backgrounds in Australia are united in the same joy. The bishop cuts the giant birthday cake.

Os arcebispos de Sydney, Dom Edward B. Clancy e de Perth, Dom William D. Foley, presidem às celebrações. Em Mulgoa (Sydney) o Bispo Auxiliar Dom David Gremin celebra a missa de encerramento. No 'Festival Internacional' integram-se na mesma alegria representantes dos diversos povos que constituem a sociedade da Austrália. O Bispo corta uma imensa torta.

Auf dem Motorrad von Sidney nach Perth! 4000 km fahren Vince und Dave mit der Gedenkjahrfahne durch die australische Wüste.

En moto desde Sydney a Perth! Vince y Dave llevan la bandera a través de 4000 km del desierto australiano.

On the motorcycle from Sydney to Perth. Vince and Dave drove 4000 km (2500 miles) through the Australian desert with the centenary flag.

Em moto de Sydney a Perth! Vince e Dave levam a bandeira do centenário através de 4000 km do deserto australiano.

India

DANKESGABE

Von Schoenstatt in Indien

Zum 100. Geburtstag

Von P. Josef Kentenich

- dankbare Erinnerung
- glaeubige Erneuerung
- wagemutige Aussendung

Desde el santuario de Aloor, Kerala, se expresa la gratitud al P. José Kentenich. Publican un cuaderno que manifiesta su recuerdo agradecido, su creyente renovación y su confiada audacia para ser enviados.

Gratefulness to Fr. Kentenich is brought from the shrine in Aloor (Kerala). A booklet was published which expressed thankful remembrance, faith-filled renewal and courage for a new commissioning.

No Santuário de Aloor, Kerala, é manifestada a gratidão ao P. Kentenich. Publicam um caderno com que exprimem sua lembrança repassada de gratidão, sua renovação cheia de fé e sua disposição para um novo envio.

Philippines

In Cebu City ist das Heiligtum aus Bambus. Hier treffen sich die noch kleinen Schönstattgruppen. Philippinische Hände tragen ein Modell der Kapelle bei der internationalen Festwoche in Deutschland. Ein in Europa lebender koreanischer Künstler malt 1975 P. Kentenich in der einfühlsamen Schlichtheit seines Volkes.

In Cebu City is the bamboo shrine. The still very small Schoenstatt Family meets here. Filipino hands carry a model of the chapel at the Festival Week in Schoenstatt. A Korean artist who lives in Europe painted this picture of Fr. Kentenich in 1975 reflecting the delicate simplicity of his people.

En Cebu City el santuario está hecho de bambú. Ahí se reúne el pequeño núcleo schoenstattiano. Una maqueta la presentan manos filipinas en las festividades internacionales. Un artista coreano residente en Europa pinta en 1975 al P. Kentenich con la grácil sensibilidad de su pueblo.

Em Cebu City o Santuário é de bambus. Aí se reúne um pequeno núcleo de Schoenstatt. Mãos filipinas apresentam uma miniatura durante as comemorações internacionais. Um artista coreano residente na Alemanha pinta em 1975 o P. Kentenich com a delicada sensibilidade de seu povo.

Angola Tanzania

Isingiro (Tanzania)

1974 fertigen sich Schnitzer in Angola Holzfiguren von P. Kentenich.

En 1974 talladores populares en Angola representan al P. José Kentenich.

Wooden figures of Fr. Kentenich carved in Angola in 1974.

Em 1974 escultores populares de Angola representam o P. José Ketenich.

Burundi

Zur Missionsstation Mutumba gehört ein Heiligtum, wo eine Pastoral entwickelt ist, die bewußt versucht, die Seele der Barundis aufzunehmen. Die Gebetshäuser auf den Hügeln sind die Lebensmitte der Gemeinden. Dort ist Maria die große Erzieherin zu einem in der Kultur des Volkes verwurzelten Glauben.

Desde el santuario de Mutumba se desarrolla una pastoral que procura conscientemente asumir la riqueza del alma del pueblo barundi. Las capillas de las colinas son el centro de la vida de las comunidades. Allí María es la gran educadora de una fe cristiana encarnada en la cultura autóctona.

The mission station of Mutumba includes a shrine, where the pastoral approach attempts to adapt to the depths of the soul of the Barundis. The little chapels in the hills are the life-centers of the parishes. Mary is the great educator there for a faith which is deeply rooted in the local culture.

A partir do Santuário de Mutumba desenvolve-se uma pastoral que procura conscientemente assumir a riqueza da alma do povo barundi. As capelas das colinas são o centro da vida das comunidades. Aí Maria é a grande educadora de uma fé cristã encarnada na cultura autóctone.

South Africa

SOLIDARITY IN THE COVENANT OF LOVE
as an answer to the needs and challenges of South Africa.

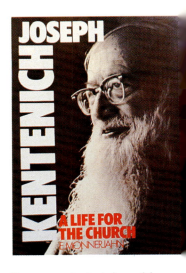

In einem Land, wo Rassengegensätze aufeinanderprallen, versucht Schönstatt seit Jahrzehnten auf kleinstem Raum Modelle solidarischer Integration zu bauen. Die Kraft dazu fließt aus dem im Heiligtum geschlossenen Liebesbündnis. Das Gebet des Gedenkjahres wurde in Afrikaans, Xhosa, Englisch gesprochen in den großen Städten, im Außenbezirk von Crossroads. Vom Heiligtum in Johannesburg aus verdichten sich Bindungen mit Zimbabwe.

En una sociedad dramáticamente enfrentada Schoenstatt ha intentado desde decenios modelos de integración solidaria. La fuerza proviene de la alianza de amor sellada en los santuarios. La oración del centenario fue rezada en africans, xhosa, inglés; en las grandes ciudades, en la barriada de Crossroad. Desde el santuario de Johannesburgo se acrecentaron los lazos con Zimbabwe.

In a country where dramatic racial confrontation is an ever-present reality, Schoenstatt has been trying for decades to build up a miniature model of solidarity and equity. The strength for that flows from the covenant of love in the shrine. The prayer of the centenary year was prayed in Afrikaans, Xhosa and English; in the large cities as well as in the settlement at Crossroads. From the shrine in Johannesburg connections are also strengthening with Zimbabwe.

Num país onde entram em jogo preconceitos raciais Schoenstatt há decênios procura formular modelos de uma integração solidária. A força para tanto provém da Aliança de Amor selada no Santuário. A Oração do Centenário foi rezada nas grandes cidades e nos subúrdios de Crossroad em 3 línguas: áfricans, xhosa e inglês. Partindo do Santuário de Joanesburg intensificam-se os laços com Zimbawe.

In dem kleinen Haus, einer alten Goldschmiede, arbeitet die Geschäftsstelle des Gedenkjahres. Sie ist beauftragt, umzusetzen, was das internationale Generalpräsidium als Orientierungsrahmen vorgegeben hat. Die Mitarbeiter kommen aus verschiedenen Gemeinschaften und Ländern. Viele Jugendliche arbeiten als Freiwillige. Hier laufen die Fäden zusammen für die Vorbereitung aller Feierlichkeiten im September. Von hier aus läuft die internationale Presse- und Öffentlichkeitsarbeit.

En la pequeña casa de una antigua orfebrería trabaja la 'Secretaría del centenario'. Tiene el encargo de poner en práctica las líneas directrices del Consejo Internacional. La integran personas de diferentes comunidades y países. Hay muchos jóvenes voluntarios. Desde aquí se preparan y coordinan todas las festividades de septiembre y se realiza el trabajo internacional de prensa y relaciones públicas.

This little house, a former goldsmithy, is the home of the Secretariate '85. Its commission was to transform the guidelines laid down by the international General Presidium into life. The workers came from different Schoenstatt communities and countries. Many young people worked as volunteers. The entire planning of the celebrations in September came together here. It also oversaw the international publicity and press work.

Numa pequena casa, antiga ourivesaria, funciona a Secretaria do Centenário. Seu trabalho é pôr em prática as diretrizes do Conselho Internacional. É composta de pessoas de vários comunidades e países. Há muitos jovens voluntários. Daqui partem as orientações para as festividades de setembro e se realiza o trabalho internacional de imprensa e de relações públicas.

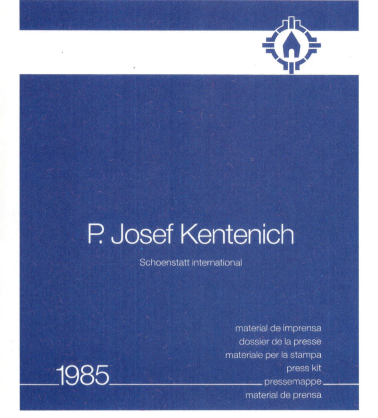

"Euer Herz lebe auf" (Ps 69,33)
– Erneuerung

"Vuestro corazón viva" (Sal 69,33)
– Renovación

"May your heart live anew" (Ps 69,33)
– Renewal

"Vosso coração renasça" (Sal 69,33)
– Renovação

Welch ein September
qué septiembre...
What a September
que setembro...

Welch ein September

der, des Jahres 1985. Sehr viele Menschen arbeiten, damit in diesem Monat Stunden der Begegnung und der Gnade stattfinden können. "Nichts ohne dich, nichts ohne uns". "Wenn nicht der Herr das Haus baut, müht sich jeder umsonst, der daran baut," mahnt der Psalmist. Aus über dreißig Ländern werden Vertreter nach Schönstatt kommen. Wenn am Samstag, dem 14., in der Abenddämmerung die Gründungsurkunde gelesen wird, mag jener zurückliegende und doch nahe Sonntag, der 18. Oktober 1914, in einem vervielfältigten Echo widerschallen. Jene Worte, die der Gründer damals auf deutsch gesprochen hat, werden jetzt in zwölf Sprachen gelesen. Jener verheißungsvolle Satz: "... und vielleicht darüber hinaus ..." wird noch einmal den Raum des Urheiligtums füllen. Jetzt stehen hinter den Worten sichtbare Tatsachen, die unsere Dankbarkeit herausfordern. Aber sie werden auch Hoffnungszeichen und Mahnung sein. Sie werden uns anspornen, neue Horizonte zu sehen: Länder, Dimensionen von Heiligkeit, Bereiche der Kultur, Kreuzestiefe, apostolische Initiativen, Modelle und Experimente. Über hundert Menschen bereiten sich vor, um Referate zu halten, um an Foren teilzunehmen, um Meditationen zu leiten. Kardinäle, Vorsitzende von Bischofskonferenzen, Bischöfe, Wissenschaftler, Künstler, Leiter anderer apostolischer Bewegungen, Politiker feiern mit uns.
Tausende Stunden mit kleinen, unauffälligen und geräuschlosen technischen Arbeiten. Menschen, die große Opfer bringen und kleine als Geschenke für den Heiligen Vater Johannes Paul II. Und eine Vielfalt an Ereignissen, von denen es unmöglich ist, in Einzelheiten zu berichten, geschehen in den deutschen Diözesen und in den verschiedenen nationalen Familien.
Die Geschäftsstelle des Pater-Kentenich-Gedenkjahres '85 e.V. und ihre verschiedenen Teams, die als kleine Gruppe begonnen haben, sind schon so groß, daß sie in verschiedenen Häusern arbeiten müssen.
Ist wirklich alles vorbereitet für das Fest im September, für Schönstatt und Rom?
Es fehlen noch die letzten Wochen, die intensivsten, was das Organisatorische und das Geistige betrifft. Vielleicht werden erst im letzten Moment viele der technischen Dinge fertig sein. Aber, wenn-der-Herr-nicht-das-Haus-baut...
Nichts ohne uns, nichts ohne dich. Nichts ohne die Mta, ohne den Vater, nichts ohne jeden der Pilger nach Schönstatt und Rom. Nichts ohne jedes der Mitglieder der Schönstattfamilie, in alle Welt zerstreut, die, geheimnisvoll, verbunden mit denen von hier die Stunden miterleben werden, die Stunden des Treueversprechens an den Vater und Gründer, der Bündniserneuerung am Heiligtum, der Audienz mit dem Papst, der Aussendung von der Basilika Sankt Paul vor den Mauern. Genau wie ein Haus an einem Festtag die Kinder und Freunde, die aus der Ferne kommen, erwartet. Der Tisch wird gedeckt sein und die Blumen schmücken; die Lichter glänzen schon. Und, trotzdem, es ist noch nicht das Fest. Es fehlen die Tischgenossen und die Gastgeber. Es fehlt die Anwesenheit von jemandem, der aus Grund der Dankbarkeit offenbart und der die Freude auslöst. Ein Jemand, durch den sich alle willkommen zu Hause fühlen und gerne Verantwortung für den anderen spüren. Jemand, der die Ikone des Vaters im Himmel ist, ein Abbild der Mutter der schönen Liebe. Dieser Jemand in diesem Jahr 1985 hat für uns einen Namen, den wir Tag für Tag geschrieben haben. Ganz genau der. Er wird da sein.
P. Joaquín Alliende-Luco
(22.08.1985)

qué septiembre...

éste de 1985. Tánta gente trabajando para que en él puedan ocurrir horas de encuentro y de gracia. "Nada sin ti, nada sin nosotros". "En vano trabajan los albañiles si el Señor no construye la casa", exclama el salmista. De más de treinta países vendrán a Schoenstatt representantes. Cuando el sábado 14 al atardecer se lea el acta de fundación, aquel lejano y reciente domingo 18 de octubre de 1914 resonará con un eco multiplicado. Esas palabras que el fundador pronunciara en alemán, ahora serán leídas en doce idiomas. Aquella frase promisoria"...y quizás más allá todavía..." volverá a llenar el ámbito del santuario original. Ahora podrán las palabras apoyarse en hechos tangibles que comprometen nuestra gratitud. Pero también serán promesa y desafío espoleando hacia otros horizontes: países, dimensiones de santidad, zonas de la cultura, profundidad de cruz, empresas apostólicas, modelos, ensayos. Más de un centenar de personas se preparan para dar conferencias, participar en foros, dirigir meditaciones. Cardenales, Presidentes de Conferencias Episcopales, obispos, científicos, artistas, dirigentes de otros movimientos apostólicos, políticos, celebrarán con nosotros. Miles de horas dedicadas a pequeños trabajos técnicos, inaparentes y silenciosos. Gente que hace sacrificios grandes y menores para los regalos al Santo Padre Juan Pablo II. Y una multitud de acontecimientos de los cuales ya no es posible dar información detallada, suceden en las diócesis alemanas y en las diversas familias nacionales. La secretaría del centenario y los diferentes equipos que comenzasen siendo pequeños grupos, ya han crecido tanto, que deben trabajar en distintas casas.
¿Está todo preparado para la fiesta de septiembre en Schoenstatt y Roma?
Todavía faltan las últimas semanas, las más intensas en lo organizativo y en lo espiritual. Tal vez en el último momento esté mucho de lo técnico a punto. Pero, si-el-Señor-no-construye-la casa...
Nada sin nosotros, nada sin ti. Nada sin la Mater, sin el padre, nada sin cada uno de los peregrinos a Schoenstatt y Roma. Nada sin cada uno de los hijos de Schoenstatt dispersos por el mundo que, misteriosamente, vivan en comunión con los de acá las horas de la promesa de fidelidad al padre, de la renovación de alianza junto al santuario, de la audiencia con el Papa, del envío desde la Basílica de San Pablo Extramuros. Tal como cuando una casa aguarda en un día de fiesta a los hijos y amigos venidos desde lejos. La mesa está servida y las flores adornan las luces ya brillan. Y, sin embargo, todo eso todavía no es la fiesta. Faltan los comensales y festejantes. Falta la presencia de alguien que haga patente la gratitud y desate la alegría. Un alguien por el cual todos se sientan absolutamente en casa y gozosamente responsables del otro. Alguien que sea un ícono del Padre de los Cielos, un trasunto de la Madre del amor hermoso. Ese alguien en este año 1985 tiene para nosotros un nombre que hemos escrito día a día, exactamente. Y estará.
P. Joaquín Alliende-Luco
(22.08.1985)

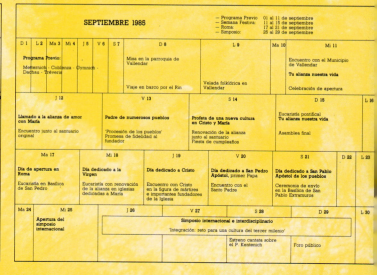

SEPTEMBER 1985						— Vorprogramm: 01. - 11. September 1985 — Festwoche: 11. - 15. September 1985 — Romfahrt: 15. - 22. September 1985 — Symposion: 25. - 29. September 1985		
So 1	Mo 2	Di 3	Mi 4	Do 5	Fr 6	Sa 7	So 8	
Vorprogramm: Metternich - Koblenz - Gymnich - Dachau - Trier							Messe Pfarrkirche Vallendar	
							Rheinfahrt	
Mo 9		Di 10		Mi 11				
				Treffen ausländischer Pilger mit Stadtrat von Vallendar				
Dein Bund - unser Leben								
		Liederabend in der Stadthalle Vallendar		Eröffnungsfeier				
Do 12	Fr 13	Sa 14	So 15	Mo 16				
Berufen zum Liebesbündnis mit Maria	Vater vieler Völker	Prophet einer neuen Kultur in Christus und Maria	Feierliches Pontifikalamt Dein Bund - unser Leben					
Begegnung am Urheiligtum	'Procession der Völker' Treueversprechen an den Vater und Gründer	Bündniserneuerung am Heiligtum Feier des Geburtstages	Kundgebung zum Abschluß der internationalen Festwoche					
Di 17	Mi 18	Do 19	Fr 20	Sa 21	So 22	Mo 23		
Eröffnung in Rom	Marientag	Christustag	Petrustag	Paulustag				
Eucharistiefeier am Petrusgrab	Eucharistiefeier in Marienkirchen mit Erneuerung des Liebesbündnisses	Begegnung mit Christus in seinen Heiligen und Märtyrern	Begegnung mit dem Heiligen Vater	Aussendung in der Basilika St. Paul vor den Mauern				
Di 24	Mi 25	Do 26	Fr 27	Sa 28	So 29	Mo 30		
Eröffnung des internationalen Symposions	Internationales, interdisziplinäres Symposion							
	'Integration — Herausforderung an eine Kultur des dritten Jahrtausends'							
				Uraufführung der Kantate über P. Kentenich	Podiumsgespräch			

SEPTIEMBRE 1985						— Programa Previo: 01 al 11 de septiembre — Semana Festiva: 11 al 15 de septiembre — Roma: 17 al 21 de septiembre — Simposio: 25 al 29 de septiembre		
D 1	L 2	Ma 3	Mi 4	J 5	V 6	S 7	D 8	
Programa Previo: Metternich - Coblenza - Gymnich - Dachau - Tréveris							Misa en la parroquia de Vallendar	
							Viaje en barco por el Rin	
L 9		Ma 10		Mi 11				
				Encuentro con el Municipio de Vallendar				
Tu alianza nuestra vida								
		Velada folklórica en Vallendar		Celebración de apertura				
J 12	V 13	S 14	D 15	L 16				
Llamado a la alianza de amor con María	Padre de numerosos pueblos	Profeta de una nueva cultura en Cristo y María	Eucaristía pontificia Tu alianza nuestra vida					
Encuentro junto al santuario original	'Procesión de los pueblos' Promesa de fidelidad al fundador	Renovación de la alianza junto al santuario Fiesta de cumpleaños	Asamblea final					
Ma 17	Mi 18	J 19	V 20	S 21	D 22	L 23		
Día de apertura en Roma	Día dedicado a la Virgen	Día dedicado a Cristo	Día dedicado a San Pedro Apóstol, primer Papa	Día dedicado a San Pablo Apóstol de los pueblos				
Eucaristía en Basílica de San Pedro	Eucaristía con renovación de la alianza en iglesias dedicadas a María	Encuentro con Cristo en la figura de mártires e importantes fundadores de la Iglesia	Encuentro con el Santo Padre	Ceremonia de envío en la Basílica de San Pablo Extramuros				
Ma 24	Mi 25	J 26	V 27	S 28	D 29	L 30		
Apertura del simposio internacional	Simposio internacional e interdisciplinario							
	'Integración: reto para una cultura del tercer milenio'							
				Estreno cantata sobre el P. Kentenich	Foro público			

What a September

this one of 1985. So many people at work, that then moments of encounter may take place, moments of grace. "Nothing without you, nothing without us." In vain do its builders labor if the Lord does not build the house," exclaims the psalmist. From more than thirty countries they shall come to Schoenstatt - representatives. At twilight on Saturday, the 14th when we read the Founding Document, that distant and recent Sunday, 18 October 1914 will resound with an echo multiplied. Those words once pronounced by the founder in German will now be read in twelve languages. That promissory phrase "and perhaps even farther afield" will once again fill the confines of the shrine original. Now the words will be based on facts - tangible ones that commit us to gratitude. But they shall also be promise and challenge spurring on toward other horizons: countries, dimensions of holiness, zones of culture, depth of cross, apostolic undertakings, models, essays. Over a hundred persons are preparing to give conferences, participate in forums, guide meditations. Cardinals, presidents of bishops' conferences, bishops, scientists, artists, leaders of other apostolic movements, statesmen shall celebrate with us. Thousands of hours dedicated to minor technical tasks - inconspicuous, silent. People who have made big sacrifices and smaller ones to contribute toward the gifts for the Holy Father John Paul II. And a multitude of happenings, about which it is no longer possible to inform in detail, occur in the German dioceses and in the diverse national families. The centenary secretariate and various teams which once started out as small groups have grown so much that they must work in different houses. Is everything prepared for the festival in September in Schoenstatt and Rome? The last weeks still lie ahead, the most intense in regard to organization and the spiritual. Perhaps at the last moment much of the technical shall stand ready. But, if-the-Lord-does-not-build-the-house...

Nothing without us, nothing without you. Nothing without the Mother, without Father, nothing without each one of the pilgrims to Schoenstatt and Rome. Nothing without each one of the children of Schoenstatt dispersed throughout the world who shall, mysteriously, live - in communion with those who are here - the hours of the promise of loyalty to Father, the renewal of the covenant in the shrine, the audience with the Pope, the sending out from the basilica of St. Paul Outside the Walls. Just as on a feastday a house awaits the children and friends come from afar. The table is set and the flowers adorn; the lights are already aglow. And nonetheless, all of this is not yet the feast. The table companions and celebrators are missing. Someone is missing who will make the gratitude patent and set the joy free. A certain someone with whom all will feel absolutely at home and gladly responsible one for the other. Someone who will be an icon of the Father in heaven, a likeness of the Mother of fair love. That someone in this year 1985 has a name for us, which we have written day by day, exactly. And he shall be there.

Fr. Joaquín Alliende-Luco
(22.08.1985)

que setembro...

este de 1985. Muitas pessoas trabalham para que neste mês possam ocorrer horas de encontro e de graça. "Nada sem vós, nada sem nós". "Se o Senhor não construir a casa, em vão trabalham os operários" diz o salmista. Virão a Schoenstatt representantes de mais de trinta países. Quando no sábado, dia 14, ao cair da tarde for lido o Documento de Fundação, aquele longínquo e recente domingo, 18 de outubro de 1914, ressoará com um eco multiplicado. Essas palavras que o Fundador pronunciou em alemão serão agora lidas em doze idiomas. Aquela frase promissora "...e talvez ainda mais além..." voltará a encher a âmbito do Santuário original. Agora as palavras poderão apoiar-se em fatos palpáveis que comprometem nossa gratidão. Serão também promessa e desafio que nos vão abrir novos horizontes: países, dimensões de santidade, aspectos da cultura, profundidade de cruz, iniciativas apostólicas, modelos, ensaios. Mais de cem pessoas se preparam para dar palestras, orientar debates, dirigir meditações. Cardeais, Presidentes de Conferências Episcopais, bispos, cientistas, artistas, dirigentes de outros movimentos apostólicos, políticos, estarão conosco. Milhares de horas dedicadas a pequenos trabalhos técnicos, discretos e silenciosos. Pessoas que fazem sacrifícios grandes ou menores para os presentes ao Santo Padre, João Paulo II. E uma série de acontecimentos, sobre os quais não é possível dar informações detalhadas, e que estão se realizando nas dioceses alemãs e nas diversas famílias nacionais. A Secretaria do Centenário e suas diversas equipes de trabalho, que começaram como pequenos grupos, agora cresceram tanto que precisam trabalhar em várias casas.
Está realmente tudo pronto para a festa de setembro em Schoenstatt e em Roma?

Faltam ainda as últimas semanas, as mais intensas no tocante aos aspectos organizativo e espiritual. Talvez muitos detalhes técnicos fiquem prontos só no último momento. Mas, se o Senhor não construir a casa...

Nada sem nós, nada sem vós. Nada sem a Mãe, nada sem o Pai, nada sem cada um dos peregrinos a Schoenstatt e a Roma. Nada sem cada um dos membros da Família de Schoenstatt espalhados pelo mundo inteiro, que vivem em misteriosa comunhão com os daqui, as horas da promessa de fidelidade ao Pai e Fundador, da renovação da aliança junto ao Santuário, da audiência com o Papa, do envio a partir da Basílica de São Paulo fora dos muros. Tal qual uma casa em dia de festa que aguarda filhos e amigos que vêm de longe. A mesa está posta e as flores já adornam; as luzes já brilham. E, apesar disso, ainda não é a festa. Faltam os convidados, os que irão festejar. Falta a presença de alguém que torne patente a gratidão e desate a alegria. Um alguém através do qual todos se sintam perfeitamente à vontade e alegremente responsáveis pelo outro. Alguém que seja uma imagem do Pai que está nos céus, um retrato da Mãe do belo amor. Esse alguém, neste ano de 1985, tem para nós um nome que escrevemos a cada dia, com exatidão. E estará presente.

P. Joaquín Alliende-Luco
22.08.1985

Im ehemaligen Pferdestall der Burg Blessem, wenige Kilometer von Gymnich gelegen, hat Juan Fernández sein Atelier. Zwischen 1983 und 1985 schuf er diese Bronzestatue, gegossen in der bekannten Gießerei Noack in Berlin.

En las antiguas caballerizas del castillo de Blessem, a pocos kilómetros de Gymnich, está el taller de Juan Fernández. Entre 1983 y 1985 crea esta estatua de bronce. Es vaciada en la fundición Noack de Berlín.

Just a few kilometers from Gymnich in the former stables of Burg Blessem, is the studio of artist Juan Fernandez. Between 1983 and 1985 he planned and sculpted this bronze statue which was poured in the widely recognized Noack workshops in Berlin.

Nos antigos estábulos do Castelo de Blessem, a poucos quilômetros de Gymnich, está o ateliê de Juan Fernández. Entre 1983 e 1985 cria uma estátua de bronze, fundida em Berlim.

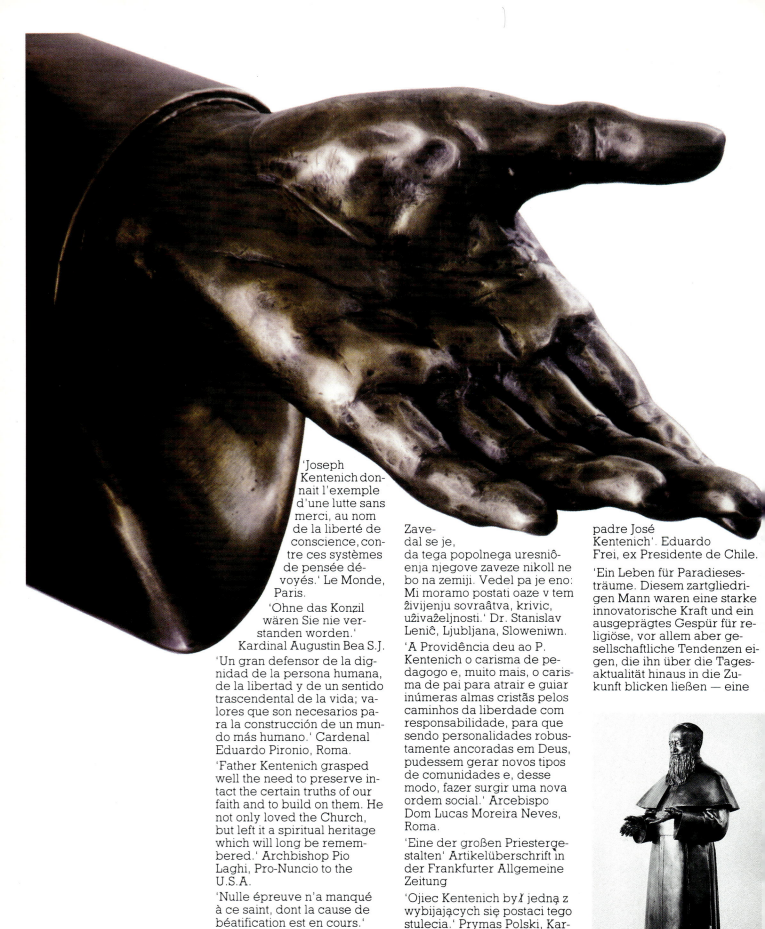

'Joseph Kentenich donnait l'exemple d'une lutte sans merci, au nom de la liberté de conscience, contre ces systèmes de pensée dévoyés.' Le Monde, Paris.

'Ohne das Konzil wären Sie nie verstanden worden.' Kardinal Augustin Bea S.J.

'Un gran defensor de la dignidad de la persona humana, de la libertad y de un sentido trascendental de la vida; valores que son necesarios para la construcción de un mundo más humano.' Cardenal Eduardo Pironio, Roma.

'Father Kentenich grasped well the need to preserve intact the certain truths of our faith and to build on them. He not only loved the Church, but left it a spiritual heritage which will long be remembered.' Archbishop Pio Laghi, Pro-Nuncio to the U.S.A.

'Nulle épreuve n'a manqué à ce saint, dont la cause de béatification est en cours.' René Laurentin, théologien.

'He creído encontrar en él a un auténtico hombre de Dios, a un santo.' Cardenal Raúl Silva Henríquez, Santiago de Chile.

'Pater Kentenich ni bil utopist. Zavedal se je, da tega popolnega uresniôenja njegove zaveze nikoll ne bo na zemiji. Vedel pa je eno: Mi moramo postati oaze v tem ẑivijenju sovraâtva, krivic, uẑivaẑeljnosti.' Dr. Stanislav Lenič, Ljubljana, Sloweniwn.

'A Providência deu ao P. Kentenich o carisma de pedagogo e, muito mais, o carisma de pai para atrair e guiar inúmeras almas cristãs pelos caminhos da liberdade com responsabilidade, para que sendo personalidades robustamente ancoradas em Deus, pudessem gerar novos tipos de comunidades e, desse modo, fazer surgir uma nova ordem social.' Arcebispo Dom Lucas Moreira Neves, Roma.

'Eine der großen Priestergestalten' Artikelüberschrift in der Frankfurter Allgemeine Zeitung

'Ojiec Kentenich byl jedną z wybijających się postaci tego stulecia.' Prymas Polski, Kardynal Jòzef Glemp

'En todas partes he recogido el eco de la santidad ejemplar de su vida. Me atrevo a dirigirme a S.S. Pablo VI para agregar mi testimonio y petición de canonización del padre José Kentenich'. Eduardo Frei, ex Presidente de Chile.

'Ein Leben für Paradiesesträume. Diesem zartgliedrigen Mann waren eine starke innovatorische Kraft und ein ausgeprägtes Gespür für religiöse, vor allem aber gesellschaftliche Tendenzen eigen, die ihn über die Tagesaktualität hinaus in die Zukunft blicken ließen — eine

'L'important, dans cette 'personnalité créatrice d'histoire', c'est d'avoir découvert, de l'intérieur, une voie spirituelle, très purement chrétienne et catholique, fondée sur une relation vivante et exigeante, dans une ligne de prière et d'efficience, fondée sur le don de Dieu.' René Laurentin, théologien.

'Wahrhaftig, Sie haben in Ihrem Leben ungemein viel gewagt!' Bischof Klemens August von Galen

'Una figura extraordinaria de la Iglesia moderna, con una visión anticipada de criterios que luego serán institucionalizados por el Concilio Vaticano II.' La Nación, Buenos Aires.

'Your Founder was one of those persons blessed by God's loving hand whose vision of revealed truths enabled him to be a spiritual giant among his contemporaries.' Archbishop Pio Laghi, Pro-Nuncio to the U.S.A.

'Er ist ein Charisma, eine Gnadengabe Gottes für die Kirche' Kardinal Joachim Meisner, Berlin.

'Un carisma da due milione' Il Sabato, Milano.

Zukunft, welche er mitgestalten wollte als ein leidenschaftlicher Begleiter.' Neue Zürcher Zeitung

Ele inculcou sempre o amor efectivo e afectivo da Santa Mãe Igreja.' Cardeal Patriarca António Ribeiro, Lisboa.

Father Kentenich was ahead of his time!' Archbishop Rembert Weakland, OSB, Milwaukee.

'Ha plasmato l'uomo nella nuova comunità con fede, coraggio, amore e dedizione.' L'Osservatore Romano

'A Szentatya beszédében felidézte P. Kentenich karizmatikus alakját akinek lelki örökségéhez hüségesek akarnak maradni. A nagy mozgalmak és rendek alapitói mindig az egész egyházat gazdagitják'. Magyar Kurir, Budapest.

'Das Leben Ihres verewigten Stifters Pater Kentenich läßt sich in das bedeutungsvolle Wort zusammenfassen, das auf seinem Grabstein steht:

Dilexit Ecclesiam — Er liebte die Kirche. Dieses Wort möchten wir Ihnen heute mitgeben als Ihr Programm.'

Papst Paul VI

"Aus vielen Ländern kommen wir..."

"Wir versammeln uns im Heiligtum,
das aus deinem Liebesbündnis
mit ihm und den Ersten entstehen durfte..."

"Acudimos desde pueblos diferentes..."

"Venimos al santuario
nacido de tu alianza de amor
con él y los primeros..."

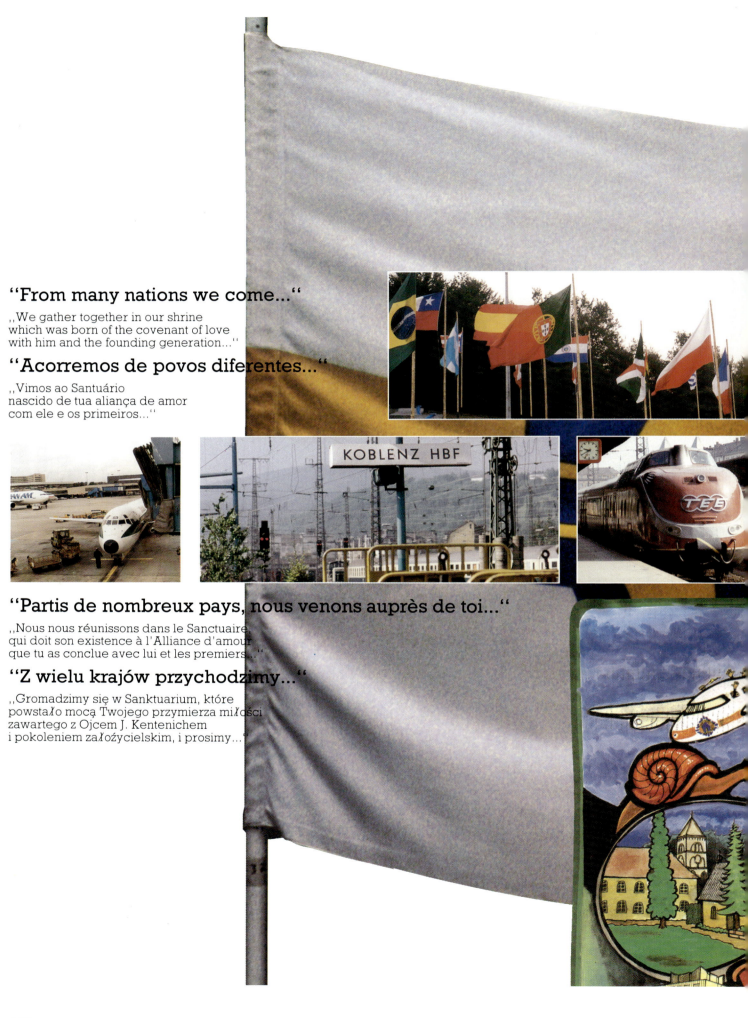

"Da molti Paesi veniamo a Te..."

,,Ci raccogliamo nel Santuario,
sorto dalla tua Alleanza d'amore
con lui e con i primi...''

"Uit baie nasies kom ons na u..."

,,Ons vergader saam in ons heiligdom
wat ontstaan het uit die liefdesverbond
met hom en die stigtergeslag...''

Sonntag 18.10.1914, aus der ehemaligen Friedhofskapelle neues Leben. P. Kentenich mit einigen Jungen. Das war der Anfang. In diesem September 1985 kommen aus über 30 Ländern etwa 3000 Vertreter der Schönstattbewegung zur internationalen Festwoche — am letzten Tag sind es 13000 Personen. Sie strömen zur Ursprungsquelle.

Domingo 18.10.1914, desde la vieja capilla del cementerio brota nueva vida. El P. José Kentenich y un puñado de jóvenes. Fue el comienzo. En este septiembre de 1985, de más de 30 países vienen unos 3.000 representantes del Movimiento de Schoenstatt a la Semana Festiva Internacional. En la última jornada participan 13.000 personas. Acuden a la fuente del origen.

Sunday, October 18, 1914. From a former cemetary chapel comes new life. Fr. Kentenich with some of the boys. That was the beginning. This September of 1985 will see some 3000 representatives of the Schoenstatt Movement come from over 30 nations to the international Festival Week — on the final day 13,000 persons will be present. They all unite at the 'source of our origin'.

Domingo, 18 de out. 1914: da antiga capela do cemitério surge nova vida. O P. Kentenich e alguns jovens. Foi o início. Neste setembro de 1985 chegam a Schoenstatt, para a Semana Festiva Internacional, cerca de 3.000 representantes do Movimento de mais de 30 países. No dia do encerramento serão 13.000. Afluem à fonte de sua origem.

103

Der Festplatz füllt sich.
Erste Begegnungen.

Primeros encuentros.
La plaza se llena.

The place of celebration
gradually fills.
First encounters.

A praça de peregrinos está
cheia. Primeiros contactos.

"Heute begrüßen wir Sie zur Eröffnungsfeier der Festwoche 1985 auf dem Pilgerplatz in Schönstatt.

Inauguramos hoy en la plaza de peregrinos la Semana Festiva 1985.

Today - at the amphitheatre - we greet you most sincerely to the Opening Ceremony of the Festival Week 1985!

Hoje nós os saudamos na abertura da Semana Festiva 1985

Ouverture de la semaine des festivités 1985"

Wir begrüßen

die Familie der Schweiz
die Familie aus Österreich

Willkommen Familie des Ursprungslandes, willkommen deutsche Schönstatt-Familie

Dein Bund un-ser Le- ben

Saludamos a los hermanos de

España   Perú
Argentina   Colombia
Chile   Uruguay
Bolivia   Paraguay
Ecuador
Puerto Rico
Republicana Dominicana
México

Tu a-lian-za nues-tra vi-da

Let us welcome our brothers and sisters from

South Africa
England
Scotland
Ireland
Zimbawe
Phillipines
India
United States of America

Your co-ve-nant o-ur life

Sejam bem-vindos

Família de Portugal, irmãos de Brasil

A tua aliança nossa vida

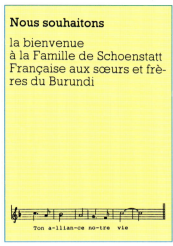

Nous souhaitons

la bienvenue à la Famille de Schoenstatt Française aux sœurs et frères du Burundi

Ton alliance notre vie

Wir begrüßen

die Vertreter von Schweden

U verbond ons lewe

Wir begrüßen

die Familie von Polen

Twoje przymierze naszym życiem

Begrüßungsgesang

Refrain — Estribillo — Refrain

Unser Haus ist euer Haus, caminemos mano a mano
rumo ao coração do Pai, family welcome

Pater Francisco Javier Errázuriz, Vorsitzender des Generalpräsidiums des Internationalen Schönstattwerkes eröffnet die Festwoche:

"Während dieser Woche werden wir das Hauptgewicht auf die Erneuerung legen. Dankbar werden wir uns der Meilensteine unserer Geschichte als des Weges zur Erneuerung erinnern, wir werden das Liebesbündnis als erneuernde Kraft vertiefen, wir werden nachdenken über Schönstatt als Erneuerungsbewegung, werden zu der neuen Quelle pilgern, die uns unser Vater und Gründer im Urheiligtum hinterlassen hat, und werden bitten um die Gnade einer tiefen Begegnung mit ihm.

Wir haben uns versammelt, um einen Menschen zu feiern, den wir sehr gern haben, gewiß. Wenn jedoch diese Zuneigung der einzige Grund für unser Zusammentreffen wäre, dann könnten wir eine Geburtstagsfeier halten, wie es überall üblich ist. Aber unser Vater und Gründer war viel mehr als bloß ein liebenswerter Mensch:
er war ein Lieblingssohn Gottes und der Gottesmutter;
ein Feuer, das der Heilige Geist entflammte, das loderte und weiterloderte, um andere zu entzünden;
ein Priester, der wie Christus dienen und mit ihm sterben wollte für das Leben der Welt;
er war eine Quelle neuen Lebens;
er war ein Freund Gottes, von ihm beauftragt, Häuser zu erbauen, welche die Gottesmutter in Heiligtümer umwandeln würde, und die umgestaltende Kraft des Liebesbündnisses mit ihr zu künden;
er war der Gründer einer Erziehungs- und Erneuerungsbewegung;
von Liebe, Mut und Weisheit erfüllter Vater;
ein Prophet, der in der Wüste seine Stimme erschallen ließ;
er war einer, der Männer und Frauen suchte, die bereit wären, miteinander Werkzeuge Gottes zu sein, um die Geschicke der Welt in neue Bahnen zu lenken.

Auch die Lage der Welt und Kirche drängt uns dazu, uns im Geiste unseres Gründers zu erneuern.
— Wir feiern das Jubiläum zwanzig Jahre nach dem Abschluß des II. Vatikanischen Konzils. Der Heilige Vater hat — angesichts der Herausforderungen, denen sich die Kirche stellen muß — für dieses Jahr eine außerordentliche Bischofssynode einberufen. Dabei wird man Bilanz ziehen.

— Wir kommen zusammen
 vor den Toren des dritten Jahrtausends des Christentums, da die Botschaft und das Leben Christi eindringen in neue Kulturen und Kontinente —
 in einem Augenblick, da der Mensch — selbst wenn er nicht aufhört mit seinem dem Leben zuwiderlaufenden Experimenten, Taten und Plänen — beginnt, über die höheren Gesetze nachzudenken, nach denen er sich richten muß, wenn er auf der Erde weiterleben und überleben will.

 während starke Strömungen in der Kirche unterschiedliche zum Teil einander entgegengesetzte Wege zur inneren Erneuerung der Kirche und für deren Wirken in der Welt vorschlagen.

Wenn wir von Tagen der Erneuerung sprechen, denken wir dabei nicht an Exerzitien. Was uns erneuern wird, sind die dankbare Erinnerung und die Freude, die sie hervorruft; sind das Gebet im Heiligtum und die familienhafte Begegnung, die wir Maria, unserer Mutter, verdanken; sind die Vorträge und das Bemühen, uns die geistige Welt unseres Vaters zu eigen zu machen; sind auch jene Stunden, in denen wir die reifen Früchte seines Lebens verkosten: Menschen, die er geformt hat, die apostolischen Unternehmungen, die seinem Charisma ihren Ursprung zu verdanken haben, auch die Kunstwerke, die von seiner Welt inspiriert wurden. Uns erneuert — ganz in der Stille — die persönliche Begegnung mit ihm, der Entschluß, seinen Spuren zu folgen... Und endlich: uns erneuert alles, was der Heilige Geist in uns wirkt, indem er das Werk weiterführt, das er im Leben unseres geliebten Gründers begonnen hat.

Genau das geschieht heute unter uns.
Die Begrüßungen sind kurz, aber herzlich. Nicht immer haben wir eine gemeinsame Sprache gefunden. Das war auch nicht nötig. Wir haben Worte gehört, die uns viel bedeuten: Schönstatt — die Namen einiger Filialheiligtümer — der Gründer — Maria — Namen, die uns vertraut sind und an unsere heilige Geschichte erinnern. Fast haben wir den Eindruck, wir erlebten ein Wiedersehen. Doch es ist unser erstes großes internationales Treffen, das einberufen wurde, um unseren Gründer zu feiern und Gott für ihn zu danken."

El P. Francisco Javier Errázuriz, Presidente del Consejo Internacional de la Obra de Schoenstatt, inaugura la Semana Festiva:

"Durante esta semana, junto a la fuente de nuestro origen, nos ocuparemos sobre todo de la renovación. Con gratitud recordaremos los hitos de nuestra historia como camino de renovación, profundizaremos la alianza como fuerza renovadora, meditaremos en Schoenstatt como movimiento de renovación, peregrinaremos a la fuente nueva que el padre nos dejara en el santuario, y pediremos la gracia de un profundo encuentro con él mismo.

Nos hemos congregado para celebrar a alguien que nos es muy querido. Es cierto. Si fuera sólo el cariño hacia él la causa de nuestro encuentro, podríamos celebrar como se festeja cualquier día de cumpleaños. Pero nuestro padre es mucho más que eso:
- un hijo predilecto de Dios y de María;
- un fuego encendido por el Espíritu Santo que ardía y sigue ardiendo para encender a otros;
- un sacerdote que quiso morir con Cristo y servir como El para la vida del mundo;
- una fuente de vida nueva;
- un amigo de Dios, encargado por El de levantar casas que la Virgen convertiría en santuarios, y de proclamar la fuerza transformadora de la alianza con ella.
- Fue el fundador de un movimiento de educación y renovación;
- un padre lleno de amor, audacia y sabiduría;
- un profeta que clamó en el desierto;
- un buscador de hombres y mujeres que estuvieran dispuestos a ser, solidariamente, instrumentos de Dios para dar nuevo rumbo a los destinos del mundo.

También la situación del mundo y de la Iglesia nos impulsan a renovarnos en el espíritu de nuestro fundador. Celebramos el centenario veinte años después de la clausura

del Concilio Vaticano II. El Santo Padre ha convocado para este año un Sínodo extraordinario de Obispos.

Nos reunimos a las puertas del tercer milenio del cristianismo, cuando el mensaje y la vida de Cristo penetran por nuevas culturas y continentes.

Cuando el hombre comienza a meditar en las leyes superiores que debe respetar para poder vivir y perdurar en la tierra.

Cuando fuertes grupos de Iglesia proponen diferentes y a veces opuestas opciones de renovación interna y de acción en el mundo.

Cuando hablamos de días de renovación no estamos pensando en una semana de retiro. Nos renueva el recuerdo agradecido y nos renueva la alegría que él produce. Nos renueva la oración en el santuario, y el encuentro familiar que brota de la maternidad de María. Nos renuevan las conferencias y el trabajo de elaboración del mundo espiritual del padre, y nos renuevan los momentos en que saboreamos los frutos maduros de su vida: ya sean las personas formadas por él, las iniciativas apostólicas que han surgido gracias a su carisma, también las obras artísticas que se inspiran en su mundo. En fin, nos renueva todo lo que opera el Espíritu Santo en nosotros, continuando la obra que comenzó en la vida de nuestro querido fundador.

Los saludos han sido breves pero cordiales. No siempre hemos encontrado un idioma común. Tampoco ha sido necesario. Hemos escuchado palabras muy queridas: Schoenstatt, algunos nombres de santuarios, el fundador, María. Nombres que nos son familiares y evocan nuestra historia santa. Casi tenemos la impresión de vivir un reencuentro. Pero no, es nuestro primer gran encuentro internacional, convocado para celebrar a nuestro querido fundador y agradecer a Dios por él."

Father Francisco Javier Errázuriz, President of the General Presidium of the International Schoenstatt Work, opens the Festival Week:

"During this week, we will lay the main emphasis on renewal. We will gratefully recall the milestones of our history as our way to renewal, we will deepen the covenant of love as the strength of our renewal, we will contemplate Schoenstatt as a movement of renewal, we will go in pilgrimage to the new source which our Father and Founder left for us in the Original Shrine, and will pray for the grace of a deep encounter with him:

We have gathered in order to celebrate a man that we all hold very dear. But if this appreciation were the only reason for our coming together, then we could hold a birthday celebration as is usual anywhere else. Our Father and Founder was much more than a likable person, however:

he was a favorite son of God and Our Lady;

a fire, enflamed by the Holy Spirit, that blazed and continues to blaze in order to enkindle others;

a priest who, like Christ, served, and wanted to die with him for the life of the world;

he was a source of new life;

he was a friend of God, sent by him to erect houses which Our Lady could transform into shrines, and to proclaim the transforming power of the covenant of love with her;

he was the founder of a movement of education and renewal;

a father filled with love, courage, and wisdom;

a prophet who let his voice be heard in the desert;

he was one that was sought out by men and women who were prepared to be instruments together for God in order to redirect the destiny of the world.

The situation of the Church and world, too, moves us to renewal in the spirit of the founder.
— We celebrate the twentieth anniversary of the conclusion of the Second Vatican Council. The Holy Father — in the face of the challenges facing the Church — has called an extraordinary bishops' synod for this year. There will be a key evaluation.
— We come together
at the gates of Christianity's third millennium, so that the message and life of Christ penetrate into new cultures and continents —

at a moment when — despite the continuance of experiments, acts, and plans which are counter to life — mankind begins to reflect on the higher laws which he must respect if he hopes to continue to live on this earth.

when strong currents in the Church propose various and in part opposing ways of interior renewal for the Church and its work in the world.

When we talk of days of renewal, we are not thinking of a retreat. We will be renewed by grateful remembrance and the joy which this awakens, by our prayer in the shrine and our encounter as family — which we owe to Mary, our Mother, by the talks and the efforts to make Father's world of ideas our own, also by those hours in which we can savor the mature fruits of his life: men and women that he formed, the apostolic endeavors which owe their origin to his charism, and the works of art which have been inspired by his world. We are renewed — in complete silence — by personal encounter with him, by the resolve to follow in his footsteps... And finally, we are renewed by everything which the Holy Spirit does in us, by which he leads on the work on which our founder began.

Precisely that is what is happening today in our midst.

The welcomes are short but from the heart. We have not always found a common language. That was not necessary either. We have heard words which mean a lot to us:

Schoenstatt — the names of a few of the daughter shrines — the founder — Mary — names which are familiar to us and remind us of our sacred history. We almost have the impression that we are at a **re**-union. But this is the first great international meeting ever, in order to celebrate our founder and thank God for him.''

O P. Francisco Javier Errázuriz, Presidente do Conselho Internacional da Obra de Schoenstatt, dá início à celebração da Semana Festiva:

''Durante esta semana, junto à fonte de nossa origem, vamos colocar maior ênfase na renovação. Com gratidão recordaremos a aliança como força renovadora, meditaremos em Schoenstatt como movimento de renovação, peregrinaremos à nova fonte que nosso pai nos deixou no Santuário, e pediremos a graça de um profundo encontro com ele.

Reunimo-nos, é certo, para celebrar uma pessoa que nos é muito cara. Se o motivo de nosso encontro fosse só o carinho que lhe devotamos, poderíamos celebrá-lo como se festeja qualquer aniversário. Porém nosso Pai é muito mais que isso:

foi um filho predileto de Deus e de Maria;
um fogo aceso pelo Espírito Santo, que ardia e continua ardendo para inflamar a outros;
um sacerdote que quis morrer com Cristo e servir como Ele para a vida do mundo;
uma fonte de vida nova;
um amigo de Deus, que dele recebeu o encargo de construir casas que Nossa Senhora transformaria em santuários, e de proclamar a força transformadora da aliança com Ela.
Foi o fundador de um Movimento de educação e de renovação; um pai cheio de amor, audácia e sabedoria;
um profeta que clamou no deserto;
foi alguém que buscava homens e mulheres que estivessem dispostos a ser, solidariamente, instrumentos de Deus para dar novo rumo aos destinos do mundo.

Também a situação do mundo e da Igreja nos impelem a renovar-nos no espírito de nosso Fundador.
Celebramos o Centenário vinte anos depois do encerramento do Concílio Vaticano II. O Santo Padre convocou para este ano um Sínodo Extraordinário de Bispos.

Reunimo-nos às portas do terceiro milênio do cristianismo, quando a mensagem e a vida de Cristo penetram novas culturas e continentes, quando o homem começa a meditar nas leis superiores que deve respeitar para poder viver e perdurar na terra, quando fortes grupos de Igreja propõem opções diferentes e, à vezes contraditórias de renovação interna e de ação no mundo.

Quando falamos de renovação não estamos pensando em uma semana de retiro. O que nos renova é a recordação cheia de gratidão e a alegria que ela nos traz. O que nos renova é a oração no Santuário e o encontro familiar que brota da maternidade de Maria. O que nos renova são as conferências e o trabalho de elaboração do mundo espiritual de nosso Pai, e ainda os momentos em que saboreamos os frutos maduros de sua vida: quer sejam as pessoas formadas por ele, as iniciativas apostólicas que surgiram graças ao seu carisma, ou as obras artísticas que se inspiram em seu mundo. Enfim, o que nos renova é tudo o que o Espírito Santo realiza em nós, continuando a obra que começou na vida de nosso querido Fundador.

As boas-vindas foram breves, porém cordiais. Nem sempre encontramos um idioma comum. Mas também não foi necessário. Escutamos palavras muito queridas: Schoenstatt, alguns nomes de santuários, o Fundador,
Maria... Nomes que nos são familiares e evocam nossa história santa. Temos quase a impressão de viver um reencontro. Mas não, é o nosso primeiro grande encontro internacional, convocado para celebrar nosso querido Fundador e agradecer a Deus por ele''.

P. Dr. Johannes Michael Marmann

— Begrüßungsworte des deutschen Bewegungsleiters
— Palabras de saludo del director del movimiento alemán
— Greeting from the Director of the German Movement
— Saudação do Director do Movimento da Alemanha

"Liebe Schönstattfamilie aus aller Welt,

Seit Tagen erleben wir hier ein wunderbares Schauspiel. Aus ganz vielen Ländern kommen Menschen, die uns fremd sind, die wir noch nie gesehen haben, die zum ersten Mal an diesen Ort hier gekommen sind und dennoch haben wir den Eindruck: wir kennen sie, wir sind mit ihnen verwandt und wir sind voller Freude und Begeisterung. Wir haben den Eindruck, daß sie hier ihre Heimat erleben, daß sie hier zu Hause sind, bei der Mutter im Urheiligtum, beim Vater in der Gründerkapelle, an diesem Ursprungsort und Mittelpunkt unserer weltweiten Familie.
Und wir deutschen Schönstätter, die wir immer schon hier sind oder öfter und schneller nach Schönstatt fahren können, erleben in den heutigen Tagen dies Heimatland neu. Es ist ein internationales Zuhause, eine Fülle von Leben, das die ganze Welt erreicht.

Percibimos una particular y activa presencia de nuestro padre y fundador en cada una de las naciones y de las familias aquí representadas. Con él, nos alegramos por la originalidad y la misión que cada una de ellas recibió como regalo y encargo de Dios. En nuestra Semana Festiva podremos palpar esta riqueza. Precisamos, sí, abrirnos a la idiosincrasia y a la historia de cada grupo de peregrinos, a la manera de ser latina, anglosajona, eslava, germana y a la de cada uno de los países de donde provienen nuestros hermanos. De este modo, podremos tener en estos días un encuentro con el padre que nos ama a través de sus hijos.

In the name of the German Schoenstatt Movement, I'd like to welcome you most warmly and express the sentiment which unites all of us around this man who is our father.
Father Kentenich's heart understood every language of the world and today from heaven, he understands us even better than before.''

Tua Aliança Nossa Vida

Palavras do Fundador:

"Funde-nos numa só alma e num só coração assim como o Senhor implorava quando vivia entre nós. Apesar das diferenças individuais formamos uma sólida unidade, um reino ideal congregado em torno do Pai. Ainda que o ódio contamine as massas, dá-nos romper todas as barreiras nacionais. Aumenta nossas fileiras, dá-nos profundidade. Usa-nos sempre como teus instrumentos a fim de cumprirmos a grande missão que imploraste para nós por vontade do Pai" (Rumo ao céu/Oração de Dachau)

Dein Bund unser Leben

Wort des Gründers:

"Laß uns ein Herz und eine Seele werden, so wie's der Herr erfleht hat einst auf Erden, trotz aller Eigenart geschlossen sein, als Idealreich uns dem Vater weih, durchbrechen alle nationalen Schranken... Vermehre und vertiefe unsere Schar, benutz uns als dein Werkzeug immerdar, und laß die große Sendung uns erfüllen, die du erfleht uns hast nach Vaters Willen" (Himmelwärts/Gebete aus Dachau).

Tu alianza nuestra vida

Palabras del fundador:

"...haz que seamos un alma y un corazón, así como el Señor lo implorara en la tierra. A pesar de todas las particularidades, formemos una sólida unidad; como reino ideal nos consagremos al Padre y, aunque el odio enferme a la masa de los pueblos, rompamos todas las barreras nacionales. Acrecienta nuestra pequeña grey y dale profundidad: úsanos siempre como instrumento tuyo para cumplir la gran misión que para nosotros imploraste por voluntad del Padre" (Hacia el Padre/Oraciones de Dachau).

Your Convenant Our Life

Words of the founder:

"Let us become one heart and one soul as the Lord implored for us while He was here on earth. In spite of our differences let us remain closely united as an ideal community; let us dedicate ourselves to the Father; let us break down all barriers between the nations... Increase our ranks and deepen their spirit. Use us as your instruments forever and let us fulfill the great mission which you have foreseen for us according to the Father's plan" (Heavenwards/Prayers from Dachau)

Ton Alliance Notre Vie

Parole du Fondateur:

"Ne soyons plus désormais qu'un seul coeur et une âme, comme le Seigneur nous l'a jadis demandé sur terre; soyons unis malgré toutes nos particularités; devenons une communauté parfaite et consacrons-nous comme telle au Père céleste; rompons toutes les barrières nationales. Multiplie et approfondis dans l'Alliance le nombre des nôtres — dispose de nous comme tes instruments qui accomplissent la grande mission que tu as implorée pour nous auprès du Père céleste" (Dachau).

Für die Engländer 'Falkland', für die Argentinier 'Islas Malvinas'. Ein Krieg. Junge Menschen sterben. Keine Kontakte zwischen Regierungen. Im Gemenge der Fahnenträger, die sich um die Statue formieren wollen, ein Zufall. An der rechten Hand ein Engländer, an der linken ein Argentinier. Sie merken es plötzlich, schauen sich an, einige Worte. In den kommenden Tagen mehrere Begegnungen. Bei der Romfahrt Austausch eines Kreuzes zwischen beiden Delegationen. Ein Zufall des Septembers?

Islas Malvinas, para los argentinos. Falklands, para los ingleses. Una guerra. Jóvenes muertos. No hay ningún contacto entre los gobiernos. En el entrevero de los abanderados que se alínean en torno a la estatua, una casualidad. A la derecha, un inglés. A la izquierda, un argentino. De pronto, lo notan, se miran, unas palabras. En los días siguientes tienen lugar varios encuentros. Cuando viajan a Roma, ambas delegaciones intercambian unos crucifijos ¿una casualidad en en septiembre?

For England they are the Falkland Islands, for the Argentine the Islas Malvinas. War. Young men die. No contact between governments. In the ranks of the banner carriers which are falling into place aroung the statue of Fr. Kentenich a curious twist of fate. On Father's right hand is a man from England, on his left a man from the Argentine. They suddenly notice it, exchange glances, then a few words. In the following days they come together several times. On the Rome Pilgrimage the two delegations exchange crosses. Was it really just a curious twist of fate?

Para os argentinos 'Islas Malvinas', para os ingleses 'Falklands'.
Uma guerra. Jovens morrem. Os governos, com relações rompidas. Uma mistura de porta-bandeiras se reune junto à estátua, um acaso. À direita um inglês, à esquerda um argentino. De repente dão-se conta, cruzam-se os olhares, algumas palavras. Nos dias seguintes vários encontros. Na viagem a Roma, troca de cruzes entre as delegações. Um acaso em setembro?

 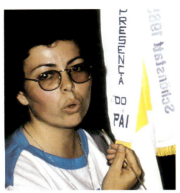  

"Mit den Fahnen des Gedenkjahres, die von der Gründerkapelle zu den Heiligtümern in aller Welt ausgesandt wurden, kommen die Vertreter der Nationen zum Ursprungsort. Sie stellen sich nach Sprachgruppen mit Liedern, Texten und Symbolen vor. Wir begrüßen einander als eine große Familie, verbunden mit der Gottesmutter und mit unserem Vater und Gründer."

Los representantes de las diversas naciones llegan con las banderas del centenario, que fueron enviadas desde la capilla del padre a los diferentes santuarios en todo el mundo. Agrupadas según los diferentes idiomas, las delegaciones se presentan con canciones, textos y símbolos. Todos nos damos mutuamente la bienvenida como una gran familia, unidos con María, la Madre de Dios, y con nuestro padre fundador."

"With the centenary banners, which were sent out from the Founder Chapel to the entire world, representatives from the various nations come together at the place of origin. According to the different languages, they introduce themselves with songs, texts and symbols. As a worldwide family we greet and welcome each other, united with Our Lady and with our father and founder."

"Com as bandeiras do Centenário que, da Capela do Fundador, foram enviadas aos Santuários de todo o mundo, chegam os representantes ao lugar de onde elas partiram. Apresentam-se com cânticos, textos e símbolos, de acordo com os grupos linguísticos. Saudamo-nos mutuamente como uma grande família, unidos com a Mãe de Deus e com o Pai e Fundador."

Gesichter

die warten, staunen, sich öffnen

Semblantes

que aguardan, observan, se abren.

Faces

they wait, are awed, break into smiles

Semblantes

que aguardam, observam, se abrem.

Kleidung

Wenn die Völker feiern, sprechen Farben, Formen, Stoffe

Vestimentas

cuando los pueblos festejan, los colores, las formas y los tejidos hablan.

Clothing
When the nations celebrate, colors, forms and cloth do the talking

Vestimentas
Quando os povos festejam, as cores, as formas e os tecidos falam.

Gesten

Ein Huldigungstanz aus Burundi. Das Zepter bewegt sich im Rhythmus des Solisten.

"Wir sind geeint im Vater und Gründer, der überzeitlich die bleibende Mitte der Familie ist (7).
In diesem Festjahr drängt uns die Liebe zu ihm, in vertiefter Weise eine aus ihrem Ursprung erneuerte Familie für Kirche und Welt zu werden (10).
Aus der Solidarität mit dem überzeitlichen Haupt der Familie erwächst die Solidarität untereinander (15). Die Verantwortung der föderativ aufgebauten Familie für die Sendung unseres Vaters drängt uns, in Freude über das Geschenk der je eigenen Berufung in aller Vielfalt aufeinander zuzugehen, uns gegenseitig zu bereichern und zusammenzuarbeiten (16). Sie drängt uns auch, die Internationalität unserer Schönstattbewegung als Gabe und Aufgabe besser zu verstehen und fruchtbar zu machen (17)."
(Schönstatt International '85)

Gestos

de Burundi, una danza de homenaje. El cetro se mueve al ritmo del danzante principal.

"Nuestra unión es en la persona del padre y fundador, quen es centro permanente de la familia para todas las generaciones (7). En este año conmemorativo, el amor a él nos urge a convertirnos más profundamente en una familia renovada desde su origen y puesta al servicio de la Iglesia y del mundo (10). La solidaridad al fundador, cabeza supratemporal de la familia, establece la solidaridad de los hijos entre sí. La responsabilidad que a la familia de Schoenstatt, con su estructura federativa, le incumbe por la misión de nuestro padre, y la alegre gratitud por el variado regalo de la vocación de cada uno, nos incita a salir al encuentro del otro para enriquecernos mutuamente y emprender juntos una eficaz colaboración. Nos apremian también a comprender mejor, como un don y una tarea, la internacionalidad de nuestro movimiento y a hacerla fecunda. (15-17)"
(Schoenstatt Internacional '85)

Gestures

An 'honor-dance' from Burundi. The scepter moves in the rhythm of the soloist.

"We are united in the father and founder who is for all times the permanent center of the family (7). In this festive year love for him urges us to become — for the Church and world — a familiy renewed from its origins in a deepened way (10). Solidarity among one another grows out of solidarity with the permanent head of the family (15). The reponsibility for our father's mission urges us — as a federatively structured family — in the joy due to the gift of diversity relected in each one's calling, to reach out to one another, to enrich one another and to work together (16). It also urges us to understand more deeply the internationality of our Schoenstatt Movement as a gift and task and to make it fruitful (17)."
(Schoenstatt International '85)

Gestos

Uma dança de Burundi. O cetro se move ao ritmo do solista.

"Estamos unidos na pessoa do Pai e Fundador, que é o centro permanente da Família para todas as gerações (7). Neste ano do centenário, o amor a ele nos impele a nos tornarmos, ainda mais profundamente, uma família renovada a partir de sua origem a serviço da Igreja e do mundo (10). A solidariedade ao Fundador, cabeça supratemporal da Família, estabelece a solidariedade dos filhos entre si. A responsabilidade que a Família de Schoenstatt tem, com sua estrutura federativa, pela missão de nosso Pai e a alegre gratidão pela variedade de dons da vocação de cada um, leva-nos a ir ao encontro do outro para nos enriquecermos mutuamente e a trabalharmos em estreita colaboração. Leva-nos ainda a compreender melhor, como um dom e uma trefa, a internacionalidade de nosso Movimento e a torná-la fecunda (15-17)."
(Schoenstatt Internacional '85)

Die stille Geste der Übergabe gilt dem Ersten des Festes.

Con gesto silencioso lo entrega en manos de quien es el corazón de la fiesta.

This silent gesture of giving stands as the first of the festivities.

Com um gesto silencioso entrega-o, homenageando o que é o principal da festa.

"Wir stehen auf, um die Fahnen der verschiedenen Heiligtümer zu empfangen!"

"Nos ponemos de pie para saludar a las banderas de los santuarios."

"Let's now stand to receive the Centenary Banners from the various Shrines!"

"Ficamos de pé para saudar as bandeiras dos Santuários."

Dein Bund unser Leben	Tu alianza nuestra vida	Your Covenant Our Life	Tua Aliança Nossa Vida
Wort des Gründers:	Palabras del fundador:	Words of the founder:	Palavras do Fundador:

"Laß uns ein Herz und eine Seele werden, so wie's der Herr erfleht hat einst auf Erden, trotz aller Eigenart geschlossen sein, als Idealreich uns dem Vater weihn, durchbrechen alle nationalen Schranken... Vermehre und vertiefe unsere Schar, benutz uns als dein Werkzeug immerdar, und laß die große Sendung uns erfüllen, die du erfleht uns hast nach Vaters Willen" (Himmelwärts/Gebete aus Dachau).

"...haz que seamos un alma y un corazón, así como el Señor lo implorara en la tierra. A pesar de todas las particularidades, formemos una sólida unidad; como reino ideal nos consagremos al Padre y, aunque el odio enferme a la masa de los pueblos, rompamos todas las barreras nacionales. Acrecienta nuestra pequeña grey y dale profundidad: úsanos siempre como instrumento tuyo para cumplir la gran misión que para nosotros imploraste por voluntad del Padre" (Hacia el Padre/Oraciones de Dachau).

"Let us become one heart and one soul as the Lord implored for us while He was here on earth. In spite of our differences let us remain closely united as an ideal community; let us dedicate ourselves to the Father; let us break down all barriers between the nations... Increase our ranks and deepen their spirit. Use us as your instruments forever and let us fulfill the great mission which you have foreseen for us according to the Father's plan" (Heavenwards/Prayers from Dachau).

"Funde-nos numa só alma e num só coração assim como o Senhor implorava quando vivia entre nós. Apesar das diferenças individuais formamos uma sólida unidade, um reino ideal congregado em torno do Pai. Ainda que o ódio contamine as massas, dá-nos romper todas as barreiras nacionais. Aumenta nossas fileiras, dá-nos profundidade. Usa-nos sempre como teus instrumentos a fim de cumprirmos a grande missão que imploraste para nós por vontade do Pai" (Rumo ao céu/Orações de Dachau)

P. Josef Kentenich, bis zu seinem Tod Bürger der Stadt Vallendar. Im malerischen Städtchen am Rhein trifft man sich während des Jahres zur 'Begegnung der Völker im Lied', zu Ausstellungen, zu Gesprächsrunden mit dem Stadtrat und den verschiedenen politischen Parteien. Das Postamt Vallendar benutzt 1985 einen Sonderstempel. Mit einer Feier im 'Haus auf'm Nippes' nimmt die Vertretung der Stadt eine Gedenktafel entgegen, geschenkt als Zeichen der Verbundenheit mit der Schönstattfamilie in aller Welt.

El P. José Kentenich permaneció hasta su muerte inscrito como ciudadano de Vallendar. En esta pintoresca ciudad renana tienen lugar durante el centenario conciertos de canciones y exposiciones. También, encuentros con los diversos partidos políticos y con el Concejo Municipal. El correo de Vallendar a lo largo de 1985 usa un matasello especial. En un festejo en la vieja casa 'Auf'm Nippes' la ciudad recibe una placa conmemorativa. La entrega como "signo de amistad" la Familia Internacional de Schoenstatt.

r. Joseph Kentenich was a itizen of Vallendar. The entennial agenda in this icturesque town on the hine includes the 'Encouner of the Nations in Song', xhibitions, and discussion ircles with the city council nd the different political arties. Vallendar's post ffice used a special canceltion for 1985. In a celebraon in 'Haus auf'm Nippes', a elegation representing the ity receives a plaque as sign f solidarity with the Schoentatt Family in the entire orld.

Até sua morte o P. José Kentenich foi cidadão de Vallendar. Na pitoresca cidadezinha junto ao Reno, durante o centenário teve lugar o "Encontro dos Povos pela Canção", exposições, contactos com a Câmara Municipal e com os vários partidos políticos. Em 1985 os Correios de Vallendar utilizaram um carimbo especial. Com a festa na 'Haus auf'm Nippes' representantes da Cidade receberam uma placa de bronze como 'sinal de amizade' com a Família de Schoenstatt de todo o mundo.

| Festwoche / Semana Festiva / Festival Week / Semaine des Festivités | 11.-15.IX.1985 Schönstatt | 11.9. | 12.9. |

"reinige uns,
beheimate, wandle und sende uns..."

"purifícanos,
cobíjanos, transfórmanos y envíanos..."

"purify us,
give us a home, transform and send us..."

"purifica-nos,
acolhe-nos, transforma-nos e envia-nos..."

"purifie-nous,
enracine-nous, transforme-nous
et envoie-nous..."

"purificaci,
accoglici, trasformaci ed inviaci..."

"reinig ons,
huisves ons, omskep ons en stuur ons uit..."

"oczyść nas, udziel łaski zadomowienia,
przemień i poślij..."

18.10.1914

Berufen zum Liebesbündnis mit Maria
"Meine Sendung war und ist es, der Welt das Mariengeheimnis zu künden" (16.11.1958).

Llamado a la alianza de amor con María
"Mi misión ha sido y continúa siendo anunciar al mundo el misterio de María" (16-11-1958).

Called to the Covenant of Love with Mary
"My mission was and is to proclaim the mysteryof Mary to the world" (16 Nov. 1958).

Chamado à Aliança com Maria
"A minha missão foi e continua sendo anunciar ao mundo o mistério de Maria" (16-11-1958).

Appelés à l'Alliance d'Amour avec Marie
«Ma mission passée et présente, c'est d'annoncer au monde le mystère de Marie» (16-11-1958).

13.9. | 14.9. 15.9.

20.1.1942

Vater vieler Völker

"Ich schenke dem lieben Gott von ganzem Herzen den Verlust der Freiheit gern..., wenn ich Ihnen und der ganzen Familie dadurch bis zum Ende der Zeiten Fortbestand, Heiligkeit und Fruchtbarkeit erkaufen kann" (25.12.1941).

Padre de numerosos pueblos

"De todo corazón dono gustoso al buen Dios la pérdida de mi libertad... si con ello pago el precio necesario para la existencia, la santidad y la fecundidad de toda la familia hasta el final de los tiempos" (25-12-1941).

Father of many Nations

"Gladly and with all my heart I offer God this privation of my freedom... if thereby I might purchase life, fruitfulness and holiness for you and for the whole family until the end of time" (25 Dec. 1941).

Pai de Muitos Povos

"De todo o coração e com muito prazer ofereço a Deus a perda da liberdade... se com isso puder pagar o preço necessário para a existência, a santidade e a fecundidade de toda a Família até o fim dos tempos" (25-12-1941).

Père d'une Multitude de Peuples

«C'est bien volontiers que j'offre de tout coeur au bon Dieu la perte de la liberté... si par là je puis acquérir pour vous et toute la famille, jusqu'à la fin des temps, durée, sainteté et fécondité» (25-12-1941).

31.5.1949

Prophet einer neuen Kultur in Christus und Maria

"Was wir denn gewollt haben...: Die Sendung der Kirche, jetzt neu erkannt: dem modernen künftigen Leben, der modernen Kultur das Angesicht Christi aufzudrücken. Unsere Kirche muß die Seele der Welt werden. Nicht die Seele der vergangenen, sondern die Seele der neuen Welt, der Welt von heute, der Welt von morgen! Deswegen geöffnet sein für die Welt" (28.12.1965).

Profeta de una nueva cultura en Cristo y María

"Lo que verdaderamente queríamos acerca de la misión de la Iglesia ha sido ahora redescubierto: imprimir el rostro de Cristo en la vida del tiempo futuro, en las culturas de la modernidad. Nuestra Iglesia tiene que llegar a ser alma del mundo. ¡No alma del mundo pasado, sino del mundo nuevo, del mundo de hoy, del mañana! Por ello la exigencia de estar abiertos para el mundo" (28-12-1965).

Prophet of a New Culture in Christ and Mary

"What we wanted: the mission of the Church — now newly recognized — to imprint the features of Christ on modern life to come, on modern culture. Our Church must become the soul of the world. Not the soul of the past, rather the soul of the new world, the world of today, the world of tomorrow! Therefore, be open for the world" (28 Dec. 1965).

Profeta de uma Nova Cultura em Cristo e Maria

"O que nós sempre quisemos o respeito da missão da Igreja foi agora redescoberto: imprimir na vida moderna do futuro, na cultura moderna a face de Cristo. Nossa Igreja deve tornar-se a alma do mundo. Não a alma do mundo passado, mas a alma do mundo novo, do mundo de hoje, do mundo de amanhã! Por isso devemos estar abertos ao mundo" (28-12-1965).

Prophete d'une Nouvelle Culture dans le Christ et Marie

«Ce que nous avons voulu...: la mission de l'Eglise, telle qu'elle nous apparaît maintenant: imprimer à la vie moderne de l'avenir, à la culture moderne le visage du Christ. Notre Eglise doit devenir l'âme du monde. Non pas l'âme du monde passé, mais du monde nouveau, celui d'aujourd'hui et de demain! Par conséquent, soyons ouverts au monde» (28-12-1965).

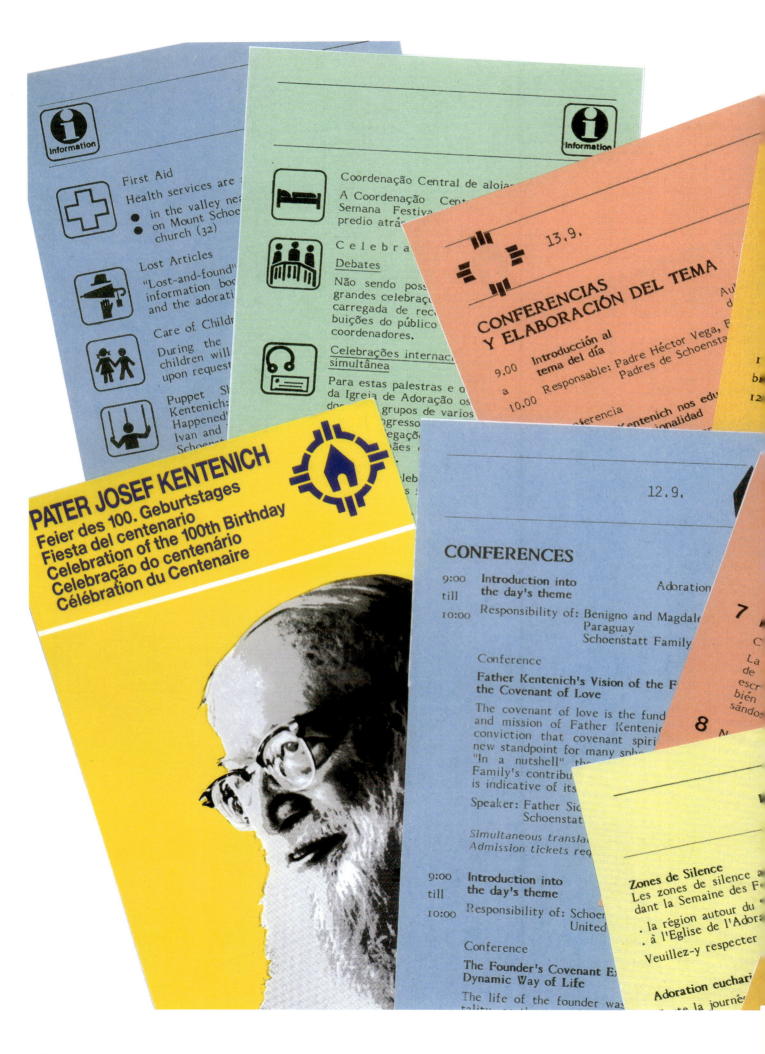

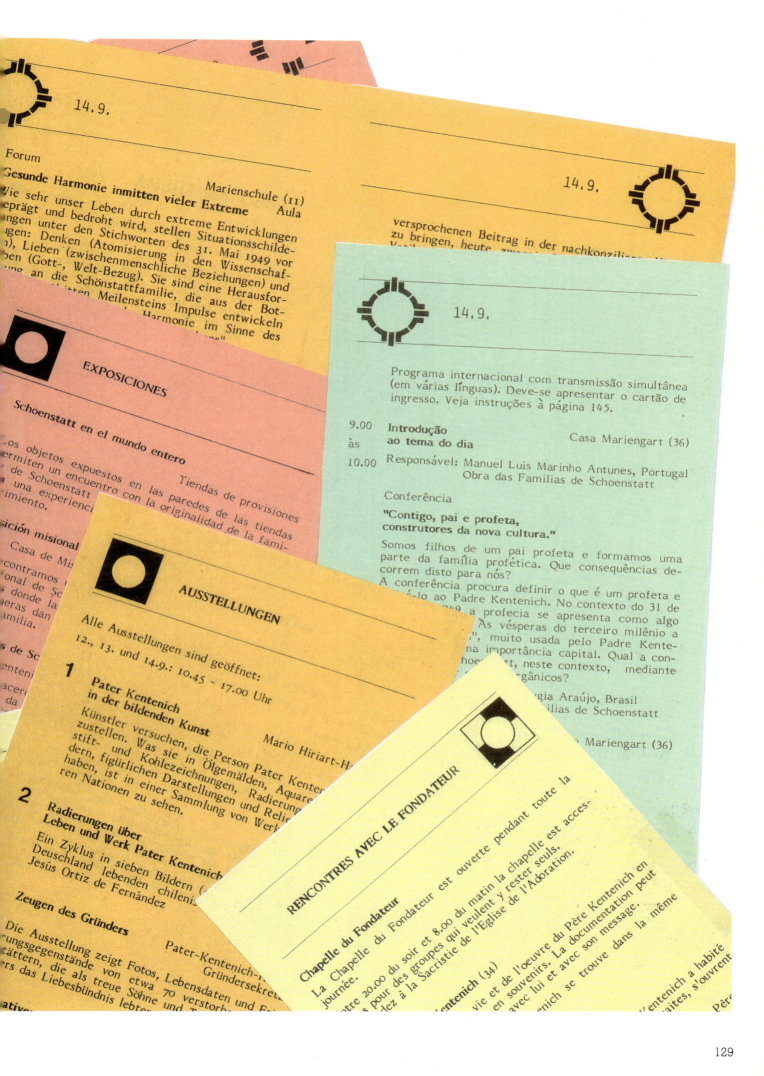

Jeden Tag das Neueste in 'Festwoche Aktuell' — in Schönstatt selbst oder per Post im Land. Eine der Initiativen der Jugend; eine andere: Treffpunkt 'Schönstatt Werkstatt'.

Cada jornada, las últimas noticias de la Semana Festiva. Es un aporte más de la juventud. Otro: un lugar de encuentro en el 'taller internacional'.

Every day the latest news in 'Festwoche Aktuell' either from the 'newsstands' in Schoenstatt or by mail. It is one of the initiatives of the youth... another is the 'Meeting Point — Schoenstatt Workshop'.

A cada dia, as últimas notícias da Semana Festiva. Outra iniciativa da juventude: um encontro na 'oficina Schoenstatt'.

"All meine Quellen entspringen in dir" (Ps 87,7)

"Todas mis fuentes están en ti"

"My home is within you"

"Todas as minhas fontes brotam de ti"

"Tous font en toi leur demeure"

"Hier bei Dir sprudelt
die Quelle göttlichen Lebens.
Täglich schöpfen wir,
um unseren Durst zu stillen,
täglich füllen wir unsere
Krüge,
um den Dürstenden der
Völker
dein Wasser des Bundes
anzubieten."

"Hoy llegamos con gran
alegría,
como los niños que corren
al encuentro de su madre.
Traemos las flores y los
cantos
y el corazón agradecido, que
confiesa:
¡Qué hubiera sido de nosotros sin ti!"

"Mary, our Mother, we come
to greet you.
It is good for us to be here,
gathered at your Shrine.
Here you have erected your
throne,
here you live in our midst,
here you give us a home."

"Doce Nome tens
Que o Pai te deu
Grande maravilha:
Belo Mar de Deus.
Dá-nos vida pura,
Um caminho certo
Para quem procura
Ver Jesus de perto."

135

P. Matthias Rummel SAC

"Liebe Teilnehmer der Festwoche der internationalen Schönstattbewegung!

Als Rektor der Gnadenkapelle und als Mitglied der Gemeinschaft der Pallottiner heiße ich Sie hier herzlich willkommen! Aus vielen Ländern der Welt haben Sie sich hier versammelt, um in vielen Sprachen die Gottesmutter zu grüßen. Durch Ihr Tun stellen Sie sich in jenen Chor der Menschen, von denen die Mutter unseres Herrn sagt: 'Selig preisen mich alle Geschlechter, denn der Mächtige hat Großes an mir getan!' Lk 1,48-49

Dieser Ort ist zu einem kirchlich anerkannten Wallfahrtsort geworden. Und Gott alleine weiß, welchen Trost und welche Hilfe Menschen erfuhren, die hier gebetet haben. Vielen Menschen, die hier gebetet haben, ist aber auch bewußt geworden, daß die Gottesmutter um die Mithilfe bittet, damit das Reich ihres Sohnes sich in der Welt verbreite. Sie, die Dreimal Wunderbare Mutter und Königin der Apostel, lädt alle ein, die Heilssendung der Kirche mitzutragen. Besonderer Ausdruck hierfür sind die Statuen der beiden Apostelfürsten Petrus und Paulus, die an ihrem Bilde stehen. Aus dem Bund der Liebe zwischen Maria und den Mitgliedern der damaligen Marianischen Kongregation ist auch ihre apostolische Bewegung geworden, die sich nun in viele Länder der Welt ausgebreitet hat. Sie alle hier, Menschen verschiedener Länder, Sprache und Kultur sind ein bedeutendes Zeichen dafür."

"Jeder hat seine Blume in die Schale gesteckt.
Mit ihnen schmücken wir das Heiligtum.
Wir alle sind somit im Heiligtum
wir sind das lebendige Heiligtum."

"Cada uno ha depositado ya su flor.
Con ella adornaremos el santuario.
A través de ella nos hacemos presentes allí.
¡Que María nos haga santuarios vivos!"

"Each of us has brought his flower to our Mother,
These now unite as a living bouquet for the Shrine.
With this bouquet we all enter the Shrine.'
We indeed are nothing less than the living Shrine."

"Queridos participantes de la Semana Festiva del Movimiento Internacional de Schoenstatt:

como rector de la capilla de gracias y como miembro de la Comunidad de los Palotinos, os saludo en este lugar cordialmente. Acudís hasta acá de diferentes países pa-

a saludar a la Sma. Virgen María en muchos idomas distintos. Así os integráis en el coro de aquellos hombres de quienes la Madre de nuestro Señor dijo: 'Bienaventurada me llamarán todas las generaciones pues el Poderoso ha hecho en mí maravillas' (Lc 1,48-49). Este sitio se ha transformado en un lugar de peregrinación. Y sólo Dios sabe cuánto consuelo y cuánto auxilio recibieron las personas que aquí han rezado. Muchos de ellos han tomado conciencia que la Sma. Virgen solicita cooperación para que el Reino de su Hijo se expanda en el mundo. Ella, la Madre tres veces admirable y Reina de los Apóstoles, invita a que todos sean portadores de la misión salvífica de la Iglesia. Expresión de ésto son las figuras de los dos príncipes de los Apóstoles, San Pedro y San Pablo, los cuales están junto a la imagen de la Virgen. De la alianza de amor entre María y los miembros de la congregación mariana de entonces, ha surgido también vuestro movimiento apostólico, el que ahora ya se ha extendido a muchas naciones del mundo. Vosotros mismos, de distintos países, idiomas y culturas sois elocuente signo de esta realidad.''

Dear participants of the Festival Week of the international Schoenstatt Movement!

As rector of the chapel of grace and as member of the community of the Pallottine Fathers, I want to welcome you most sincerely to this place! You have gathered here from many nations of the world in order to greet the Blessed Mother in many languages. By her activity you now join that human chorus of which the Mother of Our Lord said, ''All generations will call me blessed, for the Almighty has done great things for me'' Lk 1,48-49.

This place has become an ecclesially recognized place of pilgrimage. And God alone knows what help and consolation has been experienced by those who have prayed here. Many who have prayed here have become aware that Our Lady has added her prayer to theirs so that the Kingdom of her Son be extended throughout the world. She, the Mother Thrice Admirable and Queen of the Apostles, invites us to help carry the Church's salvific mission. Special expressions of this are the statues of the two princes of the apostles, Peter and Paul, who stand next to Mary's picture. From the covenant of love between Mary and the members of the then-existing Marian Sodality, your Apostolic Movement also came to life, a movement which has since spread to many nations. All of you here, members of different countries, languages and cultures, are a significant sign of this.

''Caros participantes da Semana Festiva do Movimento Internacional de Schoenstatt!

Saúdo-vos cordialmente como Reitor do Santuário e membro da Comunidade dos Palotinos!

Vós vos reunistes aqui vindo de muitos países para saudar Nossa Senhora em muitas línguas. Através desse gesto fazeis parte do coro daqueles de quem a Mãe do Senhor disse: Todas as gerações me proclamarão bem-aventurada, pois o Poderoso fez em mim grandes coisas!''(Lc 1,48-49)

Este lugar foi reconhecido oficialmente pela Igreja como um lugar de peregrinações. E só Deus sabe como as pessoas que aqui rezam recebem consolo e ajuda! E muitos que já rezaram neste lugar ficaram conscientes de que a Mãe de Deus pede a sua colaboração para que o Reino de seu Filho se difunda pelo mundo. Ela, a Mãe Três Vezes Admirável e Rainha dos Apóstolos, convida todos a responsabilizar-se pela missão salvífica da Igreja. Uma expressão especial dessa realidade são as estátuas dos dois príncipes dos apóstolos, São Pedro e São Paulo, que estão junto a sua imagem.

Da Aliança de Amor entre Maria e os membros da Congregação Mariana surgiu também o Movimento Apostólico, que agora está espalhado em muitos países. Vós que estais aqui, homens de várias nações, línguas e culturas, sois um sinal significativo desse fato.''

O meine Gebieterin, o meine Mutter, dir bringe ich mich ganz dar; und um dir meine Hingabe zu bezeigen, weihe ich dir heute meine Augen, meine Ohren, meinen Mund, mein Herz, mich selber ganz und gar. Weil ich also dir gehöre, o gute Mutter, so bewahre mich, beschütze mich als dein Gut und dein Eigentum. Amen.

¡Oh Señora mía, oh Madre mía! Yo me ofrezco todo a ti. Y en prueba de mi filial afecto te consagro en este día mis ojos, mis oídos, mi lengua, mi corazón, en una palabra todo mi ser. Ya que soy todo tuyo, oh Madre de bondad, guárdame, defiéndeme y utilízame como instrumento y posesión tuya. Amén.

My Queen, my Mother, I give myself entirely to you and to show my devotion to you, I consecrate to you this day my eyes, my ears, my mouth, my heart, my entire self without reserve. As I am your own, my good Mother, guard me and defend me as your property and possession. Amen.

Ó minha Senhora, ó minha Mãe! Eu me ofereço todo a Vós e, em prova da minha devoção para convosco, vos consagro neste dia os meus olhos, os meus ouvidos, a minha boca, o meu coração e inteiramente todo o meu ser. E porque assim sou vosso, ó incomparável Mãe, guardai-me e defendei-me como coisa e propriedade vossa. Amém.

O ma Souveraine! O ma Mère! je m'offre tout à vous; et, pour vous prouver mon dévouement, je vous consacre aujourd'hui mes yeux, mes oreilles, ma bouche, mon coeur, et tout moi-même. Puisque je vous appartiens, ô ma bonne Mère, gardez-moi, défendez-moi, comme votre bien et votre propriété. Amen.

O Pani moja i Matko moja! Tobie poświęcam się całkowicie. Ofiarowuję Ci dzisiaj mój wzrok, mój słuch, moje usta, moje serce, całego siebie bez żadnych zastrzeżen. A jeżeli już do Ciebie należę o dobra Matko, to proszę Cię: strzeż mnie jako Twojej własnosći i Twojego dobra. Amen.

ab 12.00

a las 12.00

starting at 12:00

das 12.00

dès 12.00

Prozession der Völker

"Voll Freude versammelt sich die internationale Schönstattfamilie beim Vater und Gründer. In einer großen Prozessionskette werden ihm aus allen Nationen die Geburtstagsgeschenke gebracht.

Jede Gruppe versammelt sich vor der Anbetungskirche und zieht von dort in die Kirche hinein, wo sie begrüßt wird und die Fahne des Gedenkjahres aus der Gründerkapelle bekommt. Mit dieser zieht die Gruppe weiter in die Gründerkapelle, um dort dem Vater ihr Geschenk zu überreichen."

Procesión de los pueblos

"La Familia Internacional de Schoenstatt se reúne con alegría en torno al padre fundador. Cada nación traerá su regalo de cumpleaños en una gran procesión.

Los grupos estarán reunidos frente a la Iglesia de la Santísima Trinidad. Desde allí se dirigirán hacia el interior de ésta. Frente al altar cada grupo será saludado y recibirá la bandera original del centenario. Con ella continuará su procesión hacia la capilla del padre, donde hará entrega de su regalo."

Procissão dos povos

A Família Internacional de Schoenstatt, cheia de alegria, reúne-se junto ao Pai e Fundador. Cada nação trará seu presente de aniversário em uma grande procissão.

Cada grupo reúne-se diante da Igreja da Santíssima Trindade. Depois, entra na igreja, onde será saudado e onde receberá a bandeira do Centenário que está na Capela do Fundador. O grupo, com a bandeira, dirige-se então à Capela do Fundador para aí fazer a entrega do seu presente ao Pai.

Procession of nations

With joy and gratitude the International Schoenstatt family will gather together around our father and founder. In a continuous processional chain every nation or group has the opportunity to bring him their own birthday gift.

Each group will meet in front of the Church of the Blessed Trinity before entering. In the church itself they will be greeted as a group and will also receive the original jubilee banner, brought to them from the Founder Chapel. Carrying the banner, the group will then proceed into the chapel where they may present to Father their own specific gift."

Procession des nations

Avec une grande joie, la famille internationale de Schoenstatt se réunit auprès du Père et Fondateur. Dans une procession, les représentants lui apportent les cadeaux d'anniversaire de leurs nations.

Chaque groupe s'assemble devant l'Eglise de l'Adoration. Puis il entre dans l'église, où on l'accueille et lui donnera le drapeau du Centenaire. Ensuite le groupe se rend dans la Chapelle du Fondateur.

Treueversprechen

Erinnerung

Prälat Heinz Dresbach:

"Brüder und Schwestern, wir wissen, wem wir gefolgt sind, was unser Vater und Gründer für uns getan hat und was er für uns ist. In Christus Jesus sind wir mit ihm eng verbunden. Sein heiligmäßiges Leben kommt uns gemeinsam zugute.

— Er hat Ja gesagt.

Im Glauben hat er gerungen bis zu jenem 18. Oktober 1914.
Die Dreimal wunderbare Mutter, Königin und Siegerin von Schönstatt hat ihm ihre Wünsche kundgetan, aber auch auf seine Bitte gehört und ihren Gnadenthron im Heiligtum aufgeschlagen. Hier hat er die Mitgründer bejaht, die Gott ihm gab. Von diesem Tabor aus formte er mit ihnen eine neue geistliche Familie in der Kirche.

— Er hat das Ja gewagt.

Er war wach für den Gott des Lebens und war fähig, die Zeichen der Zeit zu deuten und prophetische Antworten zu geben. Seine mutige Stimme verstummte nicht im Wirrwarr der Geister und im Krieg der Völker. Seit dem 20. Januar 1942 trug er freiwillig düstere Sklavenketten, um unsere Freiheit zu erringen.

— Er hat das Ja durchlitten.

Er ging auf die Suche nach neuen Bündnispartnern. Aus vielen Völkern konnte er Werkzeuge der MTA gewinnen. An vielen Orten errichtete er Filialheiligtümer. Am 31. Mai 1949 hat er seinen Kreuzzug des organischen Denkens, Liebens und Lebens uns allen als Sendung anvertraut, so daß die Kirche ihre Aufgabe als Seele der Welt in allen Kulturen erfüllen kann.

— Sein Ja fordert uns heraus.

Dies alles tat er aus Liebe zur Kirche. Verantwortung und Sorge für sie hatten ihn gedrängt, sein Charisma anzubieten und zu verteidigen. Gehorsam ging er mit dem Erlöser und der Schmerzensmutter, bis das Exil im Wunder der Heiligen Nacht sieghaft gewandelt wurde.

— Sein Ja wurde gesegnet.

Der Geist, der in der Pfingststunde des Konzils neu aufgebrochen ist, bewegte ihn, im Bund mit Maria unermüdlich seine Familie ans neue Ufer der Kirche zu führen. Seine väterliche Hingabe kannte keine Grenzen. Immer inniger lebte er in der geheimnisvollen Liebe Gottes. Am 15. September 1968 feierte er die heilige Eucharistie in der Dreifaltigkeitskirche auf diesem Berg. Von hier aus kehrte er heim zum himmlischen Vater.

— Sein Ja wurde ewig."

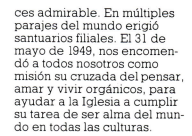

Promesa de fidelidad

Memoria

Monseñor Heinz Dresbach:

"Hermanos, sabemos a quién hemos seguido. Sabemos cuánto nuestro padre y fundador ha hecho por nosotros y lo que él es para sus hijos. En Cristo Jesús nos ata con él un estrecho vínculo. A todos nos favorece su vida de santidad.

— Dio su sí.

Luchó el combate de la fe hasta llegar a aquel 18 de octubre de 1914. La Madre, Reina y Victoriosa tres veces admirable de Schoenstatt manifestó a él sus deseos. Lo escuchó en su súplica, estableciendo su trono de gracia en el santuario. Allí aceptó él a los cofundadores que Dios le ofrecía y desde ese Tabor, formó con ellos una nueva familia espiritual.

— Arriesgó el sí.

Estuvo siempre atento al Dios de la vida, supo interpretar los signos de los tiempos dándoles profética respuesta. Su intrépida voz no enmudeció en medio de la confusión de los espíritus y de los pueblos en guerra. El 20 de enero de 1942 aceptó libremente cargar las sombrías cadenas de esclavo en rescate de nuestra libertad.

— Sufrió su sí.

Salió en búsqueda de nuevos aliados suyos. En muchos pueblos logró ganar instrumentos de la Madre tres veces admirable. En múltiples parajes del mundo erigió santuarios filiales. El 31 de mayo de 1949, nos encomendó a todos nosotros como misión su cruzada del pensar, amar y vivir orgánicos, para ayudar a la Iglesia a cumplir su tarea de ser alma del mundo en todas las culturas.

— Su sí nos desafía.

Todo esto lo hizo por amor a la Iglesia. Su responsabilidad y celo por ella lo impulsaron a ofrecer y defender el carisma que el Espíritu le había confiado. Obediente fue tras el Redentor y la Madre Dolorosa, hasta que el exilio fue victoriosamente transformado en el milagro de la Noche Buena.

— Su sí fue bendecido.

El Espíritu Santo, vuelto a irrumpir en la hora pentecostal del Concilio, lo impulsó a guiar sin descanso, en alianza con María, a su familia de Schoenstatt hacia las nuevas playas de la Iglesia. No puso límites a su entrega paternal. Con creciente intimidad vivió en la hondura misteriosa del amor de Dios. El 15 de septiembre de 1968 celebró el sacrificio eucarístico en la Iglesia de la Santísima Trinidad en lo alto de este monte. Desde aquí retornó a la casa del Padre.

— Su sí alcanzó eternidad."

Promise of Loyalty

Remembrance

Msgr. Heinz Dresbach:

"Brothers and Sisters, we know whom we have followed; we know what our father and founder did for us and what he means to us. In Christ Jesus we are intimately bound to him. His holy life benefits us all.

— He said yes.

He struggled in faith until that October 18, 1914. The Mother Thrice Admirable, Queen and Victress of Schoenstatt had made her wishes known to him, but she also heard his petition and erected her throne of graces in the shrine. Here he said yes to the cofounders whom God had given him. From this Tabor and with them he formed a new spiritual family in the Church.

— He dared to say yes.

He was alert for the God of life and was capable of interpreting the signs of the times and of giving prophetic answers. His courageous voice did not grow silent in the confusion of spirits and in the war between peoples. On January 20, 1942 he freely consented to enduring the heavy chains of a slave in order to win freedom for us.

— He endured his yes.

He went in search of new covenant partners, and he won instruments for the MTA from many nations. In many places he encouraged the erection of branch shrines. On May 31, 1949 he entrusted to all of us — as a mission — his crusade of organic thinking, loving and living, so that the Church can fulfil her task as the soul of the world in every culture.

— His yes challenges us.

He did all this out of love for the Church. The responsibility and concern for her urged him to offer and defend his charism. Obediently he walked with the Redeemer and the Mother of Sorrows, until the Miracle of the Holy Night victoriously transformed the exile.

— His yes was blessed.

The Spirit, who broke through in the Council's hour of Pentecost, moved him, in the covenant with Mary, to untiringly lead his family to the new shore of the Church. His fatherly surrender knew no bounds. Again and again in the mysterious love of God he loved all the more intimately. On September 15, 1968 he celebrated the holy Eucharist in the Church of the Blessed Trinity on this mountain. From here he returned home to the heavenly Father.

— His yes became eternal."

Promessa de fidelidade

Recordação

Monsenhor Heinz Dresbach:

"Meus irmãos e minhas irmãs: Sabemos a quem seguimos, o que o nosso Pai e Fundador fez por nós e o que ele é para nós. Em Cristo Jesus estamos unidos intimamente a ele. A sua vida santa reverte em favor de todos nós.

— Ele deu o seu Sim.

Lutou o combate da fé até chegar àquele 18 de Outubro de 1914. A Mãe, Rainha e Vencedora Três Vezes Admirável de Schoenstatt manifestou-lhe os seus desejos, mas também ouviu as suas súplicas e estabeleceu no Santuário o seu trono de graças. Aqui ele aceitou os co-fundadores que Deus lhe deu. A partir deste Tabor formou com eles uma nova família espiritual na Igreja.

— Ele ousou o Sim.

Estava atento ao Deus da vida e soube interpretar os sinais dos tempos dando-lhes uma resposta profética. A sua voz intrépida não emudeceu em meio à confusão dos espíritos e dos povos em guerra. Desde o 20 de Janeiro de 1942 carregou livremente duras correntes de escravo para nos conquistar a liberdade.

— Ele sofreu o seu Sim.

Saiu à procura de novos aliados. Entre muitos povos conquistou instrumentos para a MTA. Em muitos lugares erigiu santuários filiais. Em 31 de Maio de 1949 confiou a todos nós como missão a sua cruzada do pensar, viver e amar orgânicos, para ajudar a Igreja a cumprir a sua tarefa de ser alma do mundo em todas as culturas.

— O seu Sim nos desafia.

Tudo isto ele o fez por amor à Igreja. A sua responsabilidade e a sua preocupação por ela o levaram a oferecer e defender o seu carisma. Percorreu o seu caminho com o Redentor e a Virgem Dolorosa até que o exílio se transformasse no vitorioso milagre da noite de Natal.

— O seu Sim foi abençoado.

O Espírito que voltou a brotar na hora pentecostal do Concílio moveu-o a orientar incansavelmente, em aliança com Maria, a sua Família para a nova margem da Igreja. A sua entrega paternal não teve limites. Com crescente intimidade viveu no misterioso amor de Deus. A 15 de Setembro de 1968 celebrou a Santa Missa na Igreja da Santíssima Trindade no alto deste monte. Daqui voltou para a casa do Pai.

— O seu Sim eternizou-se."

Treueversprechen

P. Francisco Javier Errázuriz, Vorsitzender des Generalpräsidiums:

„Jede Nation ist heute zu diesem heiligen Ort gepilgert und hat ihr geistiges Geschenk für unseren Vater und Gründer gebracht. Was viele Hände gebracht haben, vereint sich jetzt in diesem Urkundenschrein."

Promesa de fidelidad

El Presidente del Consejo Internacional, P. Francisco Javier Errázuriz

„Cada uno de los países ha peregrinado hoy hasta este lugar santo, presentando su regalo espiritual a nuestro padre y fundador. Lo que venía en muchas manos diferentes, lo reuniremos en un solo cofre que guardará nuestras promesas."

Promise of Loyalty

Fr. Francisco Javier Errázuriz, President of the General Presidium:

"Each nation came on pilgrimage to this place today, bringing a spiritual gift for our father and founder. What many hands have brought, merges now in this document coffer."

Promessa de fidelidade

P. Francisco Javier Errázuriz, O Presidente do Conselho Internacional:

"Cada País peregrinou hoje a este lugar sagrado trazendo o seu presente espiritual ao nosso Pai e Fundador. O que muitas mãos trouxeram reúne-se agora num só cofre que guardará as nossas promessas."

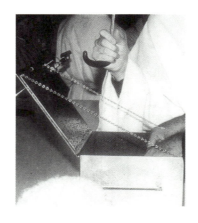
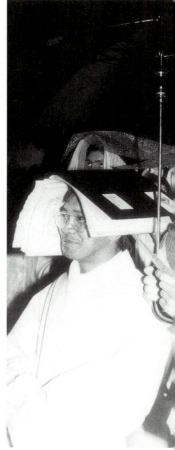

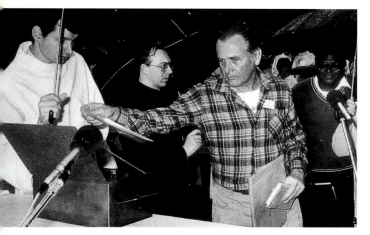

Sir 44,1.10-15

A reading from the book of Ecclesiasticus.
Let us praise illustrious men, our ancestors in their successive generations. Here is a list of generous men whose good works have not been forgotten. In their descendants there remains a rich inheritance born of them. Their descendants stand by the covenants and, thanks to them, so do their children's children. Their offspring will last for ever, their glory will not fade. Their bodies have been buried in peace, and their name lives on for all generations. The peoples will proclaim their wisdom, the assembly will celebrate their praises.

Sir 44,1.10-15

Leitura do livro de Sirac.
Elogiemos os homens ilustres, nossos antepassados, em sua ordem de sucessão. Mas eis os homens de bem cujos benefícios não serão esquecidos. Na sua descendência eles encontram uma rica herança, sua posteridade. Os seus descendentes ficam fiéis aos mandamentos e também, graças a eles, os seus filhos. Para sempre dura sua descendência e a sua glória não acabará jamais. Os seus corpos serão sepultados em paz e seus nomes vivem por gerações. Os povos proclamarão sua sabedoria, a assembléia anunciará os seus louvores.

Sir 44,1.10-15

Besingen will ich die hochberühmten Männer, unsere Väter in aufeinanderfolgender Ordnung. Jene sind die Männer des Wohltuns, und ihre Wohltaten sind nicht vergessen. In ihrer Nachkommenschaft finden sie ein reiches Erbe, das von ihnen ausgegangen. Ihr Stamm bleibt den Satzungen treu und ihre Kinder um ihretwillen. Auf ewig verbleibt ihr Geschlecht, und ihre Gerechtigkeit gerät nicht in Vergessenheit. Ihre Leiber sind in Frieden bestattet, und ihr Name lebt fort von Geschlecht zu Geschlecht. Von ihrer Weisheit erzählt die Gemeinde, und ihr Lob verkündet die Versammlung.

Eclesiástico 44,1.10-15

Lectura del libro del Eclesiástico.
Hagamos el elogio de los hombres de bien, de la serie de nuestros antepasados: Fueron hombres de bien: su esperanza no se acabó, sus bienes perduran en su descendencia, su heredad pasa de hijos a nietos. Sus hijos siguen fieles a la alianza, y también sus nietos, gracias a ellos. Su recuerdo dura por siempre, su caridad no se olvidará. Sepultados sus cuerpos en paz, vive su fama por generaciones; el pueblo cuenta su sabiduría, la asamblea pregona su alabanza.

Jo 10,11-18

"I am the good shepherd: the good shepherd is one who lays down his life for his sheep. The hired man, since he is not the shepherd and the sheep do not belong to him, abandons the sheep and runs away as soon as he sees a wolf coming, and then the wolf attacks and scatters the sheep; this is because he is only a hired man and has no concern for the sheep. I am the good shepherd; I know my own and my own know me, just as the Father knows me and I know the Father; and I lay down my life for my sheep. And there are other sheep I have that are not of this fold, and these I have to lead as well. They too will listen to my voice, and there will be only one flock, and one shepherd. The Father loves me, because I lay down my life in order to take it up again. No one takes it from me; I lay it down of my own free will, and as it is in my power to lay it down, so it is in my power to take it up again; and this is the command I have been given by my Father."

"Ich bin der gute Hirt. Der gute Hirt gibt sein Leben für die Schafe...
Ich bin der gute Hirt und kenne die Meinen, und die Meinen kennen mich, wie mich der Vater kennt und ich den Vater kenne..."

"Yo soy el buen pastor. El buen pastor da su vida por las ovejas... Yo soy el buen pastor, y conozco mis ovejas y las mías me conocen a mí, como me conoce el Padre y yo conozco a mi Padre..."

"Eu sou o bom pastor. O bom pastor dá a vida por suas ovelhas...
Eu sou o bom pastor; eu conheço as minhas ovelhas, e minhas ovelhas me conhecem; assim como o Pai me conhece, e eu conheço o Pai..."

P. Menningen

"Auf diesen Urkundenschrein habt ihr geschrieben: 'Fidelitas pro fidelitate.' Er birgt die Belege kindlicher Verbundenheit und Bereitschaft der verschiedenen Gemeinschaften und Landesfamilien unseres internationalen Schönstattwerkes. Bevor diese kostbaren Dokumente als Spiegel unserer Herzen für immer ihren würdigen Platz in der Nähe unseres Vaters, in der Dreifaltigkeitskirche, finden, möchte ich euch einladen, ihm gemeinsam eure Treue zu versprechen."

P. Menningen:

"En la cubierta de este cofre, habéis escrito:
'Fidelitas pro fidelitate.'
En él se atesoran los testimonios de una íntima comunión filial y de la disponibilidad de las diferentes comunidades y familias nacionales que configuran la Obra de Schoenstatt en el mundo. Antes que estos preciosos documentos, trasunto de nuestros corazones, encuentren para siempre digno lugar en la cercanía de nuestro padre, dentro de la Iglesia de la Santísima Trinidad, quiero invitaros a hacer juntos vuestra promesa de fidelidad."

Fr. Menningen:

"You have inscribed the words 'Fidelitas pro fidelitate' on this document coffer. It now shelters manifold proofs of childlike attachment and the readiness of the different communities and national families of our international Schoenstatt Work. Before these precious documents, which mirror our hearts, find a worthy place close to our Father in the Church of the Blessed Trinity, I would like to invite you to promise him your loyalty together."

Fidelitas pro fidelitate, Adsum!

Treue um Treue. Ich bin bereit.
Fidelidad por fidelidad. ¡Aquí estoy!

Loyalty for loyalty. I am ready.
Fidelidade por fidelidade. Estou pronto!

P. Menningen:

"Sobre este cofre estão gravadas as palavras: 'Fidelitas pro fidelitate.' Nele se encontram as provas de comunhão filial e de prontidão das diversas Comunidades e Famílias Nacionais da nossa Obra Internacional de Schoenstatt. Antes que estes documentos, como símbolo dos nossos corações, recebam para sempre o seu lugar de honra perto do nosso Pai, na Igreja da Santíssima Trindade, convido-vos a fazer juntos a vossa promessa de fidelidade a ele."

Mater ac Regina, tua res agitur!
Clarifica te, clarifica patrem.

Rom, Mai 1951. "Alex, gehst Du mit?" Die klare Antwort auf die Frage des Gründers in entscheidender Stunde: "Ich habe Sie noch nie im Leben allein gelassen: Ich gehe mit!"
Dieser treue Weggefährte, P. Dr. Alexander Menningen, hält den Schlüssel in seiner Hand. Aus seinem Herzen auch Worte für die Jugend.

Roma, mayo 1951. "Alex ¿vienes conmigo?" A la pregunta del fundador, en hora decisiva, una respuesta clara "Nunca en mi vida lo he dejado solo. Voy y lo acompaño". Este fiel discípulo, el P. Alex Menningen, tiene la llave en su mano. Y desde el corazón, ofrece también a los jóvenes su palabra.

May 1951 in Rome. "Alex, do you go along?" In that decisive hour his clear response to the founder's question is, "I have never abandoned you in my life. I go along." This faithful companion, Fr. Alexander Menningen, holds the key in his hand. A few words from his heart for the youth.

Roma, maio de 1951. 'Alex, vais comigo?' Resposta clara à pergunta do Fundador numa hora decisiva: 'Nunca em minha vida o deixei só. Eu o acompanho.'
Este fiel companheiro de caminhada, o P. Alex Menningen, segura uma chave. E, de seu coração, brotam palavras aos jovens.

P. Menningen verschließt den Urkundenschrein.

P. Menningen cierra el 'cofre de las promesas'.

Fr. Menningen closes the document coffer.

P. Menningen fecha o cofre de documentos.

"wenn einer wirklich
bei uns war
und geht
dann ist er nicht
gegangen
dann ist er
plötzlich
anders da
nicht so
im hier und jetzt gefangen
wenn einer wirklich
bei uns war
dann wirkt
er fort
nicht außerhalb
ent-rückt
von zeit und ort"

Wagnis und Liebe.
Der gefährliche Weg des
Josef Kentenich. — W. Willms

"cuando alguíen
verdaderamente
estuvo entre nosotros
y parte
no se va
está presente
de un modo nuevo
y súbito
ya no lo ata
un aquí y un ahora
cuando alguien
verdaderamente
estuvo entre nosotros
sigue actuando
no lejano
sí liberado
de espacios y de tiempos"

Riesgo y amor:
el peligroso camino de
José Kentenich — W. Willms

"when one has really
been with us
and goes away
then he has not
gone
then he is
suddenly there
differently
not so
bound by here and now
when one has really
been with us
then his activity
continues
not outside
but freed
from time and place"

Courage and Love.
The Dangerous Way of
Joseph Kentenich — W. Willms

"quando alguém
realmente
esteve entre nós
e parte
não se vai
está presente
de um modo novo
não está preso
ao aqui e ao agora
quando alguém
realmente
esteve entre nós
continua atuando
não distante
mas libertado
do tempo e do espaço"

Risco e amor:
o perigoso caminho de
José Kentenich — W. Willms

Tuschezeichnung von
Bernhard Maier, 1967

"Senke uns tief ein in die Quelle unseres Ursprungs"

"Sumérgenos en la fuente de nuestro origen"

"Immerse us deeply into the source of our origin"

"Submerge-nos na fonte de nossa origem"

"Immerge-nous dans la source profonde de notre origine"

"Włącz nas głęboko w to źródło naszego powstania"

"Deurdrenk ons in die bron van ons oorsprong"

"Immergici profondamente nella sorgente della nostra origine"

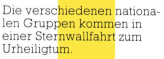

Die verschiedenen nationalen Gruppen kommen in einer Sternwallfahrt zum Urheiligtum.

Peregrinación de los diferentes grupos nacionales desde distintos lugares de Schoenstatt al santuario original.

Pilgrimage of the various national groups to the Mother Shrine.

Os diversos grupos de Nações chegam ao Santuário original.

8.30
Bündniserneuerung
Renovación de la alianza
Renewal of the covenant
Renovação da Aliança
Renouvellement de l'Alliance

Bündniserneuerung

"Am Ende dieser Festwoche kommen wir voll Freude zum Heiligtum unserer Mutter, um das Liebesbündnis zu erneuern. Wir vereinen uns mit unserem Vater und Gründer und mit seinen Söhnen und Töchtern, die schon in die Ewigkeit gerufen wurden. Wir vereinen uns mit Josef Engling, der die Gründungsurkunde treu gelebt hat. Wir vereinen uns mit jenen, die hier begraben sind, Hans Wormer, Max Brunner, P. Albert Eise und P. Franz Reinisch."

Renewal of the Covenant

"At the end of our Festival Week we are filled with joy and come to the shrine of our Mother to renew our covenant of love. We unite ourselves with our father and founder and with his sons and daughters, who have already been called to eternal life. We unite ourselves with Josef Engling, who lived the Founding Document loyalty. We unite ourselves with those, who are buried here: Hans Wormer, Max Brunner, Fr. Albert Eise and Fr. Francis Reinisch. We want to sign the hymn, the text of which Fr. Reinisch wrote in prison shortly before his death."

Renovación de la Alianza de Amor

"Al término de esta semana festiva, venimos con júbilo al santuario de nuestra Madre para renovar la alianza de amor con ella. Nos unimos espiritualmente con nuestro padre y fundador y con sus hijos que ya han sido llamados a la eternidad. Nos unimos a José Engling, quien vivió fielmente el acta de fundación. Nos unimos con aquellos que están sepultados en este lugar: Hans Wormer, Max Brunner, P. Albert Eise y P. Franz Reinisch."

Renovação de Aliança de Amor

"No final desta Semana Festiva chegamos, cheios de alegria, ao Santuário de nossa Mãe para renovarmos a nossa aliança de amor com Ela. Unimo-nos ao nosso Pai e Fundador e a todos os seus filhos, que Deus já chamou à eternidade. Unimo-nos a José Engling, que viveu fielmente o Documento de Fundação. Unimo-nos àqueles que aqui estão sepultados: João Wormer, Máximo Brunner, P. Alberto Eise e P. Francisco Reinisch."

Aus der Gründungsurkunde, 18.10.14

Manuscrito del Acta de Fundación

From the Founding Document, October 18, 1914

Do Documento de Fundação, 18-10-1914

kirundi (Burundi)

Guhata iterambere ryacu mu bweranda kugira ngo dushobore kunagura agasengero kacu k'ugushengera. Mbanje kubaramutsa n'indamutso yacu nziza tutari duherutse: Nos cum prole pia benedicat Virgo Maria.

guarani (Paraguay)

Temiandu imarangatúva omboaguara ha ombosysyive ñane ñe'ã ñambopyahu jevy rehe pe tupãomi, o jeheja va'ekue yma guive haimete ha' eño, nandi, ikusugue, ha ñande rehe ae rupi oñekuave' ẽmbyre Tupãsýme. Ikatúne nga'u piko jajuhu ko mba'e porãite ojehúvape peteĩ ñeha'uvõ porã ñande aty pyahu tuichave hağua?

English, inglés

Why do I express myself so hesitently and reservedly?... It is true, only the remnants of our flourishing sodality are present. The war has deprived us of our most valuable members, but new life will soon spring out of the ruins... Some of the principles which we adopted during the course of the year, and which we thought were infallible, may not have stood the test in practical life.

español, Spanish

Pero una cosa nos ha quedado — estoy seguro de ello — y ésta es la convicción de que la auténtica grandeza moral y religiosa, según el estado de cada cual, es inseparable de un verdadero congregante.

italiano, Italien

Ciascuno di noi deve raggiungere il piú alto grado possibile di perfezione e santitá secondo, il proprio stato. Non semplicemente il grand o il maggiore ma addirittura il massimo deve essere oggetto delle nostre crescenti aspirazioni.

português, Portuguese

Ao contemplar as magnificências divinas no monte Tabor, Pedro exclamou encantado: ,,Aqui é bom estar! Façamos três tendas." Estas palavras sempre me voltam à memória e frequentes vezes me perguntei: Não seria possível que a capelinha da nossa Congregação se tornasse nosso Tabor, no qual se manifestem as magnificências de Maria?

Malayalan (India)

Deutsch, German

Ich möchte diesen Ort gerne zu einem Wallfahrts-, zu einem Gnadenort machen für unser Haus und für die ganze deutsche Provinz, vielleicht noch darüber hinaus. Alle, die hierher kommen, um zu beten, sollen die Herrlichkeit Mariens erfahren und bekennen: Hier ist wohl sein. Hier wollen wir Hütten bauen, hier soll unser Lieblingsplätzchen sein.

polski, Polish

Jakże często w historii świata coś małego i niepozornego było źródłem czegoś wielkiego i imponującego. Dlaczego taki przypadek nie mógłby również i u nas zaistnieć? Kto zna przeszłość naszej Kongregacji, temu nie będzie trudno uwierzyć, że Opatrzność Boża zamierza dla niej jeszcze coś szczególnego.

cebuano (Phillippines)

Apan makab-ut kahâ natô ang atong tumong ug tuyô?... kita, kitang tanan, minahal kong mga sodalista, kinahanglan dili hipalgan nga kulang, himunoa hingpit... mao nga kinahanglan nga kining atong kapelya sa sodalidad mamahimo unyâ nga tuboran sa atong kasantos. Og nga kining mao nga kasantos mao unya ang makapakunsad sa atong angitnon nga inahan nganhi uban kanatô aron sa pagagak kanatô.

fracais, French

J'ai l'impression que Notre-Dame, en ce moment-même, ici dans la vieille petite chapelle de Saint-Michel, s'adresse à nous par la bouche de l'Archange: «Ne vous faites pas de souci quant à la réalisation de votre souhait. Ego diligentes me diligo.

xhosa (South Africa)

Ndiyakuhlala ngoko kunye nani ngovuyo. Ndiyakuthulula izipho neemfefe ngobuninzi. Ukuze, ukususela ngoku, nditsalele kum iintliziyo ezintsha ndizifundisele ukuba zibe zizikhobo ezisebenzisekayo ezandleni zam.

**P. Franz-Josef Bezler,
aus der Gründergeneration:**

Im Namen der ganzen internationalen Schönstattfamilie wiederhole ich das Wort unseres Gründers, das für alle Zeiten gelten soll: "Dem Bund, den du mit uns geschlossen hast, den du mit Gnaden reich begossen, wirst du die Treue stets bewahren, in Stürmen auch und in Gefahren."

**P. Franz-Josef Bezler,
de la generación fundadora:**

En nombre de toda la Familia Internacional de Schoenstatt, repito la confesión de nuestro fundador, válida para todos los tiempos: "Aún en las tormentas y en los peligros guardarás fidelidad perenne a la Alianza que sellaste con nosotros y que, con tantas gracias, tú has bendecido."

**Fr. Franz-Josef Bezler
of the founding generation:**

In the name of the entire Schoenstatt Family I repeat the words of our founder: "In storms and dangers you will remain faithful to the covenant you have sealed with us, which you have sealed with countless graces."

**P. Franz-Josef Bezler,
da geração fundadora:**

Em nome de toda a Família Internacional de Schoenstatt, repito a palavra de nosso Pai e Fundador, válida para todos os tempos: "Mesmo nas tormentas e perigos, manterás constante fidelidade à aliança que contraíste conosco e enriqueceste com tantas graças."

Ja, Mutter
Sí, Madre
Yes, Mother
Sim, Mãe

Kardinal Sebastiano Baggio, Vatikan
Camerlengo der heiligen römischen Kirche
Camarlengo de la Santa Iglesia Romana
Camerlengo of the Holy Roman Church
Camerlengo da Santa Igreja Romana

Zwölf Kerzen werden von Vertretern verschiedener Nationen ins Urheiligtum gebracht. Diese Kerzen werden später mit auf die Pilgerfahrt nach Rom genommen.

Se depositan doce cirios ante la imagen de María en el santuario original. Los portan representantes de las diversas naciones. Estos cirios serán llevados en la peregrinación a Roma.

Twelve candles are carried into the Mother Shrine by representatives of different countries. These candles will later be taken on the pilgrimage to Rome.

Agora, representantes de diversas nações trarão doze velas ao Santuário original. Estas velas serão depois levadas na Peregrinação a Roma.

Geburtstagsfest
Fiesta de cumpleaños
Birthday Celebration
Festa de aniversário

Auf die eindrucksvolle Kulisse des weiten Pilgerplatzes fällt herbstliches Abendlicht. Gegen das Grün von Berg Schönstatt zeichnet sich das Profil einer Säule ab. Sie ist mit blauem Stoff verhüllt. Gelassen und heiter strömen die Gäste des großen Geburtstagsfestes, vom Urheiligtum kommend, auf den Platz zu. Das Fest beginnt. Die Säule verschwindet am dunkel gewordenen Himmel. Ein runder Lichtkegel sucht ihre Spitze. Leichte Bewegung. Der Stoff rutscht abwärts. Das Licht fällt auf bemalte Tücher. Sie kommen aus Afrika. So beginnt das Spiel: eine abwechslungsreiche Folge lebendiger Bilder auf der Bühne, auf der Säule begleitende Symbole. Es erscheinen Länder von Afrika, Asien, Australien, Nord- und Mittelamerika, der Karibik, Südamerika, Europa. Ihre Bewohner bringen Lieder, Tänze, Geschenke. Jeder gratuliert auf seine Weise zum 100. Geburtstag. Überraschung und Staunen: Fünf Konditoren mit einer Torte für 5000 Festgäste. Der Refrain des Abends ertönt besonders froh: "Hundert Jahre noch so jung...". Die Torte bringt neue Musik, neues Lachen, neue Freunde. Dankbarkeit und Freude klingen aus dem besinnlichen Lied des Chores. Die jetzt ganz enthüllte, bunte Säule dreht sich langsam im Licht. Die Bischöfe segnen alle, die auf ihr repräsentiert sind, zusammen mit der versammelten Familie auf dem Platz. Für viele wird die Freude leiser auf dem Weg nach Hause. Andere lassen sich mitreißen vom fröhlichen Tanz der Jugend, der plötzlich beginnt. Man sieht die Säule kaum gegen die Nacht. Aber die Säule sieht dieses Fest, das kein Ende hat, weil vor 100 Jahren ein Mann Gottes geboren wurde, ein Vater.

Sobre el magnífico escenario de la plaza de peregrinos cae una serena luz de atardecer otoñal. Contra el verdor del Monte Schoenstatt se recorta el perfil de una columna. Está cubierta con paños azules. Desde el santuario original se acercan los invitados. Vienen sin prisa pero expectantes. Se inicia la fiesta. La columna se confunde con el cielo oscurecido. Un reflector busca su altura. El género azul se desliza algo. La luz muestra superficies de color. Son telas pintadas en Africa. Se hilvana una sucesión de cuadros vivos en el escenario y de símbolos correspondientes que se descubren uno a uno en la columna. Son países de Africa, Asia, Australia, América del Norte y del Centro, el Caribe, América del Sur y Europa. Gente de allí y de aquí traen canciones, danzas, regalos. Son los agasajos de los hijos que saludan a su padre en el centésimo cumpleaños. Sorpresa y algazara: cinco pasteleros traen una torta para 5000 festejantes. Todos corean la canción de esta noche: "son cien años de juventud...". Y la torta trae más música: risa compartida con hermanos. La gratitud la entona el coro ahora en una canción meditativa. La torre ya toda descubierta y colorida gira lentamente. Los obispos bendicen a esta familia reunida en el valle y a todos los que en los símbolos de la columna están representados. Muchos retornan con gozoso y pacífico corazón a sus alojamientos. Pero la juventud quiere extender su alegría en la noche. De algún rincón surge unda danza general. Ya casi no se divisa la columna. Pero ella sí ve esta fiesta que no acaba porque hace cien años nació un hombre de Dios, un padre.

Autumn twilight against the expansive backdrop of the amphitheater. The profile of a pillar describes itself against the green of Mount Schoenstatt. It is veiled in blue cloth. Cheerful and relaxed, the guests for the birthday party arrive like a river flowing from the Mother Shrine to the amphitheater. Suddenly the party is in motion. The pillar disappears against the darkening sky. A beam of light searches for the apex. Then a gentle fall of blue cloth. Light shines on painted banners. They come from Africa. It's the beginning of the program: A series of living images on the stage while the pillar accompanies with its symbols. Nations of Africa, Asia, Australia, North and Central America, the Caribbean, South America, Europe appear. Their representatives bring songs, dances, and gifts. Everyone brings his "Happy Birthday" in his own way. Surprise and amazement: five caterers with a birthday cake for 5000 guests. The refrain of the birthday song resounds: "Hundred years and still so young..." The cake brings new music, new laughter, new friends. Joy and thanksgiving then come in a meditative song sung by the choir. The colorful pillar, now completely unveiled, slowly turns in the light. The bishops who are present give the blessing to all present and all those who they represent. Many quietly let the joy soak in on the way back to their quarters. But the youth also draws in others in an unplanned joyful dance after the close of the official program. The pillar is now hard to see in the night. But the pillar sees the fest, unending, because 100 years ago a man of God was born, a father.

Sobre o magnífico cenário da praça de peregrinos cai uma serena luz de entardecer outonal. Contra o verdor do Monte Schoenstatt recorta-se o perfil de uma coluna. Está coberta com panos azuis. Do Santuário original acercam-se os convidados. Vem sem pressa, mas com expectativa. Inicia-se a festa. A coluna se confunde com o céu já escurecido. Um refletor busca seu ponto mais alto. A cor azul desliza um pouco. A luz mostra as superfícies coloridas. São telas pintadas na África. No cenário, uma sucessão de quadros vivos e símbolos correspondentes que são descobertos um a um na coluna. São países da África, Ásia, Austrália, América do Norte e Central, o Caribe, América do Sul e Europa. Gente daqui a dali trazem canções, danças, presentes. São os parabéns de filhos que festejam o pai no seu centésimo aniversário. Supresa e alegria: cinco confeiteiros trazem uma torta para 5000 festejantes. Em coro todos entoam a canção da noite: ,,Cem anos de juventude...'' E a torta traz mais música: o riso é partilhado entre irmãos. A gratidão é cantada agora num canção meditativa. A torre, já toda descoberta e colorida, gira lentamente. Os bispos abençoam esta família reunida no vale e a todos os que nos símbolos da coluna estão representados. Muitos retornam para seus alojamentos com o coração alegre e cheio de paz. Mas a juventude quer estender pela noite sua alegria. Espontanemente todos começam a dançar.
Já quase não se divisa a coluna. Mas esta vê a festa que não acaba porque, há cem anos, nasceu um homem de Deus, um pai.

162

"100 Jahre noch so jung
100 Jahre voller Schwung
darum Vater sind wir hier,
feiern und gratulieren Dir."

"Son cien años de juventud,
y de vida en plenitud.
Hoy venimos hasta aquí,
padre, a celebrarte a ti."

"100 years and still so young
100 years and full of life,
so then, Father, we're with you
coming and greeting you."

Cem anos de juventude e de
vida em plenitude. Pai, viemos hoje a ti pra celebrar-te
aqui.

Pater-Kentenich-Tag
Día del Padre Kentenich
Father Kentenich Day
Dia do Padre Kentenich
Journee Commemorative de Père Kentenich

Festlicher Höhepunkt unserer Feier zum 100. Geburtstag
Celebración culminante de los festejos del centésimo cumpleaños
Solemn climax of our celebration of the 100th birthday
Ponto culminante das cebrações do centenário
Célébration solennelle du Centenaire

9.30 Vorprogramm   Pilgerplatz (23)
Programa previo
Preliminary Program
Programa prévio
Introduction dans le programme

10.00 Pontifikalamt mit Kardinal Joseph Höffner in Konzelebration mit Kardinälen und Bischöfen mehrerer Nationen

Misa pontifical presidida por el cardenal Joseph Höffner. Concelebran Cardenales y Obispos de diferentes países

Solemn Pontifical Mass with Joseph Cardinal Höffner, concelebrated by cardinals and bishops from several nations

Solene missa pontifical com o Cardeal Joseph Höffner numa concelebração com Cardeais e Bispos de várias nações

Messe pontificale sous la Présidence du Cardinal Joseph Höffner en concélébration avec plusieurs cardinaux et évêques de différentes nations

Alternativangebote in der Mittagszeit
Programa opcional para el mediodía
Alternative offers in the afternoon
Opções alternativas para a pausa do almoço
D'autres alternatives pendant l'heure de midi

13.00 Bericht über die   Pilgerzelt (22)
internationale Festwoche
(deutsch)

13.00 Begegnung der Nationen   Schützenhalle
Encuentro de los distintos países   (bei 23)
Encounter according to nations
Encontro das nações
Rencontre des nations

13.00 Eucharistische Anbetung   Urheiligtum (1)
Adoración Eucarística   Heiligtum Mariengart (36)
Adoration of the   Kapelle Marienau (7)
Blessed Sacrament   Heiligtum Haus Regina (15)
Adoração
Adoration eucharistique

13.00 Mariengesänge aus verschiedenen Jahrhunderten
Cantos marianos de diferentes siglos
Marian songs from different centuries
Cantos de Maria de diversos séculos
Hymnes à la Sainte Vierge à travers les siècles
(Mary Ann Fones)

13.00 "Eine tolle Geschichte,   Haus Mariengart (36)
die wirklich passiert ist"
Marionettentheater zum Leben Pater Kentenichs
für Kinder und Erwachsene (deutsch)

"Una hermosa historia y que sucedió realmente"
La vida del Padre Kentenich representada por títeres. Para adultos y niños. (alemán)

"A Marvellous Story that Really Happened"
A Puppet Show about the life of Father Kentenich.
For children and adults. Presented in German.

15.09.85

"Uma história fantástica que realmente aconteceu"
Teatro de bonecos sobre a vida do P. Kentenich.
Para crianças e adultos. (alemão)

Théâtre de marionettes: La vie du Père Kentenich
(en allemand)

12.00 Ausstellung Mario-Hiriart-Haus (9)
↓ "Pater Kentenich in der bildenden Kunst"
14.00 Exposición:
"El Padre Kentenich en las artes plásticas"
Exposition:
"Father Kentenich in the Fine Arts"
Exposição:
"O Padre Kentenich na artes plásticas"
Exposition:
"Père Kentenich dans les arts plastiques"

14.00 Lieder aus aller Welt Pilgerplatz (23)
Musikgruppe aus Münster
Cantos de todas partes del mundo
Grupo musical de Münster
Songs from all over the world
Group of musicians from Münster
Cantos de todo mundo
Conjunto musical de Münster
Chants du monde entier
Musiciens de Münster

14.30 Kundgebung Pilgerplatz (23)
Manifestación
Proclamation rally
Manifestação
Manifestation

Kardinal Joseph Höffner, Deutschland

"Auch der gottselige Pater Josef Kentenich hat, das wird sich im Prozeß zur Seligsprechung erweisen, letztlich nicht aus persönlicher Neigung und nicht kraft eigener Entscheidung die Schönstatt-Bewegung ins Leben gerufen. Auch er war ein von Gott Erwählter. Dabei hat er eine tief in sein Leben einschneidende Erfahrung gemacht. Wen der Herr auserwählt und zu seinem Werkzeug macht, den ruft er zur Kreuzesnachfolge, den prüft er in Leid und Schmerz, von dem verlangt er Geduld und Gottvertrauen, den läßt er warten, — manchmal 14 Jahre lang.

Pater Kentenich hat der Schönstatt-Bewegung Ideale gegeben, die gerade für die Christen in der Welt von heute höchst bedeutsam sind.

Die Mitglieder der Schönstatt-Bewegung leben mitten in der Welt von heute. Sie begegnen dieser Welt in ihrer vielfältigen Gestalt: der im Wandel begriffenen Familie, dem Schul- und Bildungswesen, der Welt der Arbeit und der Wirtschaft, den Massenmedien, dem Bereich der Kunst und der Wissenschaft, den politischen Bewegungen, den wirtschaftlichen Gruppen usw. Sie überlassen all diese Bereiche nicht sich selbst; denn sie wollen nicht zu Emigranten werden und verweigern nicht den apostolischen Dienst in der Welt von heute. Ihr Apostolat steht nicht unter dem Zeichen der von innen und außen verpichten und dann zugeschlossenen Arche, sondern unter dem Zeichen des Sauerteigs, der in das Mehl gehört und nicht daneben.

Pater Kentenich hat schon sehr früh von der Enteuropäisierung der Kirche gesprochen. Heute verlagern sich die Gewichte immer mehr von der nördlichen in die südliche Hemisphäre. Von 840 Millionen Katholiken leben noch 273 Millionen in Europa und 67 Millionen in Nordamerika, die übrigen 500 Millionen in Lateinamerika, Afrika und Asien. Einer der nächsten Päpste wird wahrscheinlich nicht mehr ein Europäer sein. Die Schönstatt-Bewegung stellt sich dieser Entwicklung. Sie hat weltweite Dimensionen angenommen."

Cardenal Joseph Höffner, Colonia, Presidente de la Conferencia Episcopal Alemana

"Tampoco el piadoso P. Kentenich — como se irá revelando en el proceso de la canonización — fundó el Movimiento de Schoenstatt, en último término, por un deseo personal ni debido a una decisión propia. El también fue un elegido por Dios, lo que fue para él una experiencia que marcó profundamente toda su vida. Cuando Dios elige a alguien y lo hace su instrumento, lo llama también a seguir la cruz, lo prueba en el sufrimiento y el dolor, reclama de él paciencia y confianza en Dios, lo hace esperar, a veces catorce años.

El P. Kentenich dio al Movimiento de Schoenstatt ideales que para el mundo de hoy son altamente significativos.

Los miembros del Movimiento de Schoenstatt viven en medio del mundo de hoy. Ellos toman contacto con este mundo en sus múltiples facetas: la familia afectada por transformaciones, las instituciones de enseñanza básica y superior, el mundo del trabajo y la economía, los medios de comunicación, el campo del arte y la ciencia, los movimientos políticos, los grupos económicos, etc... No dejan estos campos a su propia suerte, pues no desean ser emigrantes y no se rehusan al servicio apostólico en el mundo actual. Su apostolado no se halla simbolizado por un arca calafateada herméticamente por dentro y por fuera, sino por la levadura que se mezcla totalmente con la masa y no permanece junto a la masa.

El P. Kentenich comenzó a hablar muy tempranamente de la deseuropeización de la Iglesia. Hoy día se desplazan los pesos cada vez más desde el norte hacia el sur. De ochocientos cuarenta millones de católicos, sólo doscientos setenta y tres millones viven aún en Europa y sesenta y siete millones en Norteamérica, y los quinientos millones restantes en Latinoamérica, Asia y Africa. Alguno de los futuros Papas probablemente no será más un europeo. El Movimiento de Schoenstatt está presente en ese desarrollo. El ha tomado dimensiones universales."

Cardinal Joseph Höffner of Cologne, President of the German Bishops' Conference

"In the beatification process it will become clear that Father Joseph Kentenich did not call Schoenstatt into existence because he had a personal inclination or because he had simply made up his mind to do so. He, too, had been called by God. In the process he had an experience that would cut deeply into his life. He whom the Lord elects and wants to use as an instrument, he also calls to go the way of the cross. He must go through the test of pain and suffering. He will demand from him a lot of patience and confidence in God. He will let him wait, sometimes for fourteen years.

Father Kentenich gave ideals to the Schoenstatt Movement that could be of consequence for Christians living in today's world.

The members of the Schoenstatt Movement live in the midst of today's world.

They encounter the world in its multifaceted form with the changing concept of family, with its school and educational system. Their apostolate reaches into the sphere of work and the economy, the mass media, art and political movement and so on. They do not abandon these areas, for they do not want to become emigrants and they do not refuse being in the apostolic service of today's world. Their apostolate is not under the sign of the closed archway, but rather under the sign of the leaven that belongs inside the dough and not outside of it!

Since early times Father Kentenich had talked about the "de-Europeanizing" of the Church. Today a tremendous shift has taken place from the northern into the southern hemisphere. Of the world's 840 million Catholics, 273 million live in Europe, 67 million in North America and the other 500 million live in South America, Africa and Asia. One of the next popes may not be a European. The Schoenstatt Movement has taken up the challenge of this development. It has taken on worldwide dimensions."

(Translation: Waukesha, U.S.A.)

Cardeal de Colônia,
D. José Hoeffner,
Presidente da Conferência
dos Bispos da Alemanha

Também o devoto Padre José Kentenich (e isto se comprovará no processo de beatificação), em última análise, fundou o Movimento de Schoenstatt não por uma inclinação pessoal nem em virtude de uma decisão própria. Também ele foi escolhido por Deus. Então fez uma experiência profunda e decisiva em sua vida. Àquele a quem Deus escolhe e dele quer fazer seu instrumento, Ele o chama para carregar a cruz, prova-o no sofrimento e a dor, exige dele paciência e confiança em Deus, e o faz esperar — às vezes catorze anos.

O Padre Kentenich deu ao Movimento de Schoenstatt ideais que, justamente para o mundo de hoje são de máxima importância.

Os membros do Movimento de Schoenstatt vivem no mundo de hoje. Entram em contacto com este mundo em sua múltipla variedade.: a família em transformação, o ambiente escolar e de formação, o mundo do trabalho e da economia, os meios de comunicação social, o setor da arte e da ciência, os movimentos políticos, os grupos econômicos etc. Não abandonam a si próprios estes setores, pois não querem alienar-se nem negar-se à ação apostólica no mundo de hoje. Seu apostolado não é simbolizado por uma arca fechada e calafetada por fora e por dentro, mas pelo fermento, que não está fora, mas na própria massa.

Já desde cedo o Padre Kentenich falou de uma deseuropeização da Igreja. Hoje o peso da Igreja se desloca mais e mais do hemisfério norte para o hemisfério sul. Dos 840 milhões de católicos de todo o mundo, 273 milhões vivem na Europa, 67 milhões na América do Norte. Os restantes 500 milhões encontram-se na América Latina, na África e na Ásia. Talvez o próximo papa não seja europeu. O Movimento de Schoenstatt encontra-se nesse desenvolvimento. Assumiu dimensões mundiais."

"Wir sind im Geiste mit der ganzen Familie in unserem kleinen Heiligtum vereinigt. Priester und Laien, Erwachsene, Jugendliche und Kinder, Frauen und Männer umstehen in buntem Wechsel das Bild unserer Dreimal Wunderbaren Mutter von Schönstatt. Aus dem In- und Ausland, aus dem Diesseits und Jenseits haben sie sich hier zusammengefunden. Mit herzlicher Dankbarkeit, warmer Liebe und heißen Erwartungen suchen sie alle ihr Lieblingsplätzchen. Wir sind mitten unter ihnen.

Alte Erinnerungen an gnadenvolle Ereignisse werden in uns wach. Gar zu gerne möchten wir uns durch sie die Zukunftsaufgaben unserer Familie zeigen lassen. Wir fühlen ja alle, daß wir vor einer Zeitenwende stehen. Und wieder und wieder wird in uns die Frage lebendig: Ist das die Zeit, für die die göttliche Vorsehung die Arche unserer Familie gezimmert? So begegnen sich in unserem Innern Vergangenheit, Gegenwart und Zukunft; heiße Dankbarkeit, stilles Sehnen und frohe Erwartung" (Aus der zweiten Gründungsurkunde 1939)

"Estamos espiritualmente unidos con toda la Familia en nuestro pequeño santuario. Sacerdotes y laicos, adultos, jóvenes y niños, mujeres y hombres se encuentran en múltiple variedad en torno a la Madre tres veces admirable de Schoenstatt. Del país y del extranjero, de la tierra y de la eternidad, todos se han reunido aquí. Con cordial agradecimiento, profundo afecto y ardiente expectación se dirigen a su rincón predilecto. Estamos en medio de ellos.
Viejos recuerdos de acontecimientos y vivencias colmadas de gracias se despiertan en nosotros. ¡Cómo quisiéramos que ellos nos mostraran las futuras tareas de nuestra Familia! Todos nos damos cuenta de que estamos ante un cambio radical de los tiempos, y una y otra vez se nos plantea nuevamente la pregunta: ¿será éste el tiempo para el cual la Divina Providencia ha forjado el arca de nuestra Familia? Así se encuentran en nuestros corazones el pasado, el presente y el futuro; intenso agradecimiento, secreto anhelo y alegre esperanza." (De la Segunda Acta de Fundación 1939.)

"At this hour we are spiritually united with the whole family in our little shrine. Priests and laity, adults, youth and children, men and women in colorful array surround the picture of our Mother Thrice Admirable of Schoenstatt. From home and abroad, from time and eternity, all have gathered together here. They seek this favorite spot with heartfelt gratitude, fervent love and ardent expectation. We are in their midst.

Old memories of blessed events and personal experiences come back to us. We would like them to indicate to us the future tasks of our family. We all feel that we are approaching a turning point in time, and again and again we ask ourselves: Is this the time for which Divine Providence has built the ark of our family? Thus we look into the past, present and future with feelings of heartfelt gratitude, silent longing and joyful expectation." (Taken from the Second Founding Document 1939.)

"Estamos unidos espiritualmente a toda a Família em nosso pequeno Santuário. Padres e leigos, adultos, jovens e crianças, homens e mulheres agrupam-se, numa variedade múltipla, junto à imagem da nossa Mãe Três Vezes Admirável de Schoenstatt. Aqui se encontraram pessoas de nosso País e do estrangeiro, deste mundo e do mundo do além. Em cordial gratidão, amor ardente e com grandes esperanças todos procuram aqui o seu lugarzinho predileto. Nós estamos entre eles.

Antigas recordações e acontecimentos agraciados nos vem à mente; gostaríamos imensamente que nos apontassem as tarefas futuras da nossa Família, pois todos sentimos que estamos diante de uma mudança de épocas. E repetidamente se nos apresenta a questão: Será agora época para a qual a Divina Providência construiu a arca da nossa Família? Assim, em nosso interior encontram-se passado, o presente e o futuro; ardente gratidão, silencioso aspirar e alegre esperança." (Do Segundo Documento de Fundação 1939.)

"reinige uns,
beheimate, wandle und sende uns..."

"purifícanos,
cobíjanos, transfórmanos y envíanos..."

"purify us,
give us a home, transform and send us..."

"purifica-nos,
acolhe-nos, transforma-nos e envia-nos..."

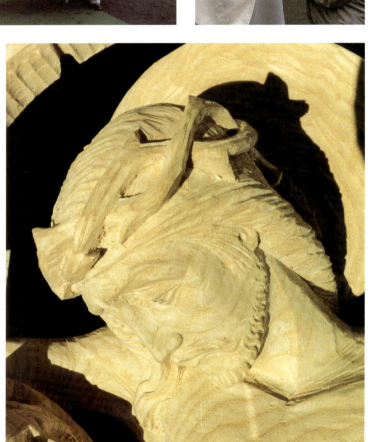

"Dios, nuestro Padre, fuente de todo bien, lo que somos y tenemos viene de ti. Te agradecemos que tu Alianza sea nuestra vida y te pedimos: bendice + estas cintas que hoy serán fijadas a nuestras banderas. Concédenos crecer en la fe y experimentar tu ayuda y tu protección. Te lo pedimos por Cristo nuestro Señor."

God our Father, you origin of all that is good. What we are and what we have comes from you. We thank you that your covenant is our life and ask you: Bless + these ribbons which will be hung on our banners today. Let us grow in faith and experience your help and your protection. We ask this through Christ our Lord.

"Deus, nosso Pai, fonte de todo o bem, o que somos e o que temos vem de ti. Nós te agradecemos que tua Aliança seja nossa vida e te pedimos: abençoa + estas faixas que hoje serão afixadas em nossas bandeiras. Concede-nos crescer na fé e experimentar teu auxílio e proteção. Por Jesus Cristo Nosso Senhor."

"Gott, unser Vater, du Ursprung alles Guten. Was wir sind und was wir haben, kommt von dir. Wir danken dir, daß dein Bund unser Leben ist und bitten dich: Segne + diese Bänder, die heute an unsere Banner angebracht werden. Laß uns im Glauben wachsen und deine Hilfe und deinen Schutz erfahren.
Darum bitten wir durch Christus, unseren Herrn."

Kundgebung

Programm

Musikalischer Auftakt
　Fontana, Münster
Begrüßung der Gäste
　durch Kinder aus Vallendar und
　Niederwerth
Gemeinsames Lied
　Familia Patris Internationalis
Begrüßungsworte
　P. Francisco Javier Errázuriz,
　Vorsitzender des Generalpräsidiums der
　Schönstattfamilie
Lied
　P. Antonio Borges, Brasilien
Rede des Ministerpräsidenten des Landes
　Rheinland-Pfalz
　Dr. Bernhard Vogel
Grußwort des Bundeskanzlers
　Dr. Helmut Kohl
Lied
　Pedal Points, Deutschland und Holland
Grußwort
　Kardinal Sebastiano Baggio
　Camerlengo der heiligen römischen
　Kirche, Präsident der Päpstlichen
　Kommission für den Vatikanstaat
Festrede
　Kardinal Raul Silva Henríquez,
　emeritierter Erzbischof von Santiago de
　Chile
Szenisches Spiel
　Ite, incendite mundum
Aussendung
　Anbringung der Fahnenbänder
Gemeinsames Schlußlied
　Breit um uns deinen Mantel

Asamblea Final

Programa

Preludio musical
　Fontana, Münster
Saludo a las personalidades invitadas
　realizado por niños de Vallendar y
　Niederwerth
Canto común
　'Familia Patris Internationalis'
Discurso inaugural
　palabras de saludo del
　P. Francisco Javier Errázuriz,
　Presidente del Consejo Internacional de
　la Familia de Schoenstatt
Canto
　P. Antonio Borges, Brasil
Discurso del Ministro Presidente de
　Renania Palatinado,
　Dr. Bernhard Vogel
Saludo del Canciller Federal de Alemania
　Dr. Helmut Kohl
Canto
　Pedal Points, Alemania y Holanda
Saludo del Cardenal Sebastiano Baggio
　Camerlengo de la Santa Iglesia Romana
　y Presidente de la Comisión para el
　Estado del Vaticano
Discurso principal
　Cardenal Raúl Silva Henríquez,
　Arzobispo emérito de Santiago de Chile
Pantomima
　Ite, incendite mundum
Envío
　entrega de las cintas conmemorativas
Canto final común
　Protéjanos tu manto

Proclamation Rally

Program

Musical Prelude
　Fontana, Münster
Welcoming of the Guests
　by children from Vallendar and
　Niederwerth
Song (all)
　Familia Patris Internationalis
Welcome
　Fr. Francisco Javier Errázuriz,
　President of the General Presidium of
　the Schoenstatt Family
Song
　Fr. Antonio Borges
Speech of the Minister-President of
　Rhineland-Palatinate
　Dr. Bernhard Vogel
Greeting from the German Chancellor
　Dr. Helmut Kohl
Song
　Pedal Points, Germany and Holland
Greeting
　Cardinal Sebastiano Baggio
　Camerlengo of the Holy Roman Church,
　President of the Pontifical Council for
　the Vatican State
Main Speaker
　Cardinal Raul Silva Henríquez,
　retired Archbishop of Santiago, Chile
Theatric Presentation
　Ite, incendite mundum
Commission
　Attachment of the ribbons to the banners
Closing Song (all)
　Protect us with Your Mantle

Assembléia Final

Programa

Prelúdio
　Fontana, Münster
Saudação aos convidados
　feita por crianças de Vallendar e Ilha
　adjacente
Canto comum
　'Familia Patris Internationalis'
Discurso inaugural
　P. Francisco Javier Errázuriz,
　Presidente do Conselho Internacional
　da Família de Schoenstatt
Canto
　P. Antonio Borges, Brasil
Discurso do Ministro-Presidente
　da Renânia-Palatinado
　Dr. Bernhard Vogel
Saudação do Chanceler da
　República Federal da Alemanha
　Dr. Helmut Kohl
Canto
　Pedal Points, Alemanha e Holanda
Saudação do
　Cardeal Sebastiano Baggio
　Camerlengo da Santa Sé e Presidente da
　Comissão para o Estado do Vaticano
Discurso Final
　Cardeal Raul Silva Henríquez,
　Arcebispo Emérito de Santiago do Chile
Dança rítmica
　'Ite, incendite mundum!'
Envio
　Entrega das faixas comemorativas
Canto final
　Ó Virgem Protetora

Francisco Javier Errázuriz

Die Feier zum hundertsten Geburtstag von Pater Josef Kentenich hat uns hier zusammengeführt. Ihn feiern — das heißt zunächst und vor allem Gott loben, Gott, der ihm das Leben geschenkt hat, der ihn geführt und ihm Gnaden und Charismen von außergewöhnlichem Wert verliehen hat, der sein Leben für die Seinen, für die Kirche und die Menschen unserer Tage so überaus fruchtbar hat werden lassen.

Wer nun denkt, in meiner Erinnerung komme eine Bewunderung zum Ausdruck, die jemand für Pater Kentenich empfindet, der ihn aus nächster Nähe erlebte, er hat zwar recht. Aber seine Art zu leben hat alle beeindruckt, die ihn in Milwaukee näher kennenlernen durften. Und nicht nur sie: Kardinal Ottaviani, damals Pro-Präfekt des Heiligen Offiziums im fernen Rom, begann schließlich einen Merkspruch aus dem Evangelium auf ihn anzuwenden: 'An ihren Früchten werdet ihr sie erkennen.' Der Sinn für Wahrheit und Gerechtigkeit veranlaßte allmählich den Kardinal, eine Überprüfung des Falles Pater Kentenich in die Wege zu leiten. Im Oktober 1965 wollte er ihn nach Rom rufen. Ich will nicht alle Einzelheiten seiner Rehabilitierung erzählen, sie sind vielen von uns bekannt. Als er nach Rom kam, wurde man aufmerksam auf seine versöhnliche und friedfertige Einstellung. Er hat auch in Frieden seine Gemeinschaft, die Pallottiner, verlassen und hat aufrichtig bedauert, diesen Schritt tun zu müssen, 'obwohl er sich', wie er schrieb, 'darin stets wohlgefühlt' hat.

Ich möchte nicht schließen, ohne kurz Kardinal Ottaviani zu würdigen. Er war der Überzeugung, richtig zu handeln, als er die Verantwortung übernahm für Maßnahmen gegen Pater Kentenich. Seine Liebe zur Wahrheit und sein evangelischer Geist führten ihn später dazu, sein Urteil zu ändern. Er begründete diesen Wandel mit den Worten: 'Irren ist menschlich; im Irrtum verharren aber muß man teuflisch nennen.' In seinen letzten Lebensjahren gab er dem Bilde der Dreimal Wunderbaren Mutter und Königin von Schönstatt einen Ehrenplatz in der Kapelle des Hl. Offiziums und bat darum, man möge auch auf seinem Grabstein eine Inschrift anbringen, die — wie jene auf dem Grab Pater Kentenichs — an seine Liebe zur Kirche erinnere.

Mit dieser Würdigung möchte ich auch ein Dankeswort verbinden an so viele andere, die Werkzeuge Gottes waren für die Rehabilitierung Pater Kentenichs. Wir werden Exzellenz Tenhumberg, den geistlichen Sohn und treuen Mitarbeiter unseres Gründers, nicht vergessen können, so wenig wie Bischof Bolte und all die vielen, die bereits heimgegangen sind. Unter denen, die heute hier anwesend oder geistig mit uns verbunden sind, möchte ich — stellvertretend für viele andere — nennen: Seine Eminenz Kardinal Höffner und Seine Eminenz Kardinal Silva Henriquez, Prälat Wilhelm Wissing, Erzbischof Plaza und in besonderer Weise Pater Menningen. Für sie alle, die sich für die Anerkennung des Charismas unseres Gründers eingesetzt haben, bitte ich jetzt zum Zeichen der Dankbarkeit um einen herzlichen Beifall."

Palabras del Presidente del Consejo Internacional de la Obra de Schoenstatt P. Francisco Javier Errázuriz

"nos reúne la celebración del nacimiento del Padre José Kentenich. Celebrarlo a él es, sobre todo, alabar a Dios que le dio la vida y lo condujo, le dio gracias y carismas de extraordinario valor, e hizo su vida tan fecunda para los suyos, la Iglesia y la sociedad humana.

Si alguien pensara que mi recuerdo del Padre Kentenich transmite algo de la admiración de quien lo mira desde la cercanía de su Familia, tendría razón. Pero esa manera de vivir impresionó a cuantos lo conocieron en Milwaukee. No sólo eso: desde su sede romana el Cardenal Ottaviani, en aquel entonces Pro-Prefecto del Santo Oficio, comenzó a aplicarle la ley del Evangelio: 'Por sus frutos los conoceréis'. El sentido de verdad y de justicia del Cardenal lo inclinó lentamente a desear la revisión de la causa del Padre Kentenich. En octubre de 1965 lo iba a llamar a Roma. No cuento los detalles de su rehabilitación, porque son conocidos. El ánimo de reconciliación y de paz del Padre Kentenich llamaron la atención en el Vaticano. También con paz se retiró de su comunidad. Más aún, sintió sinceramente dicho paso, 'sobre todo — como escribió — a pesar de haberme sentido siempre a gusto en ella'.

No quisiera terminar estas palabras sin rendir un breve homenaje al Cardenal Ottaviani. Creyendo obrar rectamente, tuvo responsabilidad en las medidas que se tomaron contra el Padre Kentenich. Pero su amor a la verdad y su espíritu evangélico lo llevaron a cambiar de parecer y a explicar su cambio, escribiendo: 'errar es humano, pero perseverar en el error es algo propio del demonio'. En sus últimos años entronizó la imagen de la Madre y Reina tres veces admirable de Schoenstatt en la capilla del Santo Oficio, y pidió que también su tumba tuviera una inscripción que recordara, como la del Padre Kentenich, su amor a la Iglesia.

Quisiera hacer extensivo este homenaje a tantos otros que fueron instrumentos de Dios para la rehabilitación del Padre Kentenich. No podremos olvidar a Mons. Tenhumberg, hijo espiritual y fiel colaborador de nuestro fundador, tampoco a Mons. Bolte y a muchos otros que ya partieron. Entre los que nos acompañan esta tarde, física o espiritualmente, quisiera nombrar, en representación de tantos otros, a su Eminencia el Cardenal Höffner y a Su Eminencia el Cardenal Silva Henríquez, a Mons. Wilhelm Wissing, a Mons. Plaza y, de una manera particular, al Padre Menningen. Para todos los que trabajaron por el reconocimiento de su carisma, pido, en señal de gratitud, un cálido aplauso."

Fr. Francisco Javier Errázuriz
15th September, 1985

"We are gathered here to celebrate the birth of Father Joseph Kentenich. Celebrating him is above all a praise of God who gave him life and led him, who gave him graces and charisms of extraordinary value and made his life so fruitful for his followers, the Church and society.

If someone were to think that my memory of Father Kentenich transmits something of the admiration of those who look at him from the closeness of his family, he would be right. Nonetheless, the founder's way of living impressed all those who met him in Milwaukee. Not only that, in Rome, Cardinal Ottaviani, who at that time was Pro-prefect of the Holy Office, began to apply the law of the Gospel to Father Kentenich: By their fruits you will know them.

The Cardinal's sense of truth and justice gradually made him tend toward intiating the revision of Father Kentenich's cause. In October, 1965, he was going to call him to Rome. I will not relate the details of the founder's rehabilitation because they are known. Father Kentenich's spirit of reconciliation and of peace attracted attention in the Vatican. Again, in the spirit of peace, he withdrew from his community. What's more, he felt this step deeply and sincerely, "above all," as he wrote, because he had to take the step "...even though I had felt well in the community."

I would not like to close without briefly giving homage to Cardinal Ottaviani. In the belief that he was acting in an upright way, he shared responsibility in the measures taken against Father Kentenich. But his love for truth and his spirit of the Gospels led him to change his opinion and to explain his change, in writing.

"To err is human, but to persevere in error is something belonging to the devil."

During his last years he enthroned the image of the Mother Thrice Admirable and Queen of Schoenstatt in the chapel of the Holy Office, and he asked that his tomb, too, bear an epitaph which would commemorate — as does that of Father Kentenich — his love for the Church.

I would like to extend this homage to so many others who were instrumental in the rehabilitation of Father Kentenich. We shall not be able to forget Bishop Tenhumberg — spiritual child and faithful collaborator of our founder — and many others who have already departed from this world. Among those who accompany us this afternoon, physically or spiritually, I would like to mention — in representation of so many others — His Eminence Cardinal Höffner, His Eminence Cardinal Silva Henriquez, His Eminence Archbishop Plaza, Prelate Wilhelm Wissing, and in a special way, Father Menningen. As a sign of gratitude to all those who worked for the recognition of Father Kentenich's charism I now ask for a warm round of applause.

Kentenich transmite algo da admiração de quem o olha da proximidade de sua Família, teria razão. Porém, essa maneira de viver impressionou a quantos o conheceram em Milwaukee. E não somente isso: de sua sede em Roma o Cardeal Ottaviani, então Pro-Prefeito do Santo Oficio, começou a aplicar-lhe a lei do Evangelho: ,,Por seus frutos os conhecereis''. O sentido de verdade e de justiça do Cardeal levou-o pouco a pouco a desejar a revisão da causa do Padre Kentenich. Em outubro de 1965 pretendia chamá-lo a Roma. Não conto os detalhes de sua reabilitação, pois são conhecidos. Seu desejo de reconciliação e de paz chamaram a atenção no Vaticano. Também retirou-se em paz de sua antiga comunidade. Ainda mais, sentiu sinceramente tal passo, ''sobretudo, conforme escreveu, por ter-me sentido sempre muito bem nessa comunidade''.

Não gostaria de terminar estas palavras sem prestar uma breve homenagem ao Cardeal Ottaviani. Crendo agir retamente, teve responsabilidade nas medidas que se tomaram contra o Padre Kentenich. Mas seu amor à verdade a seu espírito evangélico levaram-no a trocar de parecer e a explicar sua mudança, escrevendo: ,, errar é humano, mas perseverar no erro é algo próprio do demônio''. Nos últimos anos de sua vida entronizou a imagem da Mãe e Rainha Três Vezes Admirável na capela do Santo Ofício e pediu também que em sua sepultura houvesse uma inscrição que recordasse, como a do Padre Kentenich, seu amor à Igreja.

Quisera tornar extensiva esta homenagem a tantos outros

P. Francisco Javier Errázuriz a 15 de set. de 1985

''A celebração do nascimento do Padre José Kentenich aqui nos reúne. Reunimo-nos para celebrá-lo, mas sobretudo para louvar a Deus que lhe deu a vida e o conduziu, deu-lhe graças e carismas de extraordinário valor, e tornou sua vida tão fecunda para os seus, a Igreja e a sociedade humana.

Se alguém pensasse que minha lembrança do Padre Kentenich transmite algo da admiração de quem o olha da proximidade de sua Família, teria razão.

Deus na reabilitação do Padre Kentenich. Não poderemos esquecer a Dom Henrique Tenhumberg, filho espiritual e fiel colaborador de nosso Fundador, e a muitos outros que já partiram. Entre os que nos acompanham nesta tarde, física ou espiritualmente, quisera nomear, representando a tantos outros, Sua Eminência o Cardeal Höffner, a S. Emcia. o Cardeal Silva Henríquez, o Arcebispo Plaza, a Mons. Wilhelm Wissing e, de modo particular, ao Padre Menningen. Para todos os que trabalharam pelo reconhecimento de seu carisma peço, em sinal de gratidão, um grande aplauso.''

**Dr. Bernhard Vogel
Ministerpräsident von
Rheinland-Pfalz**

"Herzlichen Dank für diese freundliche Begrüßung und herzlichen Dank für die Einladung. Ich bin gerne gekommen, um Ihnen allen, den Gästen aus vielen Ländern und der gesamten Schönstattfamilie Grüße zu überbringen. Ich bin froh und dankbar, daß Schönstatt in Rheinland-Pfalz liegt.

Christen aus über 40 Ländern der ganzen Welt fühlen sich heute dem Leben, dem Werk und der Botschaft Pater Kentenichs verbunden. Sein Vorbild gibt vielen Kraft und Mut, die Schwierigkeiten unserer Zeit zu meistern und selbst ein Vorbild für andere zu sein. Wir brauchen solche Vorbilder, wir brauchen solche Persönlichkeiten, wenn wir unsere Probleme bewältigen wollen. Wir brauchen solche Vorbilder, wenn wir ein Leben in Frieden und in Gerechtigkeit und in Freiheit leben wollen.

Freiheit war ein zentrales Wort und ein zentraler Wert im Leben Pater Kentenichs. Freiheit war für ihn aber kein Zauberwort zum uneingeschränkten Sich-Ausleben, sondern Freiheit war für ihn Selbstverwirklichung und Hingabe und Dienst an Gott und an den Mitmenschen. Der Papst hat einmal gesagt: 'Christus lehrt uns, daß der beste Gebrauch der Freiheit die Liebe ist, die sich in der Hingabe und im Dienst verwirklicht.' Dieser Satz gilt für Pater Kentenich, er gilt damit aber auch für die Schönstattfamilie, er sollte für alle Christen, ja für alle Menschen guten Willens gelten. Das heißt eine Freiheit, die eingebunden ist in Gottes unendliche Freiheit. Ich meine, auch wir sollten dafür arbeiten, daß alle Menschen Freiheit erlangen: Die Menschen, die in Kerkern und Gefängnissen leben, von denen es viel zu viele auf dieser Erde zu dieser Stunde gibt, in totalitären Staaten, die Gott leugnen aber — Gott sei es geklagt — auch in Staaten, die sich christlich nennen. Wir wollen Freiheit für Menschen, die in Flüchtlings- und Internierungslagern leben, deren Zahl wächst und nicht abnimmt. Wir wollen sie für Menschen, die von anderen Menschen mit subtilen Methoden der Beeinflussung und Propaganda gefangengehalten werden, wir wollen, daß die Menschen frei werden von der Geißel der Unterentwicklung und ich weiß, Schönstätter Schwestern leisten gerade auf diesem Gebiet hervorragende Arbeit, ich habe es in Burundi in Afrika selbst erlebt.

Ihre Bewegung, Pater Kentenich zumal, hat einen Weg gezeigt, um frei zu werden, weil er erkannt hat, daß es gilt, die Welt zu erneuern und sich nicht auf ihren Untergang einzustellen. Erneuern heißt, nicht alles ändern und täglich etwas Neues machen. Erneuern heißt, das Alte wieder neu zu sagen und auf unsere Gegenwart zu beziehen. Helfen Sie mit, daß ein solcher Geist lebendig bleibt, daß in diesem Geist Menschen bei uns in Deutschland und draußen in der Welt leben können."

**Saludo del
Ministro Presidente de
Renania Palatinado,
Dr. Bernhard Vogel**

El P. Kentenich señaló un camino hacia la libertad. El había descubierto que la única alternativa posible consiste en renovar el mundo y no predisponerse para su ruina.

**Greeting of the
Minister-President of
Rhineland-Palatinate,
Dr. Bernhard Vogel**

Your movement, especially Father Kentenich, has shown a way to freedom because he recognized the importance of world renewal and not focusing on the world's demise.

**Saudação do Ministro Presidente da Renânia-Palatinado,
Dr. Bernhard Vogel**

O P. Kentenich indicou um caminho para a liberdade. Ele descobriu que a única alternativa possível consiste em renovar o mundo e não predispor-se à ruína.

Grußwort von Bundeskanzler Dr. Helmut Kohl verlesen vom Parlamentarischen Staatssekretär Benno Erhard

"Sie gedenken in diesen Tagen eines Mannes, dessen Name nicht überall bekannt ist und dessen Wirken in der breiten Öffentlichkeit mehr und mehr bekannt wird. Leben und Wirken von Pater Kentenich haben seit Jahrzehnten weit über die Grenzen unseres Vaterlandes hinaus eine hohe Bedeutung erlangt. Diese Bedeutung hat durch die unlängst von der Deutschen Bundespost herausgegebene Sonderbriefmarke eine weithin sichtbare Würdigung erfahren.

Als Priester sah Pater Kentenich die Aufgabe der Kirche immer auch darin, den Menschen Antworten zu geben auf die Fragen ihrer Zeit und ihnen das Evangelium in ihre Sprache zu übersetzen.

In seinem Denken spielte die Freiheit des Menschen eine ganz entscheidende Rolle. Er war der Überzeugung, daß sie die Voraussetzung für die Entfaltung menschlicher Würde sei. In der von ihm gegründeten internationalen Schönstatt-Bewegung wollte er räumlich und zeitlich Grenzen sprengen, um ein Miteinander von Menschen und Kulturen zu ermöglichen.

Angesichts seiner Vorstellung von der Bedeutung der Freiheit im Leben des Menschen war der Konflikt mit dem Nationalsozialismus unausweichlich. Der Weg ins Konzentrationslager, in dem er die Unfreiheit mehrere Jahre lang in ihrer schlimmsten Form erlebte, war vorgezeichnet. Doch auch nach dem Ende der Hitler-Diktatur blieben ihm viele Schwierigkeiten und Belastungen nicht erspart; er nahm sie auf sich und trug sie in Gehorsam.

Ungezählte Menschen in vielen Ländern haben im Laufe der Jahre von ihm gelernt, ihr Leben als eine Chance füreinander zu begreifen. Durch seine vielfältigen Kontakte in zahlreiche Länder überall auf der Welt hat er auch dazu beigetragen, das zerstörte Ansehen des deutschen Volkes wieder zu verbessern. Er hat den Boden dafür bereitet, daß nach der dunkelsten Zeit unserer Geschichte ein Geist entstehen konnte, der uns Völkerverbindung, Ökumene, Ehrfurcht und Freiheit erlebbar macht. Die Feier seines Geburtstages ist ein willkommener Anlaß, nicht nur dieses großen Mannes zu gedenken, sondern auch dankbar zu sein dafür, daß ein Mann wie er aus unserem deutschen Volk hervorging."

Saludo del Canciller Federal Dr. Helmut Kohl presentado por el Viceministro y Parlamentario Benno Erhard.

"Ustedes están celebrando en estos días a un sacerdote cuyo nombre no se conoce en todas partes, pero cuya obra se está proyectando cada vez a círculos más amplios. Vida y obra del P. Kentenich adquirieron desde hace ya decenios una gran importancia más allá de las fronteras de nuestra patria. Esta importancia fue reconocida hace poco visiblemente a través de la emisión de un sello postal especial por parte del Correo Federal de Alemania.

Como sacerdote, el P. Kentenich consideró que también es tarea permanente de la Iglesia ofrecer a las personas respuestas a los interrogantes propios de su época y traducirles el Evangelio en un lenguaje adecuado a su tiempo.

Dentro de la forma de pensar del P. Kentenich jugaba la libertad del hombre un rol decisivo. Estaba convencido de que ella es supuesto previo para un pleno desarrollo de la dignidad humana. En el Movimiento Internacional de Schoenstatt que él fundó, quiso romper fronteras del tiempo y del espacio para posibilitar un encuentro entre personas y culturas.

En vista de su convicción de la importancia de la libertad en la vida del hombre, era ineludible el conflicto con el nacional-socialismo. El camino hasta el campo de concentración, en el cual experimentó durante varios años la falta de libertad en su forma más extrema, estaba trazado. Pero, aún después de terminada la dictadura de Hitler, no dejaron de presentársele muchas otras dificultades y pruebas; él las asumió en obediencia.

Con el correr de los años, incontables personas de muchos países han aprendido de él a comprender sus vidas como una oportunidad de mutua entrega. A través de sus múltiples contactos en numerosos países de todo el mundo contribuyó también a mejorar la desprestigiada imagen del pueblo alemán. Preparó el terreno para que después del período más oscuro de nuestra historia pudiera surgir un espíritu que nos permita experimentar la unidad de los pueblos, el ecumenismo, el respeto y la libertad. La celebración de su cumpleaños es un evento bienvenido no sólo para rememorar a este gran hombre, sino también para agradecer que un hombre como él haya surgido de nuestro pueblo."

Greeting of the Chancellor of the Federal Republic of Germany, Dr. Helmut Kohl as read by the Parlamentary Secretary of State, Benno Erhard

"During these days you are commemorating a man whose name is not known everywhere and whose work is becoming more and more at work in wide circles of the peoples. For many decades now, the life and work of Father Kentenich have attained respectable importance beyond the borders of our fatherland. The recent edition of a special stamp by the German "Bundespost" is a further appreciation of this importance.

As a priest, Father Kentenich considered it to be the task of the Church to give answers to the questions of our time and to relate the Gospel to our situation.

The freedom of the person assumed a decisive role in his thinking. He was convinced that freedom is the prerequisite for the development of human dignity. In the international Schoenstatt Movement founded by him, he wanted to overcome obstacles in space and time to enable a togetherness of peoples and cultures.

In the face of the value which he placed on human freedom, the conflict with Naziism was unavoidable. The way was paved for the concentration camp, where he experienced the lack of freedom in its worst form for many years. But even after the end of the Hitler dictatorship, he was not spared difficulties and burdens; he accepted these and carried them in obedience.

Countless people in many countries have learnt from him to understand their lives as an opportunity to help others. Through his manifold contacts in numerous countries all over the world he made a contribution to improve the destroyed image of the German people. He prepared the ground so that after the darkest time of our history a spirit of international understanding, ecumenism, reverence and freedom could grow. The celebration of his birthday is a good opportunity, not only to commemorate this great man, but also to be grateful that a man like him emerged from our German people."

Kardinal Sebastiano Baggio, Camerlengo der heiligen römischen Kirche, bringt einen persönlichen Gruß des Hl. Vaters und liest das Telegramm vom Kardinalstaatssekretär.

Cardinal Sebastiano Baggio, Camerlengo of the Holy Roman Church, brings a personal greeting from the Holy Father and reads the telegram from the Secretary of State.

El Cardenal Sebastiano Baggio, Camarlengo de la Santa Iglesia Romana trae un saludo personal del Santo Padre y lee el telegrama del Cardenal Secretario de Estado.

O Cardeal Sebastiano Baggio, Camerlengo da Santa Sé, traz uma saudação pessoal do Santo Padre e lê o telegrama do Cardeal Secretário.

```
TELEGRAFI DELLO STATO
FONOTELEGRAMMA
P.T.P. di: ROSÀ

PROVENIENZA       Numero   Parole   Data   Ore
CITTA DEL VATICANO 25077   73/85   12/9   0930

TESTO: DER HEILIGE VATER UEBERMITTELT DEM GENERALPRAESIDIUM UND ALLEN
IN VALLENDAR VERSAMMELTEN MITGLIEDERN DES INTERNATIONALEN SCHOENSTATT-
WERKES ZUR FEIER DES HUNDERTJAEHRIGEN GEBURTSTAGES VON PATER JOSEPH
KENTENICH DEN AUSDRUCK AUFRICHTIGER MITFREUDE UND VERBUNDENHEIT UND
ERTEILT IHNEN IN FROHER ERWARTUNG IHRER BALDIGEN ROMPILGERFAHRT UND
PERSOENLICHEN BEGEGNUNG MIT IHNEN FUER EINE FRUCHTBARE ENTFALTUNG
SEINES GEISTLICHEN ERBES IM DIENST DER KIRCHE UND DER MENSCHEN VON
HERZEN SEINEN BESONDEREN APOSTOLISCHEN SEGEN
                                          KARD. CASAROLI
```

El Santo Padre manifiesta su sincera alegría y su comunión con el Consejo Internacional y todos los miembros de la Obra de Schoenstatt reunidos en Vallendar para celebrar el centésimo cumpleaños del P. José Kentenich. Les otorga de corazón su especial bendición apostólica para un fecundo desarrollo de la herencia espiritual del fundador al servicio de la Iglesia y de la sociedad. Y les aguarda en la alegría adelantada del mutuo encuentro en vuestra próxima peregrinación a Roma.
Cardenal Casaroli

The Holy Father expresses his sincere joy and oneness with the General Presidium and all gathered members of the international Schoenstatt Work at the celebration of the hundredth birthday of Father Joseph Kentenich, and gives, in happy expectation of your coming pilgrimage to Rome and personal encounter with you, his heartfelt Apostolic Blessing for a fruitful development of his spiritual legacy in the service of the Church and of humanity.
Cardinal Casaroli

"O Santo Padre manifesta sua sincera alegria e sua união com Conselho Geral e todos os membros da Obra Internacional de Schoenstatt reunidos em Vallendar para celebrar o centenário do nascimento do Padre José Kentenich e, na alegre expectativa de vossa próxima peregrinação a Roma e de um encontro pessoal convosco, concede-vos de coração sua especial Bênção Apostólica para um fecundo desenvolvimento de sua herança espiritual no serviço à Igreja e à sociedade."
Cardeal Casaroli

Kardinal Raúl Silva Henríquez, Chile

"Weil ich wegen des Konzils ab 1962 jedes Jahr nach Rom fahren mußte, ergaben sich für mich viele Gelegenheiten, über Pater Kentenich Gespräche zu führen, und das sowohl mit seinen geistlichen Söhnen, wie auch mit seinen Gegnern. In mir wuchs immer mehr die Überzeugung, daß Pater Kentenich ein Mann von hoher Tugend und von unbestreitbarem Talent war. Was er über die Kirche, ihre Zukunft und über das Laienapostolat kündete, erschien mir prophetisch. Seine große Liebe zur Gottesmutter, der allerseligsten Jungfrau Maria, hat mich schließlich vollends für ihn gewonnen. So fühlte ich mich vom Herrn berufen, diesem Gottesmann und seinem großartigen Werk zu helfen.

Was habe ich in dem Priester, der für mich völlig unbekannt war, gesehen, was mich für ihn erobert hat? Seine Liebe zur Gottesmutter war der Punkt, der mich unwiderstehlich anzog. 'Die gleichen Dinge lieben und nicht lieben ist das Zeichen wahrer Freundschaft', sagte Cicero. In mir ist dieser Aphorismus Wahrheit geworden. Ich bewunderte an ihm seinen unbeugsamen Glauben: er liebte die Kirche, er liebte seine Gemeinschaft. Er behielt die Hoffnung gegen jede Hoffnung. Ich hörte nie, daß er sich über die vergangenen Leiden beklagt hätte; ich hörte nie, wie er jemanden beschuldigt hätte. Seine Liebe hatte keine Grenzen. Ich bewunderte an ihm seinen Starkmut in allen Situationen des Lebens — auch in den schwierigsten, vor allem in der Haft. Er stand über all diesen Situationen. Er war wirklich der starke Mann, der 'im Herrn ruht', und der sagen konnte: 'Von ihm kommt meine Hilfe. Er ist meine Burg, mein Fels. Ich werde nicht wanken' (Ps 62,2f.).

Es ist wahrhaft eine bewundernswerte und unglaubliche Sache, daß er in der Haft Werke organisiert und Institute ins Leben rief, die sich guten Werken verschreiben und nach Heiligkeit streben. Nur wer den Herrn auf seiner Seite hat, kann solche Werke vollbringen.

Ich bewunderte an ihm seine Offenheit, seine Idee von Kirche, wodurch er sich aufgerufen wußte, die Stimmen der Zeit zu hören, alte und ehrwürdige kirchliche Einstellungen in Frage zu stellen, wenn sie nicht geeignet erschienen, die Botschaft Christi den Menschen von heute zu vermitteln. Er war, vielleicht ohne es zu wissen, ein Vorläufer des Konzils. Aber all das, was er aus Liebe zur Kirche lebte, hat ihn viel Leid gekostet.

Ich bewunderte an ihm seine Intelligenz, sein Wissen, seine wissenschaftsbezogene Art, die ihn seine Erkenntnisse auf seine Evangelisierungsaufgabe anwenden ließ. Er war kein oberflächlicher Mensch. Er war ein Gottesmann, der sich auf ein großes Wissen stützen konnte. Er war ein Meister im edlen und wahrhaftigen Sinn des Wortes.

Ich bewunderte auch sein Erziehercharisma. Er verfolgte das Ideal, dem Herzen des modernen Menschen Christus, den Herrn, tief einzuprägen, so daß der Glaube sein ganzes Leben und seine ganze Tätigkeit durchdringen könne und es fertig bringe, daß dieses Ideal einer ganzheitlichen Verbindung des Menschen mit Christus die Intimität der Person ganz durchdringt und sie mit Begeisterung für einen selbstlosen Dienst am Menschen erfüllt.

Ich komme zum Ende meiner kurzen Darlegung:
Ich glaube, in meinem Leben einem authentischen Gottesmann, einem Heiligen, begegnet zu sein. Auf unserem Weg ist es der Meister Jesus Christus, der gekommen ist, unsere Zweifel zu lösen, der uns das Herz brennen ließ, die Wahrheit der Hl. Schrift in es hineingelegt hat und uns dem Messias begegnen ließ. Es war der auferstandene Meister, der auf dem Weg unseres Lebens uns begleiten wollte.

Ich danke Gott für diesen seinen Besuch in meiner Seele, und ich preise ihn für das Wenige, das ich für Christus, den Herrn, in der Person Pater Kentenichs, tun durfte."

Cardenal Raúl Silva Henríquez, Chile

"Como desde el año 1962, a causa del Concilio, debía ir todos los años a Roma, tuve muchas oportunidades de hablar sobre el padre, tanto con sus hijos como con sus opositores. Cada vez fui adquiriendo la convicción de que el padre era un hombre de gran virtud y de innegable talento, con una visión de la Iglesia, de su futuro, de la acción del laicado, que me parecía profética. Su gran devoción a nuestra Madre, la Virgen Santísima, acabó por conquistarme plenamente y me sentí llamado, por el Señor, a ayudar a este hombre de Dios y a su hermosa obra.

¿Qué vi yo en el padre, para mí totalmente desconocido, que me conquistó?: Su gran amor a la Madre de Dios fue el señuelo que me atrajo irresistiblemente. Amar y no amar las mismas cosas, es la señal de la verdadera amistad, según dice Cicerón. En mí se realizó la verdad de este aforismo. Admiré en él su fe inquebrantable: amó a la Iglesia, amó a su Congregación, mantuvo la esperanza contra toda esperanza. No le oí nunca quejarse de las penas pasadas; no le oí nunca culpar a nadie; su caridad no tenía límites. Admiré en él su fortaleza en todas las situaciones de la vida, aún en las más difíciles, como fueron sus prisiones; fue superior a todas ellas; realmente era el hombre fuerte que descansa en el Señor y podía decir: 'De El viene mi salvación, es mi alcázar, es mi roca, no vacilaré'.

Realmente es cosa admirable e increíble que en sus prisiones, como si estuviera

en plena libertad, organizaba obras, creaba institutos de bien y santidad. Sólo quien tiene al Señor consigo puede hacer tales cosas.

Admiré en él su apertura, su visión de la Iglesia que lo llamaba a escuchar la voz de los tiempos, que lo llamaba a poner en tela de juicio antiguas y respetables actitudes eclesiales, que no le parecían adaptadas a transmitir el mensaje de Cristo al hombre de hoy. Fue, tal vez sin saberlo, un precursor del Concilio. Pero todo esto que él veía por amor a la Iglesia, le costó no pocas lágrimas.

Admiré en él su capacidad de inteligencia, su saber, su mentalidad de científico que aplicaba sus conocimientos a su tarea evangelizadora. No fue un hombre superficial; fue un hombre de Dios apoyado en el saber, fue un maestro en el noble y verdadero sentido de la palabra.

Admiré también en él su carisma de educador. El perseguía el ideal de impregnar el corazón del hombre moderno de Cristo, el Señor, de manera que la fe impregnase toda su vida y su quehacer e hiciera que este ideal de la unión integral del hombre con Cristo, 'penetrara por entero la intimidad de la persona y la llenara de entusiasmo por un abnegado servicio a los hombres'.

En Roma, en 1965:
P. José Kentenich, P. Humberto Anwandter, Cardenal Raúl Silva.

Termino mi breve exposición: he creído encontrar en mi vida a un auténtico hombre de Dios, a un santo. En nuestro caminar es el maestro que ha venido a resolver nuestras dudas, que nos ha hecho arder el corazón, vaciando en él la verdad de las Escrituras Santas y nos ha hecho encontrarnos con el Mesías: era él el Maestro resucitado que en el camino de nuestras vidas ha querido acompañarnos.

Doy gracias al Señor por esta visita suya a mi alma y lo bendigo por lo poco que he podido hacer por Cristo el Señor, vivo en la persona del P. Kentenich."

Cardinal Raúl Silva Henríquez, Chile

"From 1962 on, I had the opportunity to go to Rome every year because of the Council. That gave me many opportunities to initiate conversations about Father Kentenich, not only with his followers, but also with his opponents. The conviction that Father Kentenich was a man of many virtues and undeniable talent grew ever stronger in me. He possessed a vision of the Church and of her lay apostolate that seemed very prophetic. His great love for the Blessed Mother, the Blessed Virgin Mary, finally and completely won me over to him. I felt myself called by the Lord to help this man of God and his great work.

What was it that I saw in this priest who was totally unknown to me, that won me over to him? His love for the Blessed Mother was the magnet that attracted me with irresistible force. According to Cicero, it is the sign of true friendship to love and not to love the same things. The truth of this aphorism became a reality in me. I admired his firm faith: he loved the Church, he loved his community. He maintained hope against hope. I never heard that he had ever complained about the past sufferings; I never heard him blame anyone. His love had no limits. I admired his fortitude in all situations of life — even in the most difficult ones, such as his imprisonment. He stood above all these situations. He was truly a strong person who rested in the Lord and who could say: "From him comes my salvation, my stronghold; I shall never be disturbed" (Ps. 62:2-3).

I believe, that in my life I have met an authentic man of God, a saint. On our way, the Master, Jesus Christ has come to dispel our doubts, making our hearts burn for the truths found in Holy Scripture. He used Father Kentenich to help us find him, the Messiah; in this saint the resurrected Master wants to accompany us on life's path.

I thank God for his visit to my soul and I praise him for the little that I have been able to do for the Church, the Lord alive in the person of Father Kentenich".

(Translation: Waukesha, U.S.A.)

Im Dezember in Chile: Unterzeichnung der Rede vom 15.09. für den Heiligsprechungsprozeß

El Cardenal Silva firma en diciembre de 1985 el texto de su discurso como documento para el proceso de canonización del P. José Kentenich.

December 1985 in Chile: Cardinal Silva adds his signature to the talk of September 15 (for the canonization process).

Assinatura do discurso de 15-9-1985, para o processo de canonização, em dezembro de 1985, no Chile.

Die Jugend tanzt das Signet.

Los jóvenes transforman el símbolo en danza.

A youth-dance forms the logo.

Os jovens transformam o símbolo em dança

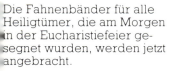

Die Fahnenbänder für alle Heiligtümer, die am Morgen in der Eucharistiefeier gesegnet wurden, werden jetzt angebracht.

Las cintas para los santuarios, bendecidas en la eucaristía de la mañana, se fijan ahora en los mástiles.

The ribbons which were blessed at this morning's Mass are now hung on the banners for the world's shrines.

As faixas dos santuários, benzidas pela manhã na missa, são agora afixadas às bandeiras.

Der September-Regenbogen über Schönstatt.

El arco iris de septiembre sobre Schoenstatt.

The September rainbow over Schoenstatt.

O Arco-íris de setembro sobre Schoenstatt.

Schönstatt Roma 1985

17.09.85

16.30
Petersdom, Eucharistiefeier zur Eröffnung der Pilgerfahrt. Hauptzelebrant und Prediger Kardinal Augustin Mayer OSB, Präfekt der Kongregationen für den Gottesdienst und für die Sakramente

16:30 hrs., eucaristía en la Basílica de San Pedro que abre la peregrinación. Celebrante principal: el Cardenal Augustín Mayer OSB, Prefecto de la Congregación para los Sacramentos y para el Culto Divino.

4:30 pm St. Peter's, opening Eucharist for the Rome Pilgrimage. Main celebrant and homilist is Cardinal August Mayer, OSB, Prefect of the Congregation for Liturgy and the Sacraments.

16.30
Basílica de São Pedro — Missa de abertura da peregrinação a Roma. Preside a celebração e prega o Cardeal Augustin Mayer OSB, Prefeito da Congregação para o Culto Divino.

Rom, genau an diesem Tag, 20 Jahre zuvor: nach 14 Jahren in den USA kehrte P. Kentenich zurück. Viele Fragen und Zweifel blieben. Vom Hauptaltar des Petersdomes aus sagt heute Kardinal Mayer: "P. Kentenich hat sich mit dieser Kirche identifiziert im Glauben, in der Liebe, auch im Leiden." Er ist einer, "der mit Maria liebend und demütig auf das Wort Gottes gehört hat, es im Herzen bewahrt und es dann mit ganzer Treue zum kirchlichen Lehramt weitergegeben hat."

Roma, justo el mismo día, hace veinte años, el fundador volvía del exilio de 14 años en Milwaukee. Muchas dudas y preguntas no se disipaban. Hoy desde el altar mayor de San Pedro, el Cardenal Mayer dice: "El P. Kentenich se identificó con esta Iglesia en la fe, en el amor y también en el dolor..." El es "alguien que, con María, escuchó amorosa y humildemente la Palabra de Dios, la conservó en su corazón y luego, en total fidelidad al Magisterio de la Iglesia, la entregó a otros".

Rome, on this very day 20 years before: Fr. Kentenich arrives in Europe after 14 years in Milwaukee. Many questions and doubts remained... Today it is Cardinal Mayer who says from the main altar in St. Peter's, "Fr. Kentenich identified with the Church in faith, in love, and in suffering as well."
He is one "who, with Mary, lovingly and humbly listened to God's word, pondered it in his heart and then handed it on to the magisterium of the Church with complete fidelity."

Roma, exatamente nesse dia, há 20 anos: o P. Kentenich volta, depois de passar 14 anos nos Estados Unidos. Dúvidas pairam no ar. Do altar da Basílica de São Pedro hoje o Cardeal Mayer diz: ‚O P. Kentenich identificou-se com esta Igreja na fé, no amor e também no sofrimento.' Ele é um daqueles ‚que com Maria ouviu cheio de amor e de humildade a palavra de Deus, guardou-a no coração e ‚com toda a fidelidade, passou-a adiante ao magistério da Igreja.'

18.09.85

In 18 Marienkirchen gleichzeitig findet die monatliche Gedächtnisfeier statt, die an den Gründungstag erinnert. Die deutsche Schönstattfamilie trifft sich in Santa Maria Maggiore mit Kardinal Joseph Ratzinger, Präfekt der Glaubenskongregation:

"Das Liebesbündnis, das Sie in der Nachfolge von Pater Kentenich heute erneuern, ist gar nichts anderes als das Persönlich-Werden des großen Bundesgeschehens der Heilsgeschichte, von dem die herrlichen Mosaiken dieser schönsten Marienkirche der Welt uns erzählen. Es ist Verpersönlichen dieses Bundes, in den nun jeder selbst hineingeht, so daß er auch sein Bund wird, es dadurch wird, daß wir alle eins werden mit der, die die Kirche in Person ist. Denn Gott hat ja diesen Bund nicht mit einem einzelnen geschlossen; er hat ihn mit der Braut, mit der Mutter geschlossen. Und wir alle können des Bundes nur teilhaftig sein, wenn wir selbst in der Einmütigkeit, in dem Einssein, in der Identifikation mit ihr stehen.

So ruft uns dieses Liebesbündnis, in der Einheit mit ihr diese Neue Stadt zu bauen, uns um sie zu sammeln, in der Familie Jesu Christi, in jenem familiären Vertrauen, das aus dem Wissen um Gottes Nähe seine letzte Sicherheit empfängt."

En 18 iglesias dedicadas a María se festeja simultáneamente el Día de Alianza. En Santa Maria Maggiore, la delegación alemana celebra la eucaristía presidida por el Cardenal Joseph Ratzinger, Prefecto de la Congregación para la Doctrina de la Fe.

Covenant Day is noted on the 18th of each month. This time it is done in a special way with 18 simultaneous covenant Masses in 18 Marian churches around Rome. The German Schoenstatt Family is in St. Mary Major with Cardinal Joseph Ratzinger.

19.09.85

Für jede Sprachgruppe eine Messe in San Giovanni in Laterano. Dazu die Fortsetzung der Begegnung mit Christus in seinen Märtyrern und Heiligen (Besuch in den Katakomben, bei Katharina von Siena, Ignatius, Philip Neri und Vinzenz Pallotti).

Each language group has a Mass at the Cathedral of St. John Lateran. The deepening encounter with Christ also takes place through the person of his martyrs and saints (visits in the catacombs, to St. Catherine of Siena, St. Ignatius, St. Philip Neri, and St. Vincent Pallotti).

Para cada idioma, una misa en la Basílica Laterana. El encuentro con la persona del Señor Jesucristo se prolonga en el encuentro con sus mártires (catacumbas) y grandes santos (Sta. Catalina de Siena, San Ignacio, San Felipe Neri, San Vicente Pallotti...)

Para cada grupo linguístico uma missa na Basílica de S. João de Latrão. O encontro com Cristo continua em seus mártires e em seus santos (visita às catacumbas e às igrejas onde se encontram as relíquias de Santa Catarina de Sena, Santo Inácio, São Filipe Neri e São Vicente Pallotti).

jóvenes alemanes se fueron a pie a Roma.

Three German young men hike to Rome.

jovens alemães vão a pé até Roma

Von Speyer aus zu Fuß nach Rom

'Rechnerisch legten wir täglich 34,8 km zurück. Jeden Abend Quartiersuche. Nur dreimal mußten wir im Freien schlafen. Drei Mark am Tag für uns drei sollten uns das zum Weitergehen nötige Brot besorgen, für den Rest gaben wir Gott die Verantwortung. Manchmal ließ er uns warten, aber dann überhäufte er uns auch wieder mit Geschenken durch die Hand lieber Menschen. Unser Tagesprogramm bestand aus Messe, Rosenkranz, Laudes, Vesper und Lesung aus Texten des II. Vatikanischen Konzils, zu dessen Verwirklichung wir Schönstätter uns zur Verfügung stellen. Daneben machten wir auch viel Musik und unterhielten uns, denn das gegenseitige Kennenlernen war mit ein Ziel unserer Wallfahrt. Die Messen in den großen Kirchen Roms waren ein schönes Erlebnis. Auch die Anerkennung durch die Kirche, wie sie in den Predigten verschiedener Kardinäle und schließlich bei der Audienz mit dem Papst zum Ausdruck kam, bestärkte uns auf unserem Weg."

Thomas, Benno, Armin

Jugendtreffen unter dem Motto 'Die Stadt, die Josef träumte'. Uns begleiten Vertreter verschiedener Jugendbewegungen.

'La ciudad que José soñó', encuentro y fiesta de la juventud. Nos acompañan representantes de diferentes movimientos juveniles.

Meeting of the Youth under the motto 'The town which Joseph dreamed of'. We are accompanied by representatives of various youth movements.

Encontro da juventude com o lema: 'A cidade que José sonhou'. Acompanham-nos representantes de vários movimentos juvenis.

"Sein Erbe drängt uns, wie er die Kirche zu lieben bis zum Kreuz..."

"Urgidos por su legado queremos amar a la Iglesia como él, hasta la cruz..."

"His legacy urges us to love the Church as he did, even to the cross..."

"Impelidos por seu legado, queremos amar a Igreja como ele, até a cruz..."

"Son héritage nous pousse à aimer l'Eglise, comme il l'a fait, jusqu'à la croix..."

"La sua eredità ci spinge, come lui, ad amare la Chiesa fino alla croce..."

"Sy nalatenskap spoor uns aan om die Kerk lief te hê, soos hy het, selfs tot die Kruis toe..."

"Jego dziedzictwo przynagla nas kochać Kościół tak jak on aż do krzyża..."

Vor der Audienz: Eucharistiefeier mit Prälat Wilhelm Wissing im Petersdom.

Antes de la audiencia papal, eucaristía con Mons. Wilhelm Wissing en la Basílica de San Pedro.

Before the audience: celebration of the Eucharist in St. Peter's with Prelate Wilhelm Wissing.

Antes da audiência: Celebração eucarística na Basílica de São Pedro, presidida por Mons. Wilhelm Wissing.

"Heute begegnen wir als internationale Schönstattfamilie dem Heiligen Vater, Papst Johannes Paul II. Wir wollen ihm Person, Werk und Sendung Pater Kentenichs vorstellen und unsere Bereitschaft erklären, die Anliegen des Vaters der Christenheit aufzunehmen. Er soll uns neu senden."

"Hoy, como Familia Internacional de Schoenstatt, viviremos el encuentro con el Santo Padre, S.S. Juan Pablo II. Queremos presentar ante él la persona, la obra y la misión del P. José Kentenich y manifestarle nuestra disposición para hacer nuestros sus propósitos. El, como padre de la cristiandad, renovará nuestro envío eclesial."

"Today we, as the international Schoenstatt Family, gather around the Holy Father, Pope John Paul II. We want to introduce him to Father Kentenich's person, work and mission, and to declare our readiness to make the intentions of the Father of Christianity our own. He should send us out anew."

"Hoje, como Família Internacional de Schoenstatt, encontramo-nos com o Santo Padre, o Papa João Paulo II. Vamos apresentar-lhe a pessoa, a obra e a missão do Padre Kentenich e declarar a nossa prontidão em aceitar as intenções do Pai da Cristandade. Ele nos deve enviar novamente."

Dzisiaj my, międzynarodowa Rodzina Szensztacka spotykamy się z Ojcem Świętym, Papieżem Janem Pawłem II. Pragniemy mu przedstawić osobę, dzieło i posłannictwo Ojca Kentenicha, jak również oświadczyć naszą gotowość przyjęcia zadań od Ojca Chrześcijaństwa.

Audienz mit dem Hl. Vater

Audiencia con el Santo Padre

Audience with the Holy Father

Audiência com o Santo Padre

Audiencja z Ojcem Świętym

Begrüßung durch den Vorsitzenden des Generalpräsidiums, Pater Francisco Javier Errázuriz

Palabras de saludo del Presidente del Consejo Internacional P. Francisco Javier Errázuriz

Fr. Francisco Javier Errázuriz, President of the General Presidium, greets the Holy Father.

Saudação pelo Padre Francisco Javier Errázuriz, Presidente do Conselho Internacional da Família

Powitanie przez przewodniczącego Prezydium Generalnego, Ojca Francisco Javier Erráruriz

"Lieber Heiliger Vater, In sehr großer Freude sind wir nach Rom gepilgert, um mit Eurer Heiligkeit die internationalen Feiern zum 100. Geburtstag unseres Gründers, Pater Josef Kentenich, zu vollenden.

Die vergangenen Monate waren geprägt von der lebendigen Erinnerung an das, was der Vater im Himmel — und mit ihm die allerseligste Jungfrau Maria — in unserem Gründer und durch seine priesterliche Väterlichkeit gewirkt hat. Deswegen sind es Monate der Gnade und tiefer Dankbarkeit gewesen, ebenso Monate der Erneuerung in seinem Geist.

Gerade haben wir am Ursprungsort, dem Heiligtum der dreimal wunderbaren Mutter und Königin von Schönstatt eine Festwoche aus diesem Anlaß gefeiert. Von dort aus sind wir zu den heiligen Stätten Roms gepilgert, gedrängt von dem Willen, den Schritten unseres Gründers zu folgen. Seine Spuren führen uns heute zum Stellvertreter Christi, zu dieser von uns allen sehr ersehnten Begegnung. Heute möchten wir zum Ausdruck bringen, daß unsere apostolische Bewegung als lebendiges Glied der Kirche existiert, um sie zu lieben und ihr zu dienen. Sie verdankt ihre Existenz dem Wirken des Hl. Geistes, der ständig die Familie Gottes erneuert und ihr in jeder Epoche Impulse gibt, um Seele und Licht der Welt zu sein. Seine Initiative ist es, die wir im Leben und Handeln unseres Gründers erkennen.

So kommen wir, Heiliger Vater, zu dieser Begegnung mit drei großen Erwartungen:

— Die 100 Lebensjahre, derer wir gedenken, möchten wir mit Ihnen, unserem gemeinsamen Vater, feiern. Dafür haben wir ein großes Familienalbum mitgebracht, auf dessen Seiten die Kleinheit der Werkzeuge und die Barmherzigkeit Gottes abzulesen ist, das Leben des Gründers und seiner Familie, die mütterliche Güte Mariens — bis zum Kreuz — und ihre Sendung für die gegenwärtige Welt.

— Auch dürfen wir Eurer Heiligkeit versichern, daß wir die Versprechen, die unser Gründer den Stellvertretern Christi gegeben hat, halten und erneuern wollen. Was er versprochen hat, ist unser Versprechen. Mit der Gnade Gottes möchten wir es erfüllen, um die vielfältige Not unserer Zeit überwinden zu helfen.

— Vor allem kommen wir, um ausgesandt zu werden. Im Geist des Glaubens und mit Verantwortungsbewußtsein wollen wir Sauerteig der Erneuerung sein, der hilft, in Christus und Maria die Kulturen des dritten Jahrtausends zu prägen.

Die Anwesenheit einiger Kardinäle, Bischöfe und anderer Ihrer Mitarbeiter, die uns ehrt und uns verpflichtet, zeigt unsere Abhängigkeit von der Hierarchie als Bewegung der Kirche. Auch einige Vertreter anderer Bewegungen und Gemeinschaften begleiten uns hierher. Wir danken herzlich dafür. Das bringt zum Ausdruck, daß wir unseren Auftrag in Zusammenarbeit mit allen Initiativen des Geistes Gottes für unsere Zeit erfüllen wollen.

Heiliger Vater, wir danken für Ihre Einladung und Gegenwart an diesem Abend! Wir danken vor allem für Ihr Pontifikat!"

"Querido Santo Padre, con mucha alegría hemos peregrinado a Roma para dar término con Vuestra Santidad a las celebraciones internacionales del centenario de nuestro fundador, el P. José Kentenich.

Los meses pasados han estado marcados por el recuerdo vivo de cuanto obró el Padre de los Cielos, y con El María Santísima, en nuestro fundador y mediante su paternidad sacerdotal. Por eso han sido meses de gracia y de profunda gratitud, como también meses de renovación en su espíritu.

Venimos de concluir en el lugar de origen, junto al santuario de la Madre y Reina tres veces admirable de Schoenstatt, una jornada dedicada a este cometido. Desde allá hemos peregrinado hasta los lugares santos de Roma, movidos por la voluntad de seguir los pasos de nuestro fundador. Sus huellas nos traen hoy hasta el Vicario de Cristo, a este encuentro tan anhelado por nosotros. Así queremos expresar que nuestro movimiento apostólico, como miembro vivo de la Iglesia, existe para amarla y servirla. El debe su existencia a la acción del Espíritu Santo, quien continuamente renueva a la Familia de Dios y la impulsa en cada época a ser alma y luz del mundo. Su iniciativa es la que reconocemos en la vida y la acción de nuestro fundador.

Por eso, Santo Padre, llegamos a este encuentro con tres grandes anhelos:
1. Al recordar cien años de vida, quisiéramos celebrarlos con el Padre común. Para ello, hemos traído un gran álbum de familia, en cuyas hojas se encuentran la pequeñez de los instrumentos y la misericordia de Dios, la vida del fundador y la de sus hijos, la bondad maternal de María — hasta la cruz — y su misión para el mundo contemporáneo.

2. También queremos expresar a Vuestra Santidad que mantenemos y renovamos la palabra dada por nuestro fundador a los Vicarios de Cristo. Lo que él prometió es hoy nuestra promesa. Con la gracia de Dios queremos cumplirla, ayudando a superar las múltiples necesidades de nuestro tiempo.

3. Sobre todo venimos para ser enviados. Con espíritu de fe y ánimo dispuesto y comprometido, recibiremos vuestras palabras de envío, para ser fermento de renovación que ayude a forjar, en Cristo y en María, las culturas del tercer milenio.
La presencia, que nos honra y compromete, de algunos Cardenales, de Obispos y de otros colaboradores suyos, manifiesta nuestra dependencia de la jerarquía, como movimiento de Iglesia. También nos acompañan hoy representantes de otros movimientos y comunidades. Les agradecemos profundamente. Este hecho expresa nuestra voluntad de realizar el

encargo recibido en colaboración con todas las iniciativas del Espíritu del Señor para nuestra época.

Santo Padre, gracias por vuestra invitación y por vuestra presencia en esta tarde; gracias, sobre todo, por vuestro Pontificado."

'Dear Holy Father,
It is with great joy that we have made our pilgrimage to Rome to close, with Your Holiness, the international celebrations of our Founder, Father Joseph Kentenich.

In the past few months we have contemplated the living memory of how much our Heavenly Father — also with the Blessed Virgin Mary — has worked in our Founder through his priestly fatherliness. For this reason these months have been a time of grace and deep gratitude, but also months of deep renewal in his spirit.

We had come together, in the place of origin beside the Shrine of the Mother Thrice Admirable and Queen of Schoenstatt, to conclude a festival week dedicated to this same intention. Moved by the sincere desire to follow in the footsteps of our Founder, we have made this pilgrimage to the holy places of Rome. His steps had led us to the Vicar of Christ, to this encounter which we have so deeply longed for. In this way, we wish to express that our apostolic Movement, as a living member of the Church, exists to love her and to serve her, and also to love and serve with her and in her. As an apostolic Movement, it has no other reason for existing than through the inspiration of the Holy Spirit which enlivens and renews always the Familiy of God, and gives strength, in each and every epoch, to be the soul and the light of the world. It is His same initiative that we see revealed in the life and activity of our Founder.

Therefore, Holy Father, we come now to this meeting with three deep longings:

1. In remembering a hundred years of life, we would like to celebrate them together with the Father of each and every one of us. To realize this, we have brought an enormous family album, whose pages reflect the lowliness of the instruments and the mercy of God, the life of the Founder, and also the life of his sons and daughters, the motherly kindness of Mary — even to the Cross — and her mission for the contemporary world.

2. We would further like to express to Your Holiness that we keep still and renew the word which our Founder said to the Vicars of Christ. That which he has promised is also our promise. By striving to master the many slaveries of our time, whatever they may be called, we hope, with the grace of God, to fulfil this promise.

3. But most especially, we have come here to be sent out. With a spirit of faith and in a disposition of readiness and commitment, we will receive your words sending us out, to be leaven of renewal, which helps to form the cultures of the third millennium in Christ and Mary.

The presence of various Cardinals and Bishops, and other collaborators of Your Holiness, which honours us and leads us to further commitment, reveals our dependence on the hierarchy as a movement of the Church. Also the presence of other representatives of different movements and communities, for which we are deeply thankful, expresses that we wish to fulfil our mission in the spirit of the Council and according to the desires of our Founder: working together with every initiative of the Spirit of the Lord for our times.

Holy Father, we thank You for your invitation, and for your presence this evening; we thank you, most especially, for your pontificate."

"Querido Santo Padre!
Com muita alegria peregrinamos a Roma para encerrar com Vossa Santidade as celebrações internacionais do centenário do nosso Fundador, o P. José Kentenich.

Os meses passados foram marcados por uma recordação viva de tudo o que o Pai dos Céus, e com Ele Maria Santíssima, realizaram em nosso Fundador e mediante sua paternidade sacerdotal. Por isso foram meses de graças e de profunda gratidão e também meses de renovação em seu espírito.

Acabamos de concluir no lugar de origem, junto ao Santuário de Mãe e Rainha Três Vezes Admirável de Schoenstatt, um encontro dedicado a esse intuito. De lá peregrinamos aos lugares santos de Roma, movidos pelo desejo de seguir os passos de nosso Fundador. Suas pegadas nos trazem hoje ao Vigário de Cristo, a este encontro tão desejado por nós.

Assim queremos expressar que nosso Movimento Apostólico, como membro vivo da Igreja, existe para amá-la e servi-la. Ele deve sua existência à ação do Espírito Santo, que renova continuamente a Família de Deus e em cada época a impele a ser alma e luz do mundo. Reconhecemos como uma iniciativa sua a vida e a obra de nosso Fundador.

Por isso, Santo Padre, viemos a este encontro com três propósitos:

1. Queremos celebrar seus cem anos de vida com o Pai comum. Para isso trouxemos um grande álbum de família, em cujas folhas se lêem a pequenez dos instrumentos e a misericórdia de Deus, a vida do Fundador e de seus filhos, a bondade maternal de Maria — até a cruz — e sua missão para o mundo contemporâneo.

2. Também queremos manifestar a Vossa Santidade que mantemos e renovamos a palavra dada por nosso Fundador aos Vigários de Cristo. O que ele prometeu é hoje nossa promessa. Com a graça de Deus queremos cumpri-la, ajudando a superar as múltiplas necessidades de nosso tempo.

3. Sobretudo viemos para ser enviados. Em espírito de fé, com prontidão e responsabilidade, receberemos vossas palavras de envio para ser fermento de renovação que ajude a plasmar, em Cristo e Maria, as culturas do terceiro milênio.

A presença de alguns cardeais, de Bispos e de outros seus colaboradores, que nos honra e nos compromete, manifesta nossa dependência da Hierarquia, como movimento de Igreja. Acompanham-nos também representantes de outras comunidades e movimentos. Agradecemos-lhes profundamente. Este fato demonstra nossa vontade de realizar a incumbência recebida em colaboração com todas as iniciativas do Espírito do Senhor para o nosso tempo.

Santo Padre, obrigado por vosso convite e vossa presença nesta tarde; obrigado, principalmente, por vosso Pontificado!"

Die Schönstattfamilie stellt sich vor

La Familia de Schoenstatt se presenta al Papa

The Schoenstatt Familiy introduces itself

A Família de Schoenstatt se apresenta

Rodzina z Schoenstatt przedstawia się

Bernd Neiser: Wir heißen Elisabeth und Bernd Neiser und gehörten — wie das Ehepaar Domberger — schon als Jugendliche zur Schönstattbewegung. Wir sind seit neun Monaten verheiratet.

Elisabeth Neiser: Schönstatt ist eine große Familie, und hier haben wir ihr Familien-Album mitgebracht. Weil wir uns bei Ihnen ganz zu Hause fühlen, möchten wir Ihnen einiges aus der Familiengeschichte erzählen.

Gisela Kraft: Pater Josef Kentenich

Ignacio Rodríguez: para nosotros es padre, reflejo e instrumento del Padre de los Cielos,

Oberlandir Araújo: fundador das comunidades de Schoenstatt,

Gary Sudrun: priest, father and teacher for many other people.

Gisela Kraft: Pater Kentenich wurde am 18. November 1885 in Gymnich, einem Dorf in der Nähe von Köln, geboren.

Ignacio Rodríguez: En su infancia vivió días hermosos y horas difíciles.
Ya a los nueve años tiene que abandonar su hogar. Con dolor lo lleva su madre a un orfelinato. Antes de despedirse del pequeño José, va con él a postrarse ante una imagen de la Virgen. Tomando lo más preciado para ella, una cruz y una cadena de oro, recuerdo de su primera comunión, las cuelga al cuello de la imagen. Entonces consagra a su hijo a María y le dice: sé tú madre para él. En ese momento el niño hace suya para siempre esta consagración.

Mit einem 15 Doppelseiten umfassenden Album (4,50 m x 5,10 m) werden zentrale Momente der Geschichte des Gründers und seiner Bewegung aufgegriffen. Sprecher tragen Texte in verschiedenen Sprachen vor. Musiker und Sänger gestalten mit. An einigen Stellen treten Zeugen der Geschichte auf. Am Schluß ein Tanz. Ein harmonisches Zusammenspiel künstlerischer Elemente — bei einem großen Ereignis.

Con un álbum de 15 hojas dobles de 4,50 por 5,10 metros, se presentan momentos centrales de la historia del fundador y de la realidad de la Familia Internacional. Lectores traen textos en diferentes idiomas, músicos y cantantes acompañan el desarrollo. En algunas escenas aparece el testimonio vivo de testigos directos de la historia. Al final, una danza. Es una creación de arte integrado que se estrena en esta ocasión.

 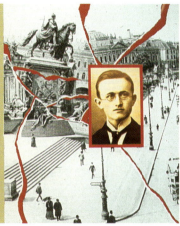 

Gisela Kraft:

Pater Kentenich hatte keine leichte Jugend.
Eine scheinbar geordnete Welt fing an zu zerfallen. Der Seminarist fühlt und erfährt die Krise der westlichen Kultur. Er muß dem intellektualistischen Idealismus seinen Tribut zahlen.

In der größten Dunkelheit dieser Krise macht er eine Erfahrung, die ihn befreit und prägt. Es ist die persönliche innere Beziehung zu Maria. Er entdeckt sie als die "Waage der Welt". Maria führt ihn zu einem kindlichen Vertrauen auf den Vatergott, schenkt ihm die seelische Harmonie. Wieder einmal hat Maria die Bitte erhört, die Josef Kentenich von Kind an betet:

Ignacio Rodríguez:

Ave Immaculata,
puritatis tuae causa,
custodi animam meam,
et corpus meum,
aperi mihi cor tuum
et cor Filii tui,
da mihi animas
et cetera tolle tibi.

Gary Sudrun:

As a young Pallottine priest Fr. Kentenich is assigned to their house of studies in Schoenstatt, a valley on the Rhine River.

Gisela Kraft:

In seiner Jugendkrise hatte er die Krankheit und das Mittel zur Heilung erfahren. In einer alten und verlassenen Kapelle schlägt er am 18. Oktober 1914 den Jungen vor, Maria anzuflehen, daß sie hier ihren Gnadenthron errichte, wo sie beheimatet, wo sie umwandelt und von wo aus sie jene als ihre Werkzeuge in die Welt sendet, die sich ihr ganz in einem Bündnis der Liebe weihen.

A huge 15-double-page album (4.5 x 5.1 meters / 14'9'' x 16'9'') helps with the telling of highlights from the life of the founder and the history of the movement. Speakers work with a multi-lingual script. Musicians and singers also have a part. Witnesses of history and life bring their personal contributions. At the end is a stirring dance. All forms of art are present — a delicate integration blended for the grace-filled moment.

Um enorme álbum (4,50 x 5,10 m) elucida acontecimentos centrais da história do Fundador e do Movimento. Os textos são lidos em várias línguas, acompanhados com músicas e cantos. Às vezes entram em cena testemunhas da história. No encerramento, um bailado. Elementos artísticos concatenados harmonicamente nesta grande celebração.

Oberlandir Araújo:

O Movimento cresceu entre as duas guerras mundiais. Foram especialmente sacerdotes e educadores os que participaram dos encontros e retiros de Pe. Kentenich, que lhes interpretava os sinais dos tempos. Desde o começo denunciou o nazismo como uma perversão total. A Gestapo considerou o Pe. Kentenich como um dos mais perigosos inimigos do regime. Em 1941 foi encarcerado em Coblença. A 20 de janeiro de 1942 renunciou à oferta de conseguir um parecer médico favorável, que o livraria do campo de concentração. Renunciou a esta possibilidade de forma consciente e livre.

Ignacio Rodríguez:

Como Cristo, el Pelícano, estuvo dispuesto a romper su pecho, a dejar que su corazón fuese atravesado, para dar vida.

Gisela Kraft:

Am 13. März 1942 kam er ins Konzentrationslager Dachau, einen Ort, den er später als 'Toten-, Narren- und Sklavenstadt' beschrieb. Einer seiner getreuen Gefährten der Gefangenschaft war der Priester Heinrich Dresbach, der mit uns hierher gepilgert ist.

Prälat Dresbach:

Heiliger Vater!

Mein leiblicher Vater ist im Ersten Weltkrieg in Frankreich an der Somme gefallen. So mußte ich vaterlos aufwachsen. Durch Schönstatt und besonders in der Zeit meiner politischen Gefangenschaft im KZ Dachau hat die göttliche Vorsehung es gefügt, daß ich dort nicht nur P. Kentenich begegnen durfte, sondern daß ich auch ein paar Jahre hindurch mit P. Kentenich täglich zusammensein und zusammenarbeiten durfte.
Er entschloß sich vom KZ aus durch illegalen, lebensgefährlichen Schriftverkehr die Schönstattfamilie weiterzuführen und zu beseelen. Seine Texte diktierte er mir. Ich wurde immer tiefer in das gelebte Liebesbündnis hineingezogen, und P. Kentenich wurde mir im edelsten Sinne des Wortes zum Vater!

Mons. Dresbach estuvo prisionero con el P. Kentenich en Dachau. El fundador le dictó clandestinamente importantes escritos.

Prelate Dresbach was a prisoner in Dachau with Fr. Kentenich. The founder dictated important texts to him there.

Seit seinem Heimgang in den Himmel lebe ich mit ihm weiterhin intensiv zusammen. Dadurch, daß ich das alles Eurer Heiligkeit mitteilen darf, möchte ich Ihnen, Heiliger Vater, danken für Ihre gelebte und lebensspendende Vaterschaft.

Mons. Dresbach foi prisioneiro em Dachau, junto com o P. Kentenich. Às ocultas o Fundador drou-lhe importantes textos.

Ignacio Rodríguez:

Santo Padre,

la experiencia de la paternidad sacerdotal del P. Kentenich, se puede expresar con las hermosas palabras que usted escribió en su obra Rozważania o ojcostwie. Al texto en polaco le compuso nuestro hermano Rolando Cori una melodía y la canta Mary Ann Fones. Ambos de Chile.

Gary Sudrun:

Schoenstatt would like to be a sign of the universality of God's People and a path leading to this goal. Today the movement is growing in more than 40 countries on all five continents. Fr. Kentenich's travels in Africa, Latin America, the United States and Europe itself contributed essentially to this expansion. In the very early stages the founder's vision of the Church led him to foster creative exchange among the local churches.

Przyjąć do siebie promieniowanie ojcostwa to nie znaczy tylko 'stać się ojcem' — to znaczy o wiele bardziej 'stać się dzieckiem' (stać się synem).
Będąc ojcem wielu, wielu ludzi, muszę być dzieckiem: im bardziej ojcem, tym bardziej dzieckiem.

Lied aus Texten von Johannes Paul II.:
"Alles andere erweist sich dann als unwichtig, unwesentlich, bis auf das eine: den Vater, das Kind und die Liebe.
Die Strahlung der Vaterschaft anzunehmen, das heißt nicht 'Vater werden' allein — das bedeutet vielmehr 'Kind werden' (Sohn werden). Als Vater von vielen, sehr vielen Menschen muß ich Kind sein: Je mehr Vater, desto mehr Kind.
Alles andere..."

Song based on a text by John Paul II:
"Everything else then proves to be unimportant, unessential, with one exception: Father, child, and love.
Accepting the radiance of fatherhood does not simply mean 'becoming a father' — it means much more 'becoming a child' (becoming a son). As a father of many, very many people, I must be a child: the more a father, the more a child.
"Everything else..."

Una canción con textos de Juan Pablo II.:
"Todo lo demás aparece insustancial. Sólo ésto es importante: el Padre, el Hijo y el Amor.
Asumir el esplendor de la paternidad no significa sólo 'llegar a ser padre'. Mucho más entraña 'llegar a ser niño'. Como padre de muchos, de muchísimos, debo ser niño: mientras más padre, tanto más niño.
Todo lo demás..."

Canção de textos de João Paulo II:
'Tudo o mais se torna então sem importância, supérfluo, menos uma coisa: o pai, o filho e o amor.
Acolher os reflexos da paternidade não significa só 'tornar-se pai'; é muito mais: 'tornar-se filho'.
Como pai de muitos, muitíssimos filhos, devo ser filho: quanto mais pai, tanto mais filho.
Tudo o mais...'

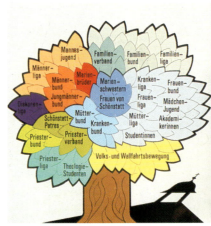

Gisela Kraft:

Im Schatten des Heiligtums ist aus dem kleinen Samenkorn von 1914 ein weitverzweigter Baum gewachsen. Die Schönstattfamilie besteht heute aus 24 voneinander unabhängigen Gruppierungen und einer breiten Volksbewegung. Es gibt Zweige für Frauen, Männer, Priester und Familien. Jeder Zweig wird von verschiedenen, autonomen Gemeinschaften gebildet, die sich nach Grad und Form der Bindung, nach Art der Gemeinschaft und des Apostolates unterscheiden, angefangen von Säkularinstituten bis hin zu losen Gemeinschaftsformen. In einem Wort, für jede Art der Berufung gibt es eine kleine Familie.

Ignacio Rodríguez:

Al P. Kentenich le preocupó mucho educar al varón y a la mujer de acuerdo a su vocación específica. En su trabajo nos introdujo en el querer divino, mostrándonos que el varón debía ser en lo más profundo de sí puer et pater

Alois Misago:

Je représente beaucoup de jeunes Burundi qui auraient aimé participer à cette rencontre. La jeunesse burundaise de Schoenstatt a pris conscience de sa Mission et de son rôle à jouer dans le processus d'enracinement de la totalité du Message chrétien dans la mentalité et la culture du pays. Son amour pour la patrie, pour l'Evangile et pour le peuple burundais a ainsi grandi même à travers la souffrance. Saint-Père, nous vous remercions pour votre message d'espérance en Afrique en vue de la vraie inculturation de l'Evangile.

Gary Sudrun:

Sr. Rita Marie Otto:

As a Marian family Schoenstatt is aware of this special mission: to proclaim the dignity and task of woman in the Church and in society. Sister Rita Marie Otto, from the United States, speaks of our share in our founder's commitment to this mission.

Holy Father,

Again and again you have expressed the wish that woman be esteemed in the Church and society according to her God-willed dignity and calling.

Father Kentenich pointed to Mary as the ideal image of womanhood revealed to us by God. He wished to give the Church a new type of woman who bears Mary's essential features of virgo, sponsa et mater. Therefore, he led us to enter into a covenant of love with the Mother of God, because he firmly believed that she forms those entrusted to her into Marian personalities.

Holy Father, we too share your concern:

By striving to reflect Mary in the family, apostolate and public life — in keeping with our founder's mission — we will do our utmost to help build a new Christian social order.

Andrés Candia:

Nosotros creemos que Cristo nos pide hoy ensayar y adelantar en nuestras comunidades el mundo nuevo. No hemos querido emplearnos en destruir ni en ponerle parches a una cultura decadente. Tito Alegre, un abogado paraguayo, es mi hermano de rama. Por defender a los campesinos del Alto Paraná, pasó nueve meses en la cárcel. Nuestro propósito, sin embargo, seguirá siendo que nuestra patria, por la acción de María, se convierta en Nación de Dios en el Corazón de América, donde triunfe la justicia, la verdad y el amor.

Ein junger Mann aus Burundi bezeugt die Bemühungen Schönstatts für eine echte Inkulturation des Evangeliums.

Man erzählt vom Engagement eines Rechtsanwaltes aus Paraguay, der wegen seiner Verteidigung der Campesinos neun Monate im Gefängnis war.

Un joven de Burundi testimonia el esfuerzo de Schoenstatt para una verdadera inculturación del Evangelio y cómo en el dolor ha madurado ese empeño.

Se narra el compromiso de un abogado paraguayo que por defender a los campesinos de Alto Paraná pasó nueve meses en la cárcel.

A young man from Burundi gives witness to Schoenstatt's efforts to bring about a genuine inculturation of the Gospel.

Witness about a lawyer in Paraguay whose determined defense of campesinos cost him nine months in prison.

Um jovem de Burundi fala dos esforços de Schoenstatt para uma autêntica inculturação do Evangelho.

Contam o trabalho de um advogado do Paraguai que, por causa da defesa dos direitos dos camponeses, esteve detido por nove meses.

Norbert Domberger:	Heiliger Vater, das folgende Foto zeigt uns zusammen mit unseren Kindern und einem anderen Ehepaar, das zu unserer Gemeinschaft des Bundes gehört.
Regina Domberger:	Unsere Kinder heißen Lukas, Mathias und Stefan.
Ignacio Rodríguez:	Las familias del movimiento tratan de realizar la espiritualidad y la pedagogía del fundador en la vida diaria. Marcelo y Marisa Bulfón, procedentes de La Plata, Argentina, compartirán con nosotros algo de su experiencia religiosa con el santuario del hogar.
Marcelo Bulfón:	Santo Padre Marisa y yo llevamos 23 años de casados. Algo que nos ha ayudado mucho en nuestra vida familiar es nuestro santuario del hogar. En nuestra sala de estar tenemos un sitio reservado para Dios, un pequeño santuario de Schoenstatt, a la medida de nuestra familia: un crucifijo que nos hace presente al Señor, un cuadro de la Virgen, las velas de nuestra alianza con María y otros símbolos que nos significan mucho.

Allí rezamos juntos, cantamos, llevamos todas las preocupaciones del día, las del trabajo, las de nuestro país. Experimentamos la paternidad y la misericordia de Dios que está presente en nuestra vida cotidiana.

Marisa de Bulfón:	No sólo nosotros: También nuestros hijos. Tenemos seis chicos que hubieran estado felices de estar aquí junto a usted. Ellos también tienen fe que María está presente en nuestro santuario del hogar. También la gran familia, los tíos y los abuelos cuando vienen a casa de visita la van a saludar.
Marcelo Bulfón:	...Como somos todos muy temperamentales, a veces nos cuesta encontrarnos, y la única forma de hacerlo es en nuestro santuario hogar; a María acudimos como mediadora entre nosotros. Ella es la Reina coronada de nuestro hogar.
Marisa de Bulfón:	La corona que tenemos aquí es nuestro símbolo familiar más hermoso! Es de barro cocido, tan frágil como nosotros que somos pequeños y débiles. Nosotros ponemos en las manos de la Reina nuestra debilidad y ella actúa educando y guiando a nuestra familia.

Sie erzählen dem Papst die Erfahrungen mit ihrem Hausheiligtum in La Plata, Argentinien.

Contam ao Papa as experiências com o seu Santuário-lar em La Plata, Argentina.

Telling the Pope about the experiences with their home shrine in La Plata, Argentina.

Quem é esta Senhora revestida de sol tão branca como a neve, de estrelas coroada. Ela é a Imaculada, Mãe de Jesus, ela é nossa Mãe. Eis, ó Mãe, recebe a coroa e junto a ela te ofertamos nosso coração.

Oberlandir Araújo

Em torno dos santuários de Schoenstatt desenvolveu-se um movimento popular que abrange anualmente a mais de dois milhões de peregrinos. Quem organizou o mais extenso movimento de peregrinos foi um homem simples do povo brasileiro, um homem de Deus, a quem a Igreja mais tarde ordenou diácono: João Pozzobon. Ele organizou mais de 90.000 famílias em círculos de oração. Também foi o iniciador de uma Campanha internacional do rosário. O diácono Ubaldo Pimentel é seu discípulo e sucessor e hoje o representa.

Ubaldo Pimentel

Acompanhei por mais de sete anos ao diácono João Pozzobon, levando com ele e como ele a Mãe Peregrina. Vi as maravilhas que a Mãe realiza nos corações, nas famílias, nas escolas, nos hospitais, nas prisões. Vi como famílias destruídas voltaram a unir-se; vi como enfermos recuperaram a saúde; vi como Deus voltou a entrar no lar de muita gente. Santo Padre, trouxe aqui a Imagem Peregrina para que vossa Santidade a abençoe e que assim recebam sua bênção todas a imagens que peregrinam no meio de nosso povo e nos de outros países. Assim nos sentiremos enviados novamente, como instrumentos de Maria.

Gisela Kraft:

Pater Kentenich wartete lange Zeit auf die kirchliche Anerkennung seines Werkes. Er wußte, daß dem ein leidvoller Prozeß des Suchens und der Erprobung von Treue und Gehorsam vorausgehen würde.

Als die Stunde der Prüfung durch die Kirche für Schönstatt gekommen war, mußte P. Kentenich vierzehn Jahre im Exil verbringen, eine Zeit, die unter dem Zeichen des Kreuzes stand.

Gegen Ende des Zweiten Vatikanums kehrte Pater Kentenich nach Rom zurück. Das Heilige Offizium gab seinen Fall an die Religiosenkongregation weiter und öffnete ihm die Türen, so daß er als Vater und Gründer zu den Seinen heimkehren konnte. Papst Paul VI. hat ihn am 22. Dezember 1965 in Privataudienz empfangen. Pater Kentenich hat ihm einen Kelch für die geplante Kirche 'Mater Ecclesiae' überreicht. Er hat bei dieser Gelegenheit dem Papst versprochen, daß Schönstatt zur Verwirklichung des zweiten Vatikanischen Konzils sich ganz einsetzen werde.

Gary Sudrun:

In the beginning the heavenly Father created a world for his children — a garden. Through sin, desert, thorns and darkness enveloped it. When in his Son he restored the world, making it even more beautiful, the Father placed the new Eve at Christ's side. In her immaculate heart the redeemed paradise blossomed. Till then paradise emerges only when God's children approach the only genuine fountain when, with Mary, they take up the chalice and with it draw near to the open side from where all life flows.

— Krug lebendigen Wassers
— Cántaro de agua viva
— Jug of living water
— Cântaro de água viva

Im Anfang schuf der Vater einen Garten für seine Kinder. Durch die Sünde wandelt er sich in Wüste. Jetzt bleibt als einzige wahre Quelle die geöffnete Seite Christi. Die Kulturen des dritten Jahrtausends werden von dort Leben empfangen, wenn die Christen, wie die Frau unter dem Kreuz, den Kelch nehmen und das kostbare Blut des Erlösers auffangen und weiterschenken. Die durch den Geist beseelte Kirche selbst wird Seele der neuen Kulturen. Vor dem Hl. Vater tanzen Jugendliche aus Deutschland, Lynn aus Holland, Musiker und Sänger aus Chile, USA, Argentinien.

Al comienzo el Padre creó para sus hijos un jardín. Por el pecado se volvió desierto. Ahora la única fuente verdadera es el costado abierto de Cristo. Las culturas del tercer milenio recibirán esa vida, si los cristianos, como la Mujer junto a la cruz, toman el cáliz, acogen y transmiten el precioso don del Redentor. La Iglesia, animada por el Espíritu, será ella misma alma de las nuevas culturas. Esta danza la presentan al Santo Padre jóvenes de Alemania, Lynn de Holanda, músicos y cantantes de Chile, Estados Unidos y Argentina.

In the beginning, God the Father created a garden for his children. Sin, however, changed it into a desert. Now the only genuine welling spring is the open side of Christ. The cultures of the third millennium will receive life there if the Christians, like the Woman under the cross, take the chalice to catch the Savior's precious blood and pass it on to all nations. The Church, animated by the Holy Spirit, will itself become soul of the new cultures. Youth from Germany and Lynn from Holland dance for the Holy Father, accompanied by musicians and singers from Chile, USA, Argentina.

No princípio o pai criou um jardim para seus filhos. Pelo pecado o jardim transformou-se num deserto. Agora a única fonte verdadeira é o lado aberto de Cristo. Nessa fonte as culturas do terceiro milênio terão vida se os cristãos, como as mulheras sob a cruz tomarem o cálice e nele receberem o Sangue de Cristo e o derem aos homens. A Igreja, vivificada pelo Espírito, se tornará a alma das novas culturas.
Esta dança é apresentada ao Santo Padre por jovens da Alemanha, Lynn da Holanda músicos e cantores do Chile, Estados Unidos, Argentina.

"Damit wir aber in ihm unablässig erneuert werden (vgl. Eph 4,23), gab er uns von seinem Geist, der als der eine und gleiche im Haupt und in den Gliedern wohnt und den ganzen Leib so lebendig macht, eint und bewegt, daß die heiligen Väter sein Wirken vergleichen konnten mit der Aufgabe, die das Lebensprinzip — die Seele — im menschlichen Leibe erfüllt...

Deshalb sagen nicht wenige der alten Väter in ihrer Predigt gern, 'daß der Knoten des Ungehorsams der Eva gelöst worden sei durch den Gehorsam Marias; und was die Jungfrau Eva durch den Unglauben gebunden hat, das habe die Jungfrau Maria durch den Glauben gelöst', im Vergleich mit Eva nennen sie Maria 'die Mutter der Lebendigen' und öfters betonen sie: 'Der Tod kam durch Eva, das Leben durch Maria'."
(Vatikanum II, LG 7,56)

"Y para que nos renováramos incesantemente en El (cf. Eph 4,23), nos concedió participar de su Espíritu, quien, siendo uno solo en la Cabeza y en los miembros, de tal modo vivifica todo el cuerpo, lo une y lo mueve, que su oficio pudo ser comparado por los Santos Padres con la función que ejerce el principio de vida o el alma en el cuerpo humano.

Por eso no pocos Padres antiguos afirman gustosamente con él en su predicación que el nudo de la desobediencia de Eva fue desatado por la obediencia de María; que lo atado por la virgen Eva con su incredulidad, fue desatado por la virgen María mediante su fe; y comparándola con Eva, llaman a María 'Madre de los vivientes', afirmando aún con mayor frecuencia que 'la muerte vino por Eva, la vida por María'."
(Concilio Vaticano II, LG 7,56)

"In order that we may be unceasingly renewed in Him (cf. Eph. 4,23), He has shared with us His Spirit who, existing as one and the same being in the head and members, vivifies, unifies, and moves the whole body. This He does in such a way that His work could be compared by the holy Fathers with the function which the soul fulfills in the human body, whose principle of life the soul is... Hence in their preaching not a few of the early Fathers gladly assert... 'The knot of Eve's disobedience was untied by Mary's obedience. What the virgin Eve bound through her unbelief, Mary loosened by her faith.' Comparing Mary and Eve, they call her 'the mother of the living,' and still more often they say, 'death through Eve, life through Mary.''
(Vatican II, Lumen Gentium 7,56)

"Para que n'Êle incessantemente nos renovemos (cf. Ef 4,23), deu-nos de Seu próprio Espírito, que, sendo um só e o mesmo na Cabeça e nos membros, de tal forma vivifica, unifica e move todo o corpo que Seu oficio pôde ser comparado pelos santos Padres com a função que exerce o princípio da vida ou a alma no corpo humano.

Donde não poucos Padres antigos afirmam de bom grado em sua pregação: ''O nó da desobediência de Eva foi desfeito pela obediência de Maria; o que a virgem Eva ligou pela incredulidade, a virgem Maria desligou pela fé!'' Comparando Maria com Eva, chamam-na de ,mãe dos viventes', ,e com freqüência afirmam: ,veio a morte por Eva e a vida por Maria'.''
(Concilio Vaticano II, Lumen Gentium 7,56)

Ansprache des Heiligen Vaters

"Liebe Mitglieder der Apostolischen Schönstattbewegung:

1. Ich begrüße euch herzlich mit den Worten des Apostels Paulus: 'Der Gott der Hoffnung erfülle euch mit aller Freude und mit allem Frieden im Glauben, damit ihr reich werdet an Hoffnung in der Kraft des Heiligen Geistes' (Röm 15,13). Mit dieser Pilgerfahrt zum Zentrum der katholischen Christenheit und zum Haus des gemeinsamen Vaters wollt ihr die Feier des 100. Geburtstages eures Gründers Pater Josef Kentenich ihren Höhepunkt erreichen lassen. Ich freue mich, daß ihr hierhergekommen seid und bedanke mich aufrichtig für die Worte des Vorsitzenden des Generalpräsidiums sowie für die Darstellung einzelner Aspekte der Geschichte und der Botschaft eurer Bewegung, für eure Lebenszeugnisse in Bild und Gesang.

2. Aus vielen Ländern seid ihr zusammengekommen, um für das Geschenk zu danken, das Gott euch in der Person Pater Kentenichs gemacht hat. Durch die lebendige Erinnerung an seine Person und seine Botschaft habt ihr euren Geist erneuern wollen, um sein geistliches Vermächtnis weiterzutragen und zu künden; um mehr und mehr eine geistliche Familie zu werden, die aus der Kraft ihres Gründungscharismas lebt und dadurch ihre Sendung zum Dienst an Kirche und Welt verwirklicht.

Im Gebet dieses Gedenkjahres habt ihr 'die Gnade der schöpferischen Treue zum prophetischen Auftrag' eures Vaters und Gründers erfleht.

Die jahrhundertelange Erfahrung der Kirche lehrt uns, daß die innige geistige Verbundenheit mit der Person des Gründers und die Treue zu seiner Sendung — eine Treue, die je neu auf die Zeichen der Zeit achtet — Quelle kraftvollen Lebens für die eigene Gründung und für das ganze Gottesvolk sind. Deshalb rufe ich euch die Worte, die mein Vorgänger Paul VI. an die Gemeinschaften des gottgeweihten Lebens gerichtet hat, in Erinnerung: Bewahrt in Treue 'den Geist der Gründer und Gründerinnen, ihre am Evangelium ausgerichteten Zielsetzungen und das Beispiel ihrer Heiligkeit...

Genau daraus erwächst jeder Ordensgemeinschaft ihre je eigene Dynamik' (Paul VI., Evangelica testificatio, 11-12). Ihr seid berufen, an der Gnade, die euer Gründer erhalten hat, teilzuhaben und sie der ganzen Kirche anzubieten. Denn das Charisma der Gründer erweist sich als eine geistgewirkte Erfahrung, die den eigenen Schülern überliefert wurde, damit sie danach leben, sie hüten, vertiefen und ständig weiterentwickeln, und zwar in der Gemeinschaft und zum Wohl der Kirche, die ja selbst aus der immer neuen Treue zu ihrem göttlichen Gründer lebt und wächst.

3. Innerhalb dieser geistgewirkten Erfahrung, aus der eure Bewegung entstanden ist, nimmt das Liebesbündnis, das der Gründer und die erste Generation mit der Gottesmutter im Heiligtum von Schönstatt am 18. Oktober 1914 geschlossen hat, eine zentrale Stellung ein. Wenn ihr treu und hochherzig aus diesem Bündnis euer Leben gestaltet, werdet ihr zur Fülle eurer christlichen Berufung hingeführt. Ihr werdet erfahren, wie wahr die Aussage des Zweiten Vatikanischen Konzils ist: 'Maria vereinigt, da sie zuinnerst in die Heilsgeschichte eingegangen ist, gewissermaßen die größten Glaubensgeheimnisse in sich und strahlt sie wider.

Daher ruft ihre Verkündigung und Verehrung die Gläubigen hin zu ihrem Sohn und seinem Opfer und zur Liebe des Vaters' (Lumen gentium, Nr. 65). In der Tat, Maria hat von Gott den Auftrag erhalten, Vorbild und mütterliche Erzieherin des 'neuen Menschen' in Christus Jesus (vgl. Kol 3,9-10) zu sein. Die Liebe zu ihr soll euch dahin führen, daß ihr das Beispiel ihres Lebens nachahmt und es im eigenen Leben widerspiegelt. Macht euch die Haltungen Mariens zu eigen: ihre vertrauensvolle Hingabe an den Willen des Vaters, ihre bedingungslose Christusnachfolge bis zum Kreuz, ihr bereitwilliges Eingehen auf die Anregungen des Heiligen Geistes, ihre dienende Liebe gegenüber den Menschen — besonders den Armen und Bedürftigen —, ihre schöpferische Mitwirkung als Helferin bei der Erlösung der Welt.

Das Gebet eures Gründers im Konzentrationslager Dachau sollte auch eure Bitte an Maria sein: 'Laß uns gleichen Deinem Bild, ganz wie Du durchs Leben schreiten: stark und würdig, schlicht und mild. Liebe, Fried' und Freud' verbreiten; in uns geh durch unsere Zeit, mach für Christus sie bereit'.

4. Echte Marienfrömmigkeit läßt eine tiefe und tragfähige Liebe zur Kirche wachsen. Das Leben eures Gründers legt Zeugnis für diese Wahrheit ab. Es ist gerade diese Liebe zur Kirche, die euch heute zu dieser Begegnung mit dem Nachfolger Petri geführt hat, um die Versprechen zu erneuern, die er meinen Vorgängern Pius XII. und Paul VI. gemacht hat. Damit gebt ihr eurer Bereitschaft Ausdruck, die Forderungen des Evangeliums durch die Heiligkeit des Werktags zu erfüllen. Ihr verpflichtet euch, am Bau einer neuen Gesellschaftsordnung mitzuwirken, die dem Geist Christi entspricht. Ihr erklärt euch bereit, im eigenen Lebensbereich einen Beitrag zur Verwirklichung des Zweiten Vatikanischen Konzils zu leisten. Und schließlich wollt ihr nach Kräften mithelfen, daß jede gottgewollte Autorität in der Kirche anerkannt und als geistliche Vaterschaft gewertet wird.

Mit Freude und Dankbarkeit nehme ich die Erneuerung dieser Versprechen entgegen und bitte euch: Setzt alle eure Kräfte ein, daß diese hohen Ziele immer mehr Wirklichkeit werden! Zusammen mit eurem Gebet erflehe ich euch dazu die notwendigen Gnaden. Ihr seid euch gewiß der Aktualität und Bedeutsamkeit dieser Zielsetzungen für das Leben der Kirche bewußt. Ein Blick auf die Themen der beiden bevorstehenden Synoden zeigt diese Bedeutung sehr eindeutig und klar. In meiner letzten Enzyklika habe ich daran erinnert, 'daß das 2. Vatikanische Konzil vor 20 Jahren die besondere Aufgabe hatte, das Selbstverständnis der Kirche zu wecken und ihr durch eine innere Erneuerung einen neuen missionarischen Impuls für die Verkündigung der bleibenden Botschaft des Heils, des Friedens und der gegenseitigen Eintracht unter den Völkern und Nationen zu geben, die alle Grenzen sprengt, die unseren Planeten noch tei-

Alocución del Santo Padre / The Holy Father speaks. / Alocução do Santo Padre / Przemówienie Ojca Świętego

...en, der durch den Willen Gottes, seines Schöpfers und Erlösers, dazu bestimmt ist, eine gemeinsame Wohnstatt für die ganze Menschheitsfamilie zu sein' ("Slavorum apostoli", 16). Papst Paul VI. hat deutlich auf das wichtigste Mittel für diese ersehnte und so notwendige Erneuerung hingewiesen: 'Für die Heutigwerdung der Kirche genügen heute klare Richtlinien oder ein Überfluß an Dokumenten nicht mehr; was fehlt, sind Persönlichkeiten und Gemeinschaften, die verantwortungsbewußt den Geist des Konzils verkörpern und weitergeben' (Paul VI., Ansprache an die Hauptverantwortlichen und Mitglieder der Säkularinstitute zum 25. Jahrestag von "Provida Mater ecclesia" vom 2. Februar 1972). Vereint mit allen apostolischen Kräften der Kirche und loyal in eure Lokalkirchen eingegliedert, mögt ihr sorgen, daß ihr diese Menschen und Gemeinschaften werdet, die den Geist des Zweiten Vatikanums darstellen und künden!

Die Treue zum Geist des II. Vatikanums bewegt uns, den Blick auf die weite Aufgabe der Evangelisierung der Welt der Kultur zu richten. Wir befinden uns in einer Zeitwende und am Anfang einer neuen Etappe der Geschichte. In eurem Gebet des Gedenkjahres habt ihr Maria gebeten: 'Königin, gib uns Hoffnung und Mut, Dich in die Herzen unserer Schwestern und Brüder zu tragen, um so mit dem ganzen erlösten Volk Gottes den Kulturen des dritten Jahrtausends in Jesus Christus Gestalt zu geben.'

Der föderative und plurale Charakter, sowie die internationale Ausbreitung eurer Bewegung wird euch eine Hilfe sein, zu wissen, wie man Einheit in der Vielfalt baut, ein wesentlicher Wert für die Katholizität der Kirche, der tiefen Begegnung zwischen den christlichen Konfessionen und der Solidarität der Menschheit.

Ich ermuntere euch, eure Anstrengungen zu verdoppeln, um dort, wo die Vorsehung euch hinstellt, Werkzeuge Gottes für die Evangelisierung der gegenwärtigen und kommenden Kultur eurer verschiedenen Völker zu sein. Die Verwirklichung dieser Aufgabe wird von euch fordern, weiter zu streben im täglichen Kampf um die Verkörperung des neuen Menschen und die Kraft, um immer in kindlichem Gespräch mit dem Gott der Geschichte zu leben, wachsam auf die Zeichen der Zeiten, wie ihr es in eurer Vorbereitung zu dieser Jubiläumsfeier erfleht habt..."

"Venerables hermanos en el episcopado, queridos miembros del Movimiento Apostólico de Schoenstatt:

1. Os saludo cordialmente con las palabras del apóstol Pablo: 'El Dios de la esperanza os llene de cumplida alegría y paz en la fe, para que abundéis en la esperanza por la virtud del Espíritu Santo' (Rom 15,13).

Con esta peregrinación al centro de la cristiandad católica y a la casa del Padre común, habéis querido culminar la celebración internacional de primer centenario del nacimiento de vuestro fundador, P. José Kentenich. Me alegro que hayáis venido y agradezco sinceramente las palabras del Presidente del Consejo Internacional, así como la presentación de algunos aspectos de la historia y del mensaje de vuestro movimiento y los testimonios de vida en imágenes y cánticos.

2. Desde muchas naciones os habéis reunido para agradecer el don que Dios os hizo en la persona del P. Kentenich. Por medio del recuerdo vivo de su persona y mensaje habéis querido renovar vuestro espíritu para así prolongar y transmitir su legado, para convertiros más profundamente en una familia espiritual que vive con la fuerza de su carisma fundacional y realiza así su misión de servicio a la Iglesia y al mundo.

En la oración de preparación a este centenario habéis implorado la 'gracia de la fidelidad credora al encargo profético' de vuestro padre y fundador. La experiencia secular de la Iglesia nos enseña que la íntima adhesión espiritual a la persona del fundador y la fidelidad a su misión — una fidelidad que está siempre de nuevo atenta a los signos de los tiempos — son fuente de vida abundante para la propia fundación y para todo el pueblo de Dios. Por eso os recuerdo las palabras de mi predecesor Pablo VI a las comunidades de vida consagrada: Mantened la fidelidad 'al espíritu de vuestros fundadores, a sus intenciones evangélicas, al ejemplo de su santidad... Es precisamente aquí donde encuentra su medio de subsistencia el dinamismo propio de cada familia religiosa' (Pablo VI, Evangelica testificatio, 11-12). Vosotros habéis sido llamados a ser partícipes de la gracia que recibió vuestro fundador y a ponerla a disposición de toda la Iglesia. Porque el carisma de los fundadores se revela como una experiencia del Espíritu, que es transmitida a los propios discípulos para que ellos la vivan, custodien, profundicen y desarrollen constantemente en comunión y para el bien de toda la Iglesia, la cual vive y crece en virtud de la siempre renovada fidelidad a su Divino Fundador.

3. En esa experiencia del Espíritu que ha dado origen a vuestro movimiento, ocupa un lugar central la alianza de amor que el fundador y la primera generación selló con la Santísima Virgen en el santuario de Schoenstatt el 18 de octubre de 1914. La vivencia fiel y generosa de esta alianza os conducirá a una plena realización de vuestra vocación cristiana. Experimentaréis cuán verdadera es la afirmación del Concilio Vaticano II: 'María, que por su íntima participación en la historia de la salvación reúne en sí y refleja, en cierto modo, las supremas verdades de la fe, cuando es anunciada y venerada, atrae a los creyentes a su Hijo, a su sacrificio y al amor del Padre' (Lumen Gentium, 65). María, en efecto, ha recibido de Dios el encargo de ser imagen preclara y educadora materna del 'hombre nuevo' en Cristo (cf. Col 3,9-10). El amor a ella os debe conducir a asimilar y reflejar su ejemplo de vida en vuestra propia vida. Haced vuestras las actitudes de María: su entrega confiada a la voluntad del Padre, su incondicional seguimiento de Jesucristo hasta la cruz, su docilidad a las insinuaciones del Espíritu Santo, su amor servicial a los hombres — especialmente a los más pobres y necesitados —, su creativa cooperación como colaboradora en la redención del mundo. La oración de vuestro fundador en el campo de concentrción de Dachau sea siempre vuestra súplica a María: 'Aseméjanos a tí y enséñanos a caminar por la vida tal como tú lo hiciste: fuerte y digna, sencilla y bondadosa, repartiendo amor, paz y alegría. En nosotros recorre nuestro tiempo preparándolo para Cristo Jesús'.

4. Una auténtica espiritualidad mariana hace crecer un profundo y sólido amor a la Iglesia. La vida de vuestro fundador dio testimonio de esta verdad. Precisamente este amor a la Iglesia os ha impulsado hoy a este encuentro con el Sucesor de Pedro, a fin de renovar las promesas que el fundador hizo a mis antecesores Pío XII y Pablo VI. Por ellas expresáis vuestra voluntad de corresponder a las exigencias del Evangelio por medio de la santificación del día de trabajo. Os comprometéis a colaborar en la construcción de un orden de la sociedad conforme al Espíritu de Cristo. Manifestáis vuestro ánimo de colaborar, en el ámbito de vida de cada uno, a la realización de las orientaciones del Concilio Vaticano II. Por último, queréis colaborar para que cada autoridad querida por Dios en la Iglesia sea reconocida y sea valorada como paternidad espiritual.

Con alegría y gratitud acepto la renovación de estas promesas y os pido: ¡Empeñad todas vuestras fuerzas para que tan altos propósitos se hagan cada vez más realidad! Me uno a vuestra oración implorando las gracias necesarias para ello. Ya sabéis la actualidad y trascendencia que poseen estas metas para la vida de la Iglesia. Los temas de los dos próximos Sínodos lo demuestran inequívocamente. En mi última Encíclica he recordado que el "Concilio Vaticano II, hace 20 años, tuvo como objetivo principal el de despertar la autoconciencia de la Iglesia y, mediante su renovación interior, darle un nuevo impulso misionero en el anuncio del eterno mensaje de salvación, de paz y de recíproca concordia entre los pueblos y naciones, por encima de todas las fronteras que todavía dividen nuestro planeta destinado, por voluntad de Dios creador y redentor, a ser morada común para toda la humanidad" (Encíclica "Slavorum apostoli", 16).

El Papa Pablo VI señaló con clarividencia cuál era el medio más apto para lograr esa ansiada y necesaria renovación: "Para el aggiornamento de la Iglesia no bastan hoy directrices claras o abundancia de documentos; hacen falta personalidades y comunidades, responsablemente conscientes de encarnar y transmitir el espíritu que el Concilio quería" (Pablo VI, discurso a los responsables y miembros de los institutos seculares el XXV aniversario de la 'Provida Mater Ecclesia', 2 de febrero, 1972). En unión con todas las fuerzas apostólicas de la Iglesia e insertados lealmente en vuestras Iglesias locales, procurad ser vosotros esas personas y esas comunidades que encarnan y anuncian el espíritu del Vaticano II.

5. La fidelidad al espíritu del Vaticano II nos lleva a dirigir la mirada a la vasta tarea de evangelización del mundo de la cultura. Nos encontramos en un tiempo de cambio y en el comienzo de una nueva etapa de la historia. En vuestra oración del centenario habéis pedido a María: 'Danos, Reina, esperanza y valentía para llevarte al corazón de nuestros hermanos y así, con todo el pueblo redimido, gestar en Cristo Jesús las culturas del tercer milenio'.

Graves cuestiones en la sociedad actual reclaman soluciones válidas: la pobreza de millones de hermanos nuestros, la carrera armamentista, el desarraigo religioso y cultural de tantos hombres, la discriminación racial y religiosa, el hambre y la desocupación, la falta de respeto a la vida — incluso la de los no nacidos —, la falta de respeto a la dignidad y a los derechos del hombre, la promoción de la mujer, los problemas ecológicos... Es necesario crear estructuras sociales más conformes a la dignidad del hombre. Pero no será posible sin una profunda renovación religiosa y moral. Este desafío histórico nos llama a aunar esfuerzos para que el hombre — y, a través suyo, las culturas — asuma en libertad el conjunto de vínculos humanos y religiosos con que Dios lo unió a sí, a la familia humana y al mundo, de tal manera que viva y actúe según su vocación y dignidad de hijos de Dios, hermano de los hombres y señor de la creación. En ese conjunto de vínculos vuestro fundador acentuó la importancia de la experiencia del vínculo paterno-filial y del cultivo del espíritu de familia como medios privilegiados para la vivencia del mensaje revelado: Dios es Padre, Dios no es una soledad, sino familia.

Esta fidelidad os llevará por consiguiente a acoger respetuosamente y elevar los auténticos valores humanos, en cualquier lugar y situación donde se manifiesten. Pues como he dicho recientemente, 'cada hombre, cada nación, cada cultura y civilización tienen una función propia que desarrollar y un puesto propio en el misterioso plan de Dios y en la historia universal de la salvación' (Encíclica Slavorum apostoli, 19). El carácter federativo y plural, así como la difusión internacional de vuestro movimiento os será una ayuda para saber construir la unidad en la diversidad, valor esencial para la catolicidad de la Iglesia, el encuentro profundo entre las confesiones cristianas y la solidaridad del género humano.

Os animo, pues, a redoblar vuestros esfuerzos para ser, allí donde la Providencia os ha colocado, instrumentos de Dios en la evangelización de la cultura actual y venidera de vuestros diferentes pueblos. La realización de esta tarea os exigirá perseverar en la lucha cotidiana por encarnar el hombre nuevo y el esfuerzo por ir siempre en diálogo filial con el Dios de la historia, atentos a los signos de los tiempos, como lo habéis implorado en vuestra preparacón a estas celebraciones jubilares.

Al daros de corazón mi bendición apostólica quiero incluir en ella a todos los miembros del movimiento y a todas las obras apostólicas que realizáis en el mundo. Que el Dios Trino os acompañe con su protección y os bendiga con su amor misericordioso y fiel."

Ci accompagnano Monsignor Giussani, Fondatore del Movimer Communione e Liberazione Dirigenti del Movimento dei Focolarini

"My beloved Brothers in the Episcopate.
Dear Members of the Apostolic Schoenstatt Movement!

1. I greet you most sincerely with the words of the Apostle Paul: 'May the God of hope fill you with every joy and with peace in faith, so that, in the power of the Holy Spirit

you may become rich in hope' (Rom 15:13). With this pilgrimage to the center of Catholic Christianity and to the house of the common Father, you seek to allow the celebration of the 100th birthday of your founder, Father Kentenich.

The fact that you have come here fills me with joy, and I thank you sincerely for the words of the President of the General Presidium, for the presentation of various aspects from the history and message of your movement, and also for the various testimonies of life in representations and songs.

2. You have come here from many different countries to give thanks for that gift which God has given you in the person of Father Kentenich. Through the living memory of his person and his message, you desire to renew your spirit, in order to continue and proclaim his spiritual legacy; namely, to become more and more a spiritual family, which lives on by virtue of its founding charism, in order to fulfil its mission in the service of the Church and world.

In the prayer of this centenary year, you have implored for "the grace of creative loyalty to the prophetic mission" of your Father and founder. The experience of the Church throughout the centuries teaches us that the inner spiritual unity with the person of the founder and the loyalty to his mission — a loyalty which ever anew considers the signs of the times — are a source of vigorous life not only for the foundation itself, but also for the entire people of God. For this reason, I remind you of the words which my predecessor Paul VI directed to religious communities of consecrated life: Remain loyal "to the spirit of the founders and foundresses, to the various aims in the light of the Gospel, and to the example of their sancity.

The origin of the specific dynamic of every religious community is found precisely here (Paul VI, Evangelica Testificatio, 11-12).

You are called to participate in that grace which your founder has received, and subsequently to offer the same grace to the entire Church. Then, the charism of the founder proves to be an experience inspired by the Spirit which has been passed on to their own followers, so that they may live, protect, deepen and develop it further. This is realized in the community of the Church, who only lives and grows out of the ever new loyalty to our divine founder.

3. Within this Spirit-inspired experience out of which your movement came into existence, the covenant of love which the founder and the first generation sealed with the Blessed Virgin Mary in the Schoenstatt shrine on October 18, 1914, occupies a central position. If you live this covenant loyally and generously, you will be brought to the fullness of your Christian vocation. You will experience how true are the words of the Second Vatican Council: "For Mary figured profoundly in the history of salvation and in a certain way unites and mirrors within herself the central truths of the faith..." (Lumen Gentium, 65)

May the prayer of your founder in the concentration camp at Dachau be your petition to Mary also: "Mother, let us go through life like you: Strong and worthy, simple and mild, spreading love, peace and joy. Go, in us, through our times, and make them ready for Christ".

4. An authentic Marian spirituality leads to a deep love for the Church. With his own life, your founder bore witness to this truth. It is precisely the same love for the Church which has brought you to this meeting today with the successor of Peter, in order to renew the promises which the Founder made to my predecessor Pius XII and Paul VI. In this way you express your intention to fulfil, through everyday sancity, the challenges of the Gospel. You commit yourselves to collaborate in the formation of a new order of society, which mirrors the spirit of Christ. You express your readiness — each in his own sphere of life — to contribute to the realization of the Second Vatican Council. And finally, you want to help as much as possible so that every authority in the Church, established by God, may be recognized and valued as a spiritual fatherhood.

With joy and gratitude I accept the renewal of these promises and I ask you further: use all your strength that these great aims become reality! Together with your own prayers, I too pray so that you may receive the necessary grace. You are well aware of the actuality and meaning of such aims for the life of the Church. The themes of the forthcoming synods demonstrate this is a very clear way. In my latest encyclical I brought to mind, "that 20 years ago the Second Vatican Council had the special task to awaken the self-consciousness of the Church, and through an inner renewal give her a new missionary impulse for the proclamation of the remaining message of salvation, of peace and mutual harmony between peoples and nations... A message which breaks through the barriers which still divide our planet and which destined, by the will of God, its creator and Redeemer, to be a common dwelling place for the entire family of man" (Slavorum Apostoli, 16). Pope Paul VI had with all clearness indicated the most essential means for such a necessary and so longed-for renewal: "To achieve the aggiornamento in today's Church it is no longer enough to ask for clear orientations or an abundance of documents; what is needed are personalities and communities, who, conscious of their responsibility, embody in themselves and proclaim the spirit of the Council" (Paul VI, Speech to the leaders and members of secular institutes for the 25th anniversary of Provida Mater Ecclesia on February 2, 1972). United with all the apostolic strength of the Church and faithfully integrated in the local Churches, you have to see to it that you yourselves become these individuals and communities who represent and transmit the spirit of the Second Vatican Council!

5. The loyalty to the spirit of the Council draws our attention to the vast task of evangelizing the world of culture. We find ourselves in a time of change and at the beginning of a new phase in history. In your centenary prayer you ask of Mary "Give us, O Queen, hope and courage to bring you to the hearts of our brothers and sisters, so that with the entire redeemed people of God we may help form the cultures of the third millennium in Jesus Christ".

The federative and manifold character of your movement, and also its international diffusion will be of great assistance in creating unity in diversity — which in itself is of essential value for the catholicism of the Church, the deep encounter between the different Christian denominations, and for the solidarity of mankind itself.

I encourage you, therefore, to intensify your efforts so that you may be wherever Providence has foreseen — instruments of God in the evangelization, not only of today's culture, but also of the future culture of your various different peoples. Realization of this task requires from you the perseverance in your daily striving to embody the new man, and the effort to live always in childlike dialogue with the God of history, understanding the signs of the times, as you have implored in your preparation for the jubilee celebration."

"Veneráveis Irmãos no episcopado,
Queridos membros do Movimento Apostólico de Schoenstatt.

1. Saúdo-vos cordialmente com as palavras do Apóstolo Paulo:
"O Deus da esperança vos encha de todo o gozo e paz na vossa fé, para que, pelo poder do Espírito Santo, superabundeis na esperança" (Rom 15,13).
Esta peregrinação ao centro da cristandade católica e à casa do Pai comum quer ser o ponto culminante da celebração do centenário do vosso Fundador, P. José Kentenich. Estou feliz pela vossa vinda e exprimo minha sincera gradidão pelas palavras do Presidente do Conselho Internacional, bem como pelos particulares aspectos da história e da mensagem do vosso Movimento, pelos vossos testemunhos de vida mediante a imagem e o canto.

2. Provenientes de muitos países, viestes aqui para agradecer a Deus o dom que Ele vos fez na pessoa do Padre Kentenich. Com a viva recordação da sua figura e da sua mensagem quisestes renovar o vosso espírito, para continuardes o seu legado espiritual e para o difundirdes, para vos tornardes cada vez mais uma família espiritual que vive da força do carisma da sua fundação e assim realiza a própria vocação ao serviço da Igreja e do mundo.

3. Nessa experiência espiritual que deu origem ao vosso Movimento, ocupa um lugar central a Aliança de Amor que o Fundador e a primeira geração selou com a Mãe de Deus no Santuário de Schoenstatt a 18 de outubro de 1914. A vivência fiel e generosa desta aliança vos conduzirá a uma plena realização de vossa vocação cristã. Experimentareis quão verdadeira é a afirmação do Concílio Vaticano II: "Maria, entrando intimamente na história da salvação, une em si de certo modo e reflecte as supremas normas da fé. Quando é proclamada e cultuada, leva os fiéis ao seu Filho, ao sacrifício do Filho e ao amor do Pai" (Lumen gentium, 65). De facto, Maria recebeu de Deus o encargo de ser modelo e educadora materna do "homem novo" em Cristo Jesus (cf. Col. 3, 9-10).

Polen grüßt den Hl. Vater — Polonia saluda al Santo Padre

O amor a Maria deve levar-vos a assimilar e a reflectir seu exemplo de vida em vossa própria vida. Fazei vossa as atitudes de Maria: sua entrega, cheia de confiança, à vontade do Pai, seu seguimento incondicional de Cristo até a cruz, sua docilidade ao Espírito Santo, seu amor serviçal aos homens — especialmente aos mais pobres e necessitados — sua cooperação criativa como colaboradora na redenção do mundo. A oração do vosso Fundador no campo de concentração de Dachau seja sempre vossa súplica a Maria:
"Assemelha-nos à tua imagem, dá-nos caminhar na vida como tu: fortes, dignos, simples e bondosos', irradiando amor, paz e alegria. Em nós percorre o nosso tempo, preparando-o para Cristo".

4. Uma autêntica espiritualidade mariana deve fazer crescer em vós um profundo e sólido amor à Igreja. A vida de vosso Fundador é o testemunho desta verdade. Exorto-vos, pois a redobrar os vossos esforços para serdes, onde a Providência vos colocou, instrumentos de Deus na evangelização da cultura actual e futura dos vossos diferentes novos. A realização desta tarefa exigirá que persevereis na luta quotidiana por encarnar o homem novo e no esforço de prosseguirdes no diálogo filial com o Deus da história, atentos aos sinais dos tempos, como o implorastes na vossa preparação para estas celebrações jubilares.

Ao aprestar-me para vos conceder de coração a minha Bênção Apostólica, desejaria compreender nela todos os membros do Movimento e também toda a vossa obra de apostolado no mundo inteiro. Que a Santíssima Trindade vos acompanhe com a Sua protecção e vos abençoe no Seu amor misericordioso e fiel."

"Venerabili fratelli nel servizio episcopal, amati membri del Movimento apostolico 'Schönstatt':

2. Siete giunti qui da molti paesi per ringraziare Dio del dono che vi ha fatto nella persona di Padre Kentenich. Con il vivo ricordo della sua figura e del suo messaggio avete voluto rinnovare il vostro spirito, per continuare il suo lascito spirituale e per diffonderlo, per diventare sempre di più una famiglia spirituale che vive della forza del carisma della sua fondazione e che con ciò realizza la propria vocazione al servizio della Chiesa e del mondo.

3. Nel quadro di questa grande esperienza spirituale, che ha dato vita al vostro movimento, l'alleanza d'amore, fatto dal vostro fondatore e dalla prima generazione con la Madre di Dio nel Santuario di Schönstatt il 18 ottobre 1914, ha un ruolo fondamentale. Se adeguate le vostre vite con fedeltà e generosità a questa alleanza, sarete condotti alla pienezza della vostra vocazione cristiana. Toccherete con mano l'autenticità della dichiarazione del Concilio Vaticano Secondo: 'Maria infatti, che è entrata intimamente nella storia della salvezza, riunisce in sé in qualche modo e riverbera i 'massimi dati della fede; così quando la si predica e la si onora, ella chiama i credenti al Figlio suo, al suo sacrificio e all'amore del Padre' (Lumen Gentium, 65). Infatti Maria ha avuto da Dio il compito di essere modello ed educatrice materna dell' 'uomo nuovo' in Cristo Gesù (cfr. Col 3, 9-10). L'amore per lei deve condurvi ad imitarla come esempio di vita e che questo esempio si rispecchi nella vostra vita. Fate vostro il comportamento di Maria: la sua dedizione piena di fiducia alla volontà del Padre, il suo seguire Cristo senza condizioni fino alla croce, la sua pronta adesione ai suggerimenti dello Spirito Santo, la sua vita spesa al servizio degli uomini — soprattutto dei poveri e dei bisognosi —, la sua partecipazione creatrice di collaboratrice alla salvezza del mondo. La preghiera del vostro fondatore nel campo di concentramento di Dachau dovrebbe essere anche la vostra preghiera a Maria: 'Fa che noi, conformi alla tua immagine, viviamo come tu hai vissuto: forti e dignitosi, semplici e modesti. Fa che noi intensifichiamo l'amore, la pace e la gioia; vieni a noi in questi tempi, e rendili pronti a Cristo'.

...Il carattere federativo e plurale, così come la diffusione internazionale del vostro Movimento vi sarà d'aiuto per saper costruire l'unità nella diversità valore essenziale per la cattolicità della Chiesa l'incontro profondo tra le confessioni cristiane e la solidarieta del genere umano."

deutsch
"Wenn ich euch nun von Herzen meinen Apostolischen Segen erteile, möchte ich darin alle Mitglieder der Bewegung und auch alle eure Apostolatswerke in der ganzen Welt einschließen. Möge euch der dreifaltige Gott mit seinem Schutz begleiten und euch in seiner barmherzigen und treuen Liebe segnen!

english
I wish to greet all the English-speaking members of the international Schoenstatt Movement who are present on this happy occasion for the centennial celebrations of the birth of your Founder. May the love of Mary our Mother which filled Father Joseph Kentenich always inspire you with courage and enthusiasm for proclaiming anew the Gospel of Jesus Christ.

polski
Serdecznie witam i pozdrawiam obecnych tu moich Rodaków, członków Międzynarodowego Ruchu Szensztackiego, przybyłych do Rzymu z Księżmi Biskupami Ignacym Jeżem i Janem Wieczorkiem, z niektórymi Kapłanami, z Braćmi i Siostrami, by uczestniczyć w uroczystościach związanych z setną rocznicą urodzin założyciela Ruchu, Józefa Kentenicha. Niech ta pielgrzymka po apostolskich śladach w Stolicy chrześcijaństwa, modlitwa i refleksja, Drodzy Bracia i Siostry, pogłębi w Was miłość i przywiązanie do Chrystusowego Kościoła, umocni Was w dążeniu do świętości i w dawaniu — wśród rozmaitości — żywego świadectwa przedziwnej jedności w Ciele Chrystusowym, wedle daru jednego Ducha (por. KDK, 32) Z serca błogosławię Wam i Waszym środowiskom w Ojczyźnie. Niech Jasnogórska Matka Kościoła otacza Was szczególną opieką.

slowenisch
Prisŕčno pozdravljam túdi vas, rómarji iz Slovénije, predvsem iz ljubljánske stólne župníje, ki ste vkljúceni v šenštáttsko marijánsko gíbanje. Bóža Máti Maríja naj vam bo vzór in vodníca v življénju! Iz srcá podeljújem apostólski blagoslóv vam in vsem vášim drágim.

portugues
Na alegria deste encontro, em Roma, sob o signo da esperança, saúdo cordialmente os representantes de língua portuguesa na Família de Schoenstatt, com uma palavra de estímulo: Maria, Mãe de Deus e Mãe da Igreja, continua a repetir: 'fazei tudo o que Cristo vos disser!' Em Seu nome digo-vos: como 'família' testemunhai e anunciai ao mundo a luz, vida e liberdade de filhos de Deus; e, em Igreja, procurai servir, como a 'Serva do Senhor', a obra começada com o seu 'fiat' a reconciliação dos homens com Deus, em Jesus Cristo!

italiano
La celebrazione del centenario della nascita del fondatore del movimento di Schönstatt ci invita tutti all'impegno di guardare in avanti e scoprire la missione che attende ciascuno di noi: impegnati a trasformare dal di dentro la società del terzo millennio, incarnando nel mondo un segno della responsabilità cristiana verso i valori dell'esistenza, della natura, del lavoro, cooperando all'interno delle strutture sociali. Benedico volentieri il vostro impegno e la vostra buona volontà."

Poland greets the Holy Father.   Polska pozdrawia Papieża

"Zum Zeichen unserer Bereitschaft, der Kirche mit allen Kräften zu dienen, erneuern wir die Versprechen, die Pater Kentenich den Nachfolgern Petri gegeben hat. Die Frage an uns lautet: 'Familia schoenstattensis, esne prompta?' (Schönstattfamilie, bist du bereit?) Wir antworten: 'In spiritu fundatoris: adsum!' (Im Geist des Gründers: ja! — In der Gesinnung und Haltung unseres Gründers sind wir bereit!)

Erneuerung der Versprechen

P.: (Priester) Heiliger Vater, viele Monate haben wir uns auf diese Begegnung mit Ihnen vorbereitet. In uns, der Schönstattfamilie, lebt der Geist unseres Gründers, Pater Josef Kentenich. Seine Liebe zur Kirche drängt uns, heute feierlich die Versprechen nachzuvollziehen, die er den Nachfolgern Petri gegeben hat. Wir bitten Sie, Heiliger Vater, diesen Akt entgegenzunehmen.

HV.: (Hl. Vater) Seid Ihr als Mitglieder der internationalen Schönstattfamilie bereit, das Versprechen Pater Josef Kentenichs an Papst Pius XII. zu übernehmen, das er anläßlich der kirchenrechtlichen Einführung der Säkularinstitute gegeben hat?

P.: Brüder und Schwestern, dieses Versprechen treibt uns an, durch Werktagsheiligkeit im eigenen Lebensraum den Anspruch des Evangeliums zu verwirklichen. Wir versprechen, Sorge dafür zu tragen, daß die apostolischen Kräfte unserer Zeit zur Erneuerung der Kirche fruchtbar werden und entscheidend mitwirken an der Gestaltung einer neuen christlichen Gesellschaftsordnung.

HV.: Familia schoenstattensis, esne prompta?

A.: In spiritu fundatoris: adsum!

HV.: Seid Ihr bereit, das Versprechen Pater Kentenichs an Papst Paul VI. zu übernehmen, das er in der Pfingststunde des Zweiten Vatikanums gegeben hat?

P.: Brüder und Schwestern, mit diesem Versprechen verpflichten wir uns, für die möglichst vollkommene Verwirklichung des Konzils unseren Beitrag zu leisten.

HV.: Familia schoenstattensis, esne prompta?

A.: In spiritu fundatoris: adsum!

HV.: Seid Ihr bereit, das Versprechen Pater Kentenichs an die Bischöfe zu übernehmen, das er auf der Höhe seines Lebens gegeben hat?

P.: Brüder und Schwestern, dieses Versprechen fordert von uns, dafür zu sorgen, daß die Vaterstellung der Bischöfe erkannt und lebensmäßig anerkannt wird. So sollen Diözesen und Pfarreien ausgeprägte, zeitaufgeschlossene und apostolisch fruchtbare Familien werden.

HV.: Familia schoenstattensis, esne prompta?

A.: In spiritu fundatoris: adsum!"

"Como signo de nuestra disposición de servir a la Iglesia con todo nuestro vigor, renovamos las promesas que el P. Kentenich hiciera a los Sucesores de Pedro. En el momento del diálogo ceremonial, se nos hará una seria pregunta. A causa de la diversidad de idiomas, ella será formulada en latín con estas palabras: 'Familia schoenstattensis, esne prompta?' (Familia de Schoenstatt, ¿estás dispuesta?) Entonces estamos invitados a responder: 'In spiritu fundatoris: adsum!' (En el espíritu del fundador: ¡Sí, aquí estoy!).

Renovación de las promesas

S.: (Sacerdote) Santo Padre, durante largos meses nos hemos preparado para este encuentro. En nuestra Familia de Schoenstatt vive el espíritu de nuestro fundador, el P. José Kentenich. Su amor a la Iglesia nos urge hoy a hacer nuestras, solemnemente, las promesas que él hiciera a los Sucesores de Pedro.

SP.: (Santo Padre) Como miembros de la Familia Internacional de Schoenstatt, ¿estáis dispuestos a asumir la promesa que el P. José Kentenich hiciera al Papa Pío XII con ocasión del reconocimiento canónico de los institutos seculares?

S.: Hermanos, esta promesa nos impulsa a realizar las exigencias del Evangelio en el ámbito de vida de cada uno, a través de una santificación del día de trabajo. Prometemos velar por que las fuerzas apostólicas de nuestro tiempo sean fecundas para la renovación de la Iglesia y cooperen decisivamente en la plasmación de un nuevo orden cristiano de la sociedad.

SP.: Familia schoenstattensis, esne prompta?

T.: In spiritu fundatoris: adsum!

SP.: ¿Estáis dispuestos a asumir la promesa que el P. José Kentenich hiciera al Papa Pablo VI en la hora pentecostal del Concilio?

S.: Hermanos, por esta promesa nos obligamos a ofrecer nuestro aporte para la más perfecta realización dable del Concilio.

SP.: Familia schoenstattensis, esne prompta?

T.: In spiritu fundatoris: adsum!

SP.: ¿Estáis dispuestos a asumir la promesa que el P. José Kentenich hiciera en la cúspide de su vida a los obispos?

S.: Hermanos, esta promesa exige de nosotros procurar que se perciba mejor la paternidad de los obispos y que se la reconozca vitalmente. Así las diócesis y las parroquias llegarán a ser marcadamente familias, abiertas a su tiempo y fecundamente apostólicas.

SP.: Familia schoenstattensis, esne prompta?

T.: In spiritu fundatoris: adsum!"

"As a sign of our readiness to serve the Church with all the faculties at our disposal, we will renew the promises which Father Kentenich made to the successors of Peter. The question asked us reads: „Familia schoenstattensis, esne prompta" (Schoenstatt Family, are you ready?) We answer: „In spiritu fundatoris: adsum!" (In the spirit of the founder, yes! With the inner attitude of our founder we are ready!)

Renewal of the Promises

P.: (Priest) Holy Father, for many months we have prepared for this meeting with you. In us, his Schoenstatt Family, the spirit of our founder, Father Joseph Kentenich, is alive. His love for the Church urges us to solemnly repeat the promises which he made to the successors of Peter. We ask you, Holy Father, to accept this act.

HF.: (Holy Father) As members of the international Schoenstatt Family are you ready to take on the promise of Fr. Joseph Kentenich to Pope Pius XII, which he made to His Holiness upon the juridical introduction of secular institutes into the Church?

P.: Brothers and Sisters, this promise urges us to actualize — through everyday sanctity practiced in the framework of our own lives — the demands of the gospel. We promise to take on the responsibility for the apostolic forces of our time, so that they become fruitful for the renewal of the Church and cooperate decisively in the reshaping of a new Christian social order.

HF.: Familia schoenstattensis, esne prompta?

A.: In spiritu fundatoris: adsum!

HF.: Are you ready to take on Fr. Kentenich's promise to Pope Paul VI, which he made at the Pentecost hour of the Second Vatican Council?

P.: Brothers and Sisters, with this promise we commit ourselves to do our share for the most perfect possible realization of the Council.

HF.: Familia schoenstattensis, esne prompta?

A.: In spiritu fundatoris: adsum!

HF.: Are you ready to take on Fr. Kentenich's promise made at the peak of his life, to the bishops?

P.: Brothers and Sisters, this promise demands the following of us: to see to it that bishops be recognized and acknowledged in their fatherly function. In this way dioceses and parishes should become marked, apostolicly fruitful families, open for the times.

HF.: Familia schoenstattensis, esne prompta?

A.: In spiritu fundatoris: adsum!"

"Dla podkreślenia naszej gotowości służenia wszystkimi siłami Kościołowi, odnawiamy przyrzeczenie złożone następcy św. Piotra przez Ojca Kentenicha. Pytanie nam postawione brzmi: 'Familia schoenstattensis, esne prompta?' (Rodzino Szensztacka, czy jesteś gotowa?). Odpowiadamy: 'In spiritu fundatoris: adsum!' (W duchu Założyciela -tak! — Zgodnie z przekonaniem i postawą naszego Założyciela jesteśmy gotowi!)

Odnowienie przyrzeczenia

K.: (Kapłan) Ojcze Święty, przez wiele miesięcy przygotowywaliśmy się do tego spotkania. W nas, Rodzinie Szensztackiej, żyje duch naszego Założyciela — jego miłość do Kościoła. Przeto chcemy dzisiaj uroczyście powtórzyć przyrzeczenie, które złożył on następcy św. Piotra. Prosimy Cię Ojcze o przyjęcie tego Aktu.

OS.: (Ojciec Święty) Czy jako członkowie międzynarodowej Rodziny Szensztackiej jesteście gotowi przejąć przyrzeczenie dane przez Ojca Kentenicha Papieżowi Piusowi XII. z okazji wprowadzenia przez Kościół instytucji sekularnych?

K.: Bracia i Siostry, to przyrzeczenie zobowiązuje nas, przez świętość tej umowy, do urzeczywistnienia Ewangelii we własnym środowisku. Przyrzekamy starać się, ażeby współczesne apostolskie siły stały się owocne i decydujące w kształtowaniu nowego chrześcijańskiego porządku społecznego.

OS.: Familia schoenstattensis, esne prompta?

W.: In spiritu fundatoris: adsum!

OS.: Czy jesteście gotowi przejąć przyrzeczenie dane przez Ojca Kentenicha Papieżowi Pawłowi VI. w godzinie oświecenia Duchem św. II. Soboru Watykańskiego?

K.: Bracia i Siostry, tym przyrzeczeniem zobowiązujemy się, poprzez nasz wkład do możliwie doskonałego urzeczywistnienia postanowień Soboru.

OS.: Familia schoenstattensis, esne prompta?

W.: In spiritu fundatoris: adsum!

OS.: Czy jesteście gotowi, przejąć przyrzeczenie Ojca Kentenicha dane Biskupom w szczytowym okresie jego życia?

K.: Bracia i Siostry, to przyrzeczenie wymaga od nas byśmy zabiegali o poznanie i uznanie ojcostwa Biskupów. W tenże sposób powinny być Diecezje i Parafie wyraźnymi, uwarunkowanymi w czasie i apostolsko owocującymi Rodzinami.

OS.: Familia schoenstattensis, esne prompta?

W.: In spiritu fundatoris: adsum!"

Der Kelch, den P. Kentenich am 22.12.1965 Paul VI. geschenkt hat, befindet sich jetzt in Florencio Varela, Argentinien.

El cáliz que el 22.12.65 regaló el P. Kentenich a Pablo VI se guarda ahora en Florencio Varela, Argentina.

The chalice which Fr. Kentenich gave Pope Paul VI on December 22, 1965 is now in Florencio Varela, Argentina.

O cálice que o P. Kentenich deu ao Papa Paulo VI em 22-12-1965 encontra-se atualmente em Florencio Varela (Argentina).

"Ausdruck unseres Wollens ist eine Kopie des Kelches, den Pater Kentenich am 22. Dezember 1965 Papst Paul VI. überreicht hat. Dieser nachgebildete Kelch ist beim jetzigen Anlaß unser zentrales Geschenk an Papst Johannes Paul II. Er ist sichtbares Zeugnis der Erneuerung unserer Versprechen, welche die Kirche selbst und ihre Weltsendung betreffen. Deshalb trägt er eine neue Inschrift: ECCLESIA SANCTA • M • FAMILIA DEI • T • ANIMA MUNDI • A • Das bedeutet: (Die) Kirche in Heiligkeit (soll werden) Familie Gottes (und) Seele der Welt. Dazu kommt die Abkürzung MTA (Mater ter admirabilis), worin die marianische Prägung der Kirche zum Ausdruck kommt."

La expresión de este querer es una réplica del cáliz que el padre fundador entregó el 22 de diciembre de 1965 al Papa Pablo VI. Este cáliz constituye el regalo común que presentamos a Juan Pablo II. El simboliza la renovación que ahora hacemos de las promesas del fundador. Ellas se refieren a la Iglesia misma y a su misión en el mundo. Por eso tiene el cáliz que hoy presentamos, una nueva inscripción: ECCLESIA SANCTA • M • FAMILIA DEI • T • ANIMA MUNDI • A. Eso significa que, viviendo la Iglesia su misterio de santidad, tiene que ser cada vez más familia de Dios para ser alma del mundo. Las letras MTA (Mater ter admirabilis), señalan la impronta mariana de la Iglesia de Cristo."

"A replica of the chalice which Father Kentenich presented to Pope Paul VI on 22 December 1965 is the expression of our intentions, as well as our central gift to Pope John Paul II. It gives visible testimony to the renewal of our promises which concern the Church herself and her mission for the world. That is why the chalice bears a new inscription: ECCLESIA SANCTA • M • FAMILIA DEI • T • ANIMA MUNDI • A. Meaning: (The) holy Church (should become the) Family of God (and) soul of the world. The initials MTA (Mater ter admirabilis), expressing the Marian seal on the Church, are added to this."

"A expressão da nossa vontade é uma cópia do cálice que o Padre Kentenich ofereceu ao Papa Paulo VI no dia 22 de Dezembro de 1965. A reprodução daquele cálice é, nesta ocasião, nosso principal presente ao Papa João Paulo II. É um sinal da renovação da nossa promessa em relação à própria Igreja e à sua missão no mundo. Por isso tem uma nova Inscrição: ECCLESIA SANCTA • M • FAMILIA DEI • T • ANIMA MUNDI • A • . Isto quer dizer: Na santidade a Igreja (deve tornar-se) Família de Deus (e) alma do mundo. Além disso, está gravada a abreviatura MTA (Mater ter admirabilis), pela qual se expressa a modalidade mariana da Igreja."

"Wyrazem naszego pragnienia jest kopia kielicha, który w dniu 22. grudnia 1965 roku Ojciec Kentenich przekazał Papieżowi Pawłowi VI. Ten skopiowany kielich jest z tej okazji naszym głównym podarunkiem dla Papieża Jana Pawła II. Jest on oczywistym świadectwem odnowy naszego przyrzeczenia dotyczącego samego Kościoła oraz jego posłannictwa dla świata. Dlatego też napis na kielichu jest nowy: ECCLESIA SANCTA • M • FAMILIA DEI • T • ANIMA MUNDI • A • co znaczy: Kościół w swojej świętości (ma być) rodziną Bożą (i) duszą świata. Do tego dochodzi skrót MTA (Matka Trzykroć Przedziwna), co ma podkreślić maryjny charakter Kościoła."

Überreichung des Kelches
Entrega del cáliz

Presentation of the chalice
Entrega do cálice

Przekazanie kielicha

Mit dem Kelch überreichen wir auch unsere geistigen Gaben und das Geldgeschenk.

Con el cáliz van nuestros presentes espirituales y el aporte en dinero que se ha recolectado para el Papa.

With the chalice we will also present our spiritual gifts and the gift of money collected by the Schoenstatt Family.

Com o cálice entregamos também as nossas contribuições espirituais e o nosso presente em dinheiro.

Wraz z kielichem przekazujemy również nasze duchowe dary i podarunek pieniężny.

Segen des Heiligen Vaters mit Segnung der Gedenkjahrbänder für unsere Heiligtümer in aller Welt.

Bendición del Santo Padre a los peregrinos y bendición de las cintas conmemorativas para nuestros santuarios en el mundo.

Weiheerneuerung

"Seit den Anfängen unserer Familie schöpfen wir aus dem Liebesbündnis mit der Gottesmutter im Heiligtum die Kraft zur Erfüllung unserer Sendung in der Kirche und für die Welt. Deshalb weihen wir uns gemeinsam mit dem Hl. Vater neu der Gottesmutter."

Renovação da consagração

"Desde os primórdios da nossa Família, haurimos da aliança de amor com Nossa Senhora, no Santuário, a força para cumprir a nossa missão na Igreja e no mundo. Por isso, todos juntos com o Santo Padre consagramo-nos novamente à Mãe de Deus."

Renovación de la consagración

"Desde los comienzos, nuestra familia vive de la alianza de amor con María en el santuario. De allí obtenemos la fuerza para el cumplimiento de nuestra misión en la Iglesia y en el mundo. Hoy tenemos la alegría de renovar con el Santo Padre nuestra consagración a la Mater."

Odnowienie poświęcenia się

"Od początku istnienia naszej Rodziny czerpiemy z świętości Przymierza Miłości z Matką Bożą siłę do wypełniania naszego posłannictwa w Kościele i dla świata. Dlatego poświęcamy się wspólnie wraz z Ojcem Świętym na nowo Matce Bożej."

Consecration renewal

"From the very beginnings of our family, we have drawn the strength to fulfil our mission in the Church and for the world from the covenant of love with Our Lady in the shrine. For that reason, as one we will consecrate ourselves with the Holy Father anew to the Blessed Mother."

The Holy Father gives us his blessing
Blessing of the Jubilee Ribbons for our shrines all over the world

Bênção do Santo Padre aos peregrinos e bênção das faixas das bandeiras para os nossos Santuários de todo o mundo.

Błogosławieństwo Ojca Świętego połączone z poświęceniem szarf dla naszych Sanktuariów na całym świecie

Der Hl. Vater befestigt das erste Fahnenband für das Heiligtum des 18.10.1914, das zweite für die Gründerkapelle.

El Santo Padre pone la cinta conmemorativa al mástil de las banderas para el santuario del 18.10.1914 y para la "capilla del fundador"

The Holy Father attaches the first Rome-ribbon to the banner for the Shrine of October 18, 1914, the second to that of the Founder Chapel.

O Santo padre prende a primeira faixa na bandeira do Santuário de 18-10-1914, e a segunda na da Capela do Fundador.

Die Geschichte von Pedro hat David gemalt, ein Argentinier. Und der Traum hat sich erfüllt: Pedro nimmt an der Festwoche teil, und in Rom schenkt er sogar dem Hl. Vater persönlich eine Tonschnecke, bemalt in den Farben der portugiesischen Flagge. Diese Stunde der Freude teilt er mit Kindern, die in verschiedensten Sprachen eifrig aufeinander einreden.

La historia de Pedro la pinta David, un argentino. Y el sueño se cumple: Pedro participa en la Semana Festiva y en Roma, incluso puede regalarle personalmente al Papa un caracol con los colores de la bandera portuguesa. En esa hora de alegría, están con él niños que parlotean en diferentes lenguas.

The story of Pedro was painted by David, an Argentinian. And the dream could be fulfilled: Pedro was at the Festival Week and could even be there in person to present the Holy Father a ceramic snail. He shares this joyful moment with children who enthusiastically chatter to one another in a multitude of languages.

A história de Pedrinho: um sonho que se torna real. Realmente Pedrinho participa da Semana Festiva e, em Roma, oferece pessoalmente ao Papa uma concha de caracol pintada com as cores da bandeira de Portugal. Partilha a alegria dessa hora com os outros meninos que, em diversas línguas procuram fazer-se entender.

> Hallo, ich bin PEDRO aus Gafanha in Portugal. Mit meinen Freunden sammle ich Schnecken und verkaufe sie. Denn ich will unbedingt nach Schönstatt zur Festwoche und nach Rom fahren.
>
> Hola, yo soy PEDRO de Gafanha en Portugal. Con mis amigos colecciono caracoles y los vendo, pues quiero a toda costa viajar a Schoenstatt para la Semana Festiva y a Roma.
>
> Hello, I'm PEDRO from Gafanha, Portugal. Together with my friends, I collect snails and sell them. For I really would like to go to Schoenstatt for the Week Festival, and to Rome.
>
> Olá, eu sou PEDRO, de Gafanha Portugal. Com meus amigos eu colecciono caracóis para vender, pois eu desejo de todos modos viajar a Schoenstatt, para a Semana Festiva e à Roma.

"Ich setze meinen Bogen in die Wolken" (Gen 9,13)

Wenn Gott spricht, muß man Zeugnis davon geben!

Wir haben den Regenbogen, das göttliche Bundeszeichen, am 20. Oktober 1984 nachmittags zu Beginn des Gedenkjahres in Schönstatt erlebt. Tausende waren es, die ihn erneut aufleuchten sahen auf dem Höhepunkt der Feierlichkeiten in Schönstatt am Spätnachmittag des 15. September 1985.

Er stand noch ein drittes Mal für uns in den Wolken, diesmal in Rom, während die internationale Schönstattfamilie in der Aula Paolo VI. zur Begegnung mit dem Heiligen Vater versammelt war. Das geschah am 20. September 1985.

Die meisten der Audienzteilnehmer haben diesen Regenbogen nicht sehen können; denn sie waren schon in der Aula, wo um 17 Uhr das Vorprogramm zur Einstimmung auf die Begegnung mit dem Heiligen Vater begonnen hatte. Nur einige Personen, die verspätet vor der Aula ankamen, sahen diesen dritten Regenbogen.

Dieses Zeugnis möchte ich heute, am Fest Allerheiligen 1985, der ganzen Schönstattfamilie in aller Welt weitergeben!

Handelt es sich wirklich um ein göttliches Zeichen — oder überziehen wir bei dieser Deutung? Ich lasse die Umstände sprechen, und dann mögen Sie sich selber ein Urteil bilden:

In Rom hatte es monatelang nicht mehr geregnet, etwa seit Mai 1985. Die Zeitungen berichteten von der Dürre in Italien und sogar von der drohenden Rationierung des Trinkwassers in Florenz. Täglich war der Himmel strahlend blau. Doch am Vormittag des 20. September, unserem Audienztag, goß es in Rom wie aus Kannen — manche unserer Leute wurden total durchnäßt. Am Nachmittag des Tages war das Wetter besser, doch fing es nach unserer Messe im Petersdom wieder leicht zu regnen an, während wir uns auf den Weg zur Aula machten. Gegen 17.20 Uhr stand dann der Regenbogen über der Ewigen Stadt. Um 18.13 Uhr betrat der Heilige Vater die Aula. Die Audienz endete um 19.45 Uhr — draußen regnete es nicht mehr, und am nächsten Tag war wieder strahlender Sonnenschein. Dieses herrliche Wetter hielt wieder mehrere Wochen an. Erst Ende Oktober fiel in Rom der nächste Regen.

Drei festliche Höhepunkte im Verlauf des Gründergedenkjahres — und dreimal der Regenbogen! Man bekommt ihn nicht auf Bestellung!

So spricht der Herr: "Balle ich Wolken über der Erde zusammen und erscheint der Bogen in den Wolken, dann gedenke ich des Bundes, der besteht zwischen mir und euch." (Gen 9,14f)

P. Walter Jakel

"Pongo entre las nubes mi arco iris" (Gen 9,13)

¡Cuando Dios habla, hay que dar testimonio de ello!

Vimos el arco iris, símbolo divino de la alianza, el 20 de octubre de 1984 en la tarde, al iniciar el año del centenario en Schoenstatt.

Fueron miles los que lo volvieron a ver aparecer en el momento cúlmine de las celebraciones en Schoenstatt, en la tarde del 15 de septiembre de 1985.

Una tercera vez se mostró para nosotros entre las nubes — ahora en Roma —, mientras la Familia Internacional de Schoenstatt estaba reunida en la sala Paulo VI en espera del encuentro con el Santo Padre. Ocurrió el 20 de septiembre de 1985.

El grueso de quienes asistieron a la audiencia no pudieron ver este arco iris, porque ya estaban en la sala, donde al rededor de las 17.00 horas había comenzado el programa de preparación a nuestro encuentro con el Papa. Sólo algunas personas que llegaron atrasadas al aula vieron este tercer arco iris. Hoy, en el día de Todos los Santos de 1985, quiero transmitir este testimonio a la Familia de Schoenstatt del mundo entero.

¿Se trata realmente de un signo de Dios o exageramos en esta interpretación? Dejaré hablar los hechos y después podrá cada uno formarse su propio juicio.

Hacía meses que no llovía en Roma, más o menos desde mayo del 85. Los periódicos informaban sobre la sequía en Italia e incluso sobre la amenaza de racionar el agua potable en Florencia. A diario brillaba un cielo azul; pero en la mañana del 20 de septiembre, en el día de nuestra audiencia, llovió a cántaros en Roma (alguna de nuestra gente se empapó). En la tarde de ese mismo día mejoró el tiempo, pero después de nuestra misa en la Basílica de San Pedro comenzó de nuevo una lluvia tenue, mientras nos dirigíamos a la sala de audiencia. Cerca de las 17:20 horas apareció el arco iris sobre la Ciudad Santa. A las 18:13 horas entró el Santo Padre al aula. Al terminar la audiencia, a las 19.45 horas, afuera ya no llovía y al día siguiente brilló otra vez el sol. Este tiempo maravilloso se mantuvo varias semanas; recién a fines de octubre cayó en Roma la siguiente lluvia.

¡Tres momentos cumbres en el desarrollo del año del centenario y tres veces el arco iris! ¡No es posible hacerlo aparecer por encargo!

Así dice el Señor: "Cuando yo anuble de nubes la tierra, entonces se verá el arco iris en las nubes, y me acordaré de la alianza que media entre yo y vosotros" (Gen 9,14s).

P. Walter Jakel

"I set my bow in the clouds" (Gen 9,13)

"When God speaks, we have to give witness of it!

We experienced the rainbow, the divine sign of the covenant, on the afternoon of October 20, 1984 at the beginning of the centenary year in Schoenstatt. Thousands saw it shine forth anew at the climax of the celebrations in Schoenstatt late in the afternoon of September 15, 1985.

It was in the clouds a third time — this time in Rome while the international Schoenstatt Family was gathered in the Aula Paolo VI (Hall of Paul VI) for the encounter with the Holy Father. That took place on September 20, 1985.

Most of the participants in the audience could not see this rainbow since they were already in the hall where the pre-program to set the tone for the encounter with the Holy Father had begun at 5:00 pm. Only a few persons who came late to the hall saw this third rainbow.

I would like to share this witness with the whole Schoenstatt Family throughout the world on this feast of All Saints (1985).

Is it really a question of a divine sign — or are we making too much of this interpretation? I will allow the circumstances to speak for themselves, and then you can draw your own conclusions:

In Rome it hadn't rained for months, something like since May 1985. The newspapers reported about the drought in Italy and even about the threat of water rationing in Florence. Each day the sky was radiant blue. But on the morning of September 20, the day of our audience, it rained cats and dogs in Rome — some of our people were soaked to the skin. The weather improved in the afternoon, but after our Mass in St. Peter's it began to rain lightly as we set out for the hall. Around 5:20 pm, a rainbow appeared over the

Eternal City. At 6:13 pm the Holy Father entered the hall. The audience ended at 7:45 pm — it wasn't raining anymore, and on the next day there was bright sunshine again. The marvellous weather would continue for several weeks. Only in late October would it rain again. Three solemn highlights in the course of the centennial — and three rainbows! You just don't get them out of catalogs!

As the Lord said: "When I gather the clouds over the earth and the bow appears in the clouds, I will recall the Covenant between myself and you." (Gen 9,14f)

Father Walter Jakel

Avvenire

"Das gestrige Treffen von Johannes Paul II. mit 5000 Vertretern der Schönstattbewegung war mehr als eine Audienz, es war ein Familienfest."

Zeitung AVVENIRE, Rom, 21.09.85

Avvenire

"Más que una audiencia en sentido estricto, el encuentro de ayer de Juan Pablo II y cinco mil representantes del Movimiento de Schoenstatt ha sido una fiesta de familia"

— Diario AVVENIRE, Roma, 21 septiembre 1985

Avvenire

"More than an audience in the strict sense, the encounter between John Paul II and the five thousand representatives of the Schoenstatt Movement was a family festival."

— Rome's daily newspaper AVVENIRE, September 21, 1985

Avvenire

"Cosi, più che un'udienza in senso stretto, l'incontro di ieri tra Giovanni Paolo II ed i cinquemila rappresentanti del movimento di Schoenstatt è stata appunto una festa di famiglia..."

— AVVENIRE, Roma, 21 settembre 1985

Meditation sur trois arcs-en-ciel

"Mère, nous voudrions te parler de ces trois arcs-en-ciel qui ont été aperçus à Schönstatt et à Rome, aux grandes dates de l'Année du Centenaire de ton serviteur, le Père Kentenich: au-dessus de son tombeau, jour d'ouverture de cette année mémorable et le jour anniversaire de sa mort — au-dessus du Vatican, durant la rencontre de la Famille Internationale de Schönstatt avec le Saint Père.

Le Père Kentenich nous a appris à lire les signes de Dieu dans les évenements, petits ou grandioses. C'est pourquoi, Mère, nous nous risquons à te dire ceci:

Un arc-en-ciel est apparu par trois fois, non pas une fois ni deux, mais trois fois. Une telle insistance — et pas n'importe quels jours - nous semble un signe évident de ton amour maternel pour notre père et fondateur et pour nous tous, sa famille universelle.

Par là, ne voulais-tu pas rendre témoignage, en effet, à ce prêtre qui t'a aimée de toutes ses forces et qui a communiqué son amour filial au monde entier? Il t'a demandé d'établir ton trône dans l'humble sanctuaire de Schönstatt. En dressant par deux fois l'arc de l'Alliance dans le ciel de Schönstatt, ne voulais-tu pas manifester, à la vue de tous tes enfants, avec quel empressement tu avais accepté cette invitation?

En émerveillant de la sorte les yeux et les coeurs de ceux qui se sont consacrés à toi, ne voulais-tu pas aussi leur dire combien ton propre coeur était rempli de joie en les voyant rassemblés, de tous les points du globe, dans la ferveur de la prière, de la charité fraternelle et de l'Alliance d'Amour avec toi?

Et à Rome, ne nous disais-tu pas: ,,Il a aimé l'Eglise, lui, votre père et fondateur. Il n'a vécu que pour elle. Pour elle il a dépensé toutes ses forces, pour elle il a tellement souffert. L'Eglise, c'est la grande famille de tous mes enfants rachetés dans le sang de mon Fils et dans mes larmes. Vous aussi, aimez l'Eglise, aimez tous mes enfants. A mon exemple, complétez dans votre chair ce qui manque à la Passion de mon Fils pour son Corps qui est l'Eglise. Soyez aussi missionnaires, en union avec vos pasteurs et avec le Pasteur suprême. Comme lui, puisez largement dans mon coeur l'amour de l'Eglise. Vous en aurez besoin pour rester fidèles aux engagements de cette année jubilaire en surmontant obstacles et épreuves.

Que la majesté de l'arc-en-ciel, qui ravit Noé sortant de l'Arche, vous soutienne tout au long de la route et vous affermisse dans l'espérance. Ayez confiance: une mère n'abandonne jamais ses enfants!"

(Nous, famille française de Schönstatt, n'oublions pas l'arc-en-ciel qui a auréolé notre Sanctuaire de l'Unité, au jour du couronnement de la sainte image de notre Mère, le 18 mai 1971...)"

abbé Louis Fleury

Le Lien de Schönstatt, Cambrai, Pâques 1986.

Der September-Regenbogen über Rom.

El arco iris de septiembre sobre roma.

The September rainbow over Rome.

O arco-íris de setembro sobre Roma.

Jeden Tag ins dritte Jahrtausend
- Aussendung

Cada día hacia el tercer milenio
- Envío

Each day into the third millennium
- Commission

Cada dia rumo ao terceiro milênio
- Envio

21.09.85

Aussendungsworte
Palabras de envío
Words of commission
Palavras de envio

" 'Geht und entzündet die Welt'. Dieses Wort ist das Thema und das innere Gesetz Pater Kentenichs gewesen, von dem er geglüht hat. Als Bischof möchte ich Sie auffordern: Gehen Sie zu Ihren Ortskirchen und schenken Sie ihnen die Demut der Jünger und die Kühnheit der Apostel Christi. Gehen Sie zu der Gesellschaft, zu der Sie selbst gehören, und verkünden Sie ohne Komplexe und falsche menschliche Rücksichten oder Hemmungen die Botschaft des Evangeliums. Gehen Sie und schenken Sie der Familie die evangelische Botschaft. Es ist eine Frohbotschaft und hört doch nicht auf, Kreuz zu sein. Gehen Sie und zeigen Sie den jungen Menschen das wirkliche Antlitz Christi. Gehen Sie und helfen Sie durch das Beispiel einer überzeugten und überzeugenden inneren Bekehrung. Gehen Sie und seien Sie Künder der brüderlichen Liebe und Hoffnung.''

'' 'Id y encended el mundo es el lema y la ley interior del ardiente P. Kentenich. Como Obispo os exhorto: ¡Id! Id a vuestras comunidades eclesiales, infundid en ellas la humildad de los discípulos y la audacia de los Apóstoles de Cristo. Id a la sociedad de la que formáis parte, anunciad sin complejos ni temor la Palabra evangélica. Id a la familia y ofrecedle la Buena Nueva de gozo y de cruz. Id y proponed a los jóvenes el verdadero rostro de Cristo. Id con el anuncio de la conversión interior, sed anunciadores de amor fraterno y de esperanza.''

,,'Go and set the world afire. This was Father Kentenich's theme, the inner law for which he glowed. As bishop I would like to call out to you: Go out from here! Go into your local Churches and share with the people the humility of the disciples and the courage of the apostles of Christ. Go into the society of which you are a part and proclaim there without inferiority complexes and false human discretion or inhibition the good news of the Gospel. Go out and share with the family the cure which is contained in the evangelical message. It is the Good News and it will never cease to be a cross. Go out and show the young people the true countenance of Christ. Go out and help by way of the example of convincing and convinced inner conversion. Go out and become a sign of brotherly love and hope.''

Ite incendite mundum

Geht entzündet die Welt

Id, encended el mundo

Dom Lucas Moreira Neves,
Sekretär der Hl. Kongregation
für die Bischöfe
Secretario de la Congregación
para los Obispos
Secretary of the Congegration
for the Bishops
Secretário da Congregação
para os Bispos

" ‚Ide e incendiai o mundo' é o lema e a lei interior do ardente P. Kentenich. Como Bispo eu vos exorto: Ide! Ide às vossas comunidades eclesiais, infundi nelas a humildade dos discípulos e a audácia dos Apóstolos de Cristo. Ide à sociedade da qual sois parte, anunciai sem complexos e sem temor a Palavra evangélica. Ide à família e ofereci-lhe a Boa Nova de alegria e de cruz. Ide e proponde aos jovens a verdadeira face de Cristo.

Ide com o anúncio da conversão interior, sede anunciadores do amor fraterno e da esperança!"

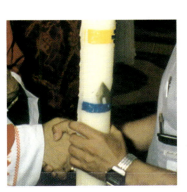

Go, set the world afire   Ide inflamai o mundo   Idźcie, rozpalajcie świat

Prof. Dr. B. Forte, Dr. H. Brantzen, P. Dr. E. Viganó, Rettore Maggiore SDB

INTEGRATION
a challenge for the culture
of the third millennium

An interdisciplinary symposium to commemorate the 100th anniversary
of the birth of Father Joseph Kentenich

INTEGRATION
Herausforderung an eine Kultur
des dritten Jahrtausends

Interdisziplinäres Symposion aus Anlaß des hundertsten Geburtstages
Pater Joseph Kentenichs

INTEGRACION
reto para una cultura
del tercer milenio

Un simposio interdisciplinario en conmemoración de los 100 años
del nacimiento del padre José Kentenich

Schoenstatt-Vallendar · West Germany
25.–29. September 1985

Berichte über Gewerkschaftsarbeit in Chile und Kurse mit Arbeitgebern in Südafrika.

Una experiencia sindical en Chile y una con empresarios en Sudáfrica

Reports about the work of labour unions in Chile and business management courses in South Africa.

Relatório sobre o trabalho dos sindicatos no Chile e cursos para empresários na África do Sul.

Prof. Dr. J.C. Scannone, Bischof Dr. K. Hemmerle

Prof. Dr. J. Stallmach, Prof. Dr. G. Funke

Dr. R. Zollitsch, Prof. Dr. G. Greshake

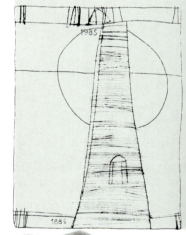

Schenke uns die Gnade der schöpferischen Treue
zum prophetischen Auftrag unseres Gründers.

concédenos la gracia
de la fidelidad creadora
al encargo profético de nuestro padre y fundador.

give us the grace of creative loyalty
to our founder's prophetic mission.

concede-nos a graça
da fidelidade criadora
à incumbência profética de nosso Pai e Fundador.

Seine Person und seine Sendung in der Kirche
sind ein großes Geschenk,
für das wir mit dir den ewigen Vater preisen
durch den Sohn im Heiligen Geist.

El inmenso don de su paternidad
y de su misión en la Iglesia,
nos mueve a alabar contigo
al Padre, por el Hijo, en el Espíritu Santo.

Das Leben und die Botschaft P. Josef Kentenichs sind das Thema der Kantate des chilenischen Komponisten Rolando Cori, nach Texten von Joaquín Alliende-Luco, deutsche Fassung von Martin Emge. Die Uraufführung auf Berg Schönstatt durch das Kammerorchester der Rheinischen Philharmonie, Chor, Sopranistin Mary Ann Fones und Schauspieler des Stadttheaters Koblenz.

La vida y el mensaje del P. José Kentenich son el tema de la cantata del compositor chileno Rolando Cori, con textos de Joaquín Alliende Luco y traducción de Martin Emge. La estrena en el Monte Schoenstatt la Orquesta de Cámara de la Filarmónica del Rin, con coro, la soprano Mary Ann Fones y actores del Teatro de la Ciudad de Coblenza.

28.09.85

Fr. Joseph Kentenich's life and message are the subject of a cantata written by Chilean composer Rolando Cori following texts by Joaquín Alliende-Luco and translated by Martin Emge. The premiere is on Mount Schoenstatt and features the Philharmonic Chamber Orchestra of the Rhine, a choir, soprano Mary Ann Fones and actors from the Koblenz City Theater.

A vida e a mensagem do P. Kentenich são o tema da cantata do compositor chileno Rolando Cori, com textos de Joaquín Alliende Luco, tradução de Martin Emge. A primeira apresentação no Monte Schoenstatt foi feita pela Orquestra de Câmara da Filarmônica do Reno, com coro, a soprano Mary Ann Fones e atores do Teatro da Cidade de Coblença.

Bischof Dr. K.J. Romer; P. Dr. H.W. Unkel, Prof. Dr. R. Weigand, P. Dr. J. Ochegavía SJ.

His person and his mission in the Church are a great gift for which we join you in praising the eternal Father through the Son in the Holy Spirit.

O imenso dom de sua paternidade e de sua missão na Igreja, move-nos a louvar contigo o Pai, pelo Filho, no Espírito Santo.

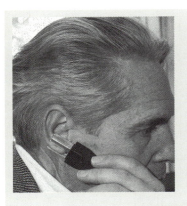

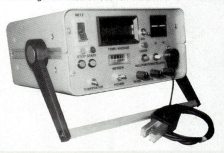

WELTNEUHEIT
Verletzungsfreie Meßmethode von Blutzucker für Diabetiker

In Argentinien: das Haus für Kinder 'P. José Kentenich' hilft 100 armen Kindern mit Lebensmitteln, psychologischer Beratung, Nachhilfeunterricht und Katechese.

In Argentina: a "Padre José Kentenich" home for children. It helps 100 needy children by providing meals, psychological counseling, tutoring and catechism.

Na Argentina: A 'Casa do Menino P. José Kentenich' ajuda 100 crianças carentes com alimento, orientação, apoio escolar e catequese.

Jahrelang, Tag für Tag, forscht der deutsche Physiker Dr. A. Müller aus dem Familienwerk Schönstatts — das Bild der Gottesmutter im Labor.

Descubrimiento alemán de importancia mundial. Una gran ayuda para diabéticos. Para lograrlo, durante años, cada día, investigó el Dr. A. Müller, miembro de la Rama Familiar de Schoenstatt. En su laboratorio la imagen de la Sma. Virgen.

German discovery of global proportions. A big help for diabetics. Year in and year out, German physisist Dr. A. Müller of the Schoenstatt Family Work does his research. The picture of Mary in the laboratory.

Descoberta de importância mundial. Uma grande ajuda para diabéticos. Foi o resultado de longas pesquisas, durante anos. O físico alemão, Dr. A. Müller, membro da Obra das Famílias de Schoenstatt, é o responsável por essa descoberta. Em seu laboratório, a imagem de Nossa Senhora.

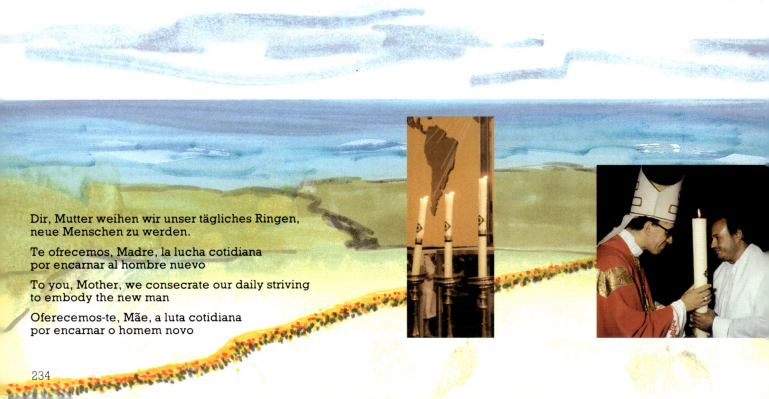

Dir, Mutter weihen wir unser tägliches Ringen, neue Menschen zu werden.

Te ofrecemos, Madre, la lucha cotidiana por encarnar al hombre nuevo

To you, Mother, we consecrate our daily striving to embody the new man

Oferecemos-te, Mãe, a luta cotidiana por encarnar o homem novo

CASA DEL NIÑO - P. JOSE KENTENICH

AAF   ABRIL 1986

"La inmensa mayoría de nuestros hermanos siguen viviendo en situación de pobreza y aún de miseria, que se ha agravado".
(D.P. Nº 1135)

QUE HICIMOS DURANTE 1985?

. Construimos la casa en la cual se inscribieron 100 chicos.

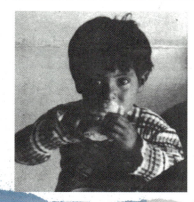

Centro La PROVIDENCIA

simposio
9 y 10 noviembre 1985

In Chile: Historiker, Juristen, Gewerkschaftler (einer von ihnen sendet seinen Vortrag aus einem Gefängnis zu), Theologen, Unternehmer, Künstler, Wissenschaftler, Politiker der verschiedensten demokratischen Richtungen, treffen sich zu einem Symposion — organisiert von den Schönstättern des 'Centro La Providencia'. Thema: 'Integration Kirche — Welt in den achtziger Jahren. Herausforderungen und Hoffnungen.'

En Chile, historiadores, abogados, sindicalistas (uno de ellos envía su ponencia desde de la cárcel), teólogos, empresarios, artistas, científicos, políticos de las más diversas corrientes democráticas, se reúnen en un simposio convocado por los schoenstattianos del 'Centro La Providencia'. El tema: 'Integración Iglesia — mundo en la década de los 80. Desafíos y esperanzas'.

In Chile, historians, jurists, labor union leaders (one sends his talk from prison), theologians, businessmen, artists, scientists, and politicians of different democratic pursuasions meet for a symposium organized by the Schoenstatt members at the 'Centro La Providencia'. The topic is "Church-World Integration in the 1980s, Challenges and Hopes."

wie er die Kirche zu lieben bis zum Kreuz

queremos amar a la Iglesia
como él, hasta la cruz,

His legacy urges us to love the Church as he did,
even to the Cross,

queremos amar a Igreja
como ele, até a cruz,

> 2. Becoming a beautiful reflection of you, Our Queen,
> To keep peace and grow love in the world
> We have resolved, we have resolved in our hearts — Hence
> We go forward, Mother, to jump into the field holding your banner!
>
> — Fr. M.A. Thamburaj 20/5/86

M.A. Thamburaj aus Indien komponiert ein Lied an die Gottesmutter von Schönstatt. "Damit der Friede auf Erden erhalten bleibe, damit die Liebe entzündet werde, beschließen wir, ja beschließen wir zutiefst in unserem Herzen, deinem wundervollen Vorbild, o unsere Königin, gleich zu werden."
"Ich bin überzeugt, daß P. Kentenich und seine Schönstattbewegung von Gott geschaffen wurden, damit die Welt Heilung und Leben erhält im dritten Jahrtausend. Ich kehre in meine Heimat zurück, gestärkt in meiner Berufung als Priester, als Dozent im Kleinen Seminar und als Inder."

M.A. Thamburaj of India composed a song for Schoenstatt's Mother and Queen.

> I am convinced that Father Kentenich and his Schönstatt Movement were raised by God for the salvation and life of the world in the Third Millenium. I return home more committed to my call as a Priest, a Professor in the Minor Seminary and an Indian.
>
> — M.A. Thamburaj 30/5/86.
>
> Archbishop's House,
> MADURAI-625 008,
> South India.

M. Thamburaj, de India, compone una canción a Nuestra Señora de Schoenstatt: "para que se conserve la paz en la tierra, quédate con nosotros. Para que se encienda el amor, nos decidimos, sí, nos decidimos en lo más hondo de nuestros corazones, a imitar tu imagen, Reina admirable."

"Yo estoy convencido que el P. Kentenich y el movimiento fundado por él fueron suscitados por Dios para salvación y vida del mundo en el tercer milenio. Vuelvo a mi patria más convencido de mi vocación como sacerdote, profesor en el seminario menor y como indio."
M. Thamburaj

M. Thamburaj, da India, compõe uma canção a Nossa Senhora de Schoenstatt: 'Para que se conserve a paz na terra, fica conosco. Para que se acenda o amor, decidimo-nos, sim, decidimo-nos no mais profundo de nossos corações, imitar tua imagem, Rainha Admirável.'

'Estou convencido de que o P. Kentenich e o movimento por ele fundado foram suscitados por Deus para salvação e vida do mundo no terceiro milênio. Volto à minha Pátria mais convencido de minha vocação de sacerdote professor no seminário menor e como cidadão da India.'
M. Thamburaj

"Ein Glaube, der nicht Kultur wird, ist kein voll angenommener, kein ganz durchdachter und kein treu gelebter Glaube."
Papst Johannes Paul II, 16.01.82

"Una fe que no se transforme en cultura, no ha sido plenamente recibida, no es una fe pensada en hondura ni fielmente vivida" Juan Pablo II, 16 de enero de 1982

'Faith which does not become culture is no fully accepted, no completely thought-out, and no loyally lived faith.'
Pope John Paul II, January 16, 1982

"Afrika ist jetzt daran, seine Identität und seine Botschaft in die Welt zu definieren. Man möchte nicht mehr ein passiver Empfänger sein, denn ein Geschenk ruft nach einem Gegengeschenk (so will es das Brauchtum in Burundi). Das ist das heutige Dilemma Afrikas: man möchte seine Identität finden, aber im Kampf gegen Hunger und Armut vergißt man leicht das kulturelle und religiöse Anliegen der Bevölkerung. Doch 'wer sich nicht vor Gott beugt, betet ein selbstgeschnitztes Götzenbild an' (P. Kentenich). Wird der aufrebende Materialismus den religiösen Menschen begraben? Wohl darf man auch nicht vergessen, wie schnell die extreme Armut den Menschen seiner Würde berauben kann. Doch gibt es keine kulturelle Identität ohne Gott, denn jede Kultur ist im Religiösen begründet. Wer dann eine Kultur retten will, muß die Religion retten."

Aloïs Misago, Burundi

"Africa quiere definir su identidad y su mensaje al mundo. No quiere seguir desempeñando el papel del que sólo recibe, puesto que un regalo invita a responder con otro (así se acostumbra en Burundi...). Este es el actual dilema de Africa: queremos encontrar nuestra identidad; pero en la lucha contra el hambre y la pobreza se olvida muy fácilmente la demanda cultural y religiosa del pueblo. Pero 'quien no se inclina ante Dios, adora un ídolo hecho por sus propias manos' (P. Kentenich). ¿Logrará el creciente materialismo enterrar al hombre religioso? Con todo, no se debe olvidar cuán rápidamente la extrema pobreza expolia a los hombres de su dignidad. Y sin embargo, no hay identidad cultural sin Dios, pues cada cultura se funda en lo religioso. De allí que, quien quiera salvar una cultura, debe salvar la religión".

Aloïs Misago, Burundi

"Africa is now working to define its identity and its message for the world. We don't want to be just passive receivers any more, for each gift requires a gift in return (that's the custom in Burundi). That is Africa's dilemma today: 'We want to find our identity, but easily forget the cultural and religious concerns of our people.' But 'he who does not bow to God, adores a self-carved idol' (Fr. Kentenich). Will the rise of materialism bury the religious man? We can not let ourselves forget how quickly extreme poverty can rob a man of his dignity. But there is no cultural identity without God, for each culture is based on the religious dimension. Whoever wants to save a culture must save religion."

Aloïs Misago, Burundi

"A África quer agora definir sua identidade e sua mensagem ao mundo. Não quer continuar desempenhando o papel daquele que só recebe, pois um presente convida a responder com outro (esse é o costume em Burundi). O atual dilema da África é: queremos encontrar nossa identidade; mas na luta contra a fome e a pobreza facilmente se esquece a busca religiosa e cultural do povo. E ,quem não se inclina ante Deus, adora um ídolo feito por suas próprias mãos' (P. Kentenich). Conseguirá o crescente materialismo enterrar o homem religioso? Também não se deve esquecer quão rapidamente a extrema pobreza expolia o homem de sua dignidade. No entanto, não há identidade cultural sem Deus, pois a cultura se funda no religioso. Daí se conclue que, quem quiser salvar a cultura, deve salvar a religião".

Aloïs Misago, Burundi

Der Aufruf der Trommel...El reto del tambor...The call of the drums...O chamado do tambor...

vorsehungsgläubig die Zeichen der Zeit deuten und in kindlichem Gespräch mit dem Gott der Geschichte leben.

el esfuerzo por ir siempre en diálogo filial con el Dios de la historia, vigilantes a los signos de los tiempos.

in childlike dialogue with the God of history, and who understands the signs of the time through faith in Divine Providence.

o esforço de ir sempre em diálogo filial com o Deus da história, vigilantes aos sinais dos tempos.

CAMPAÑA MUNDIAL DEL SANTO ROSARIO
JOAO LUIZ POZZOBON

N° 1 BOLETIN INTERNACIONAL MAYO 1986

Zimbabwe · Noruega · Filipinas · Holanda · Estados Unidos · Uruguay · Africa · Puerto Rico · Brasil · Portugal · Argentina · España

---

"Wenn ihr mich eines Tages tot am Rand des Weges findet, sollt ihr wissen, daß ich aus Freude gestorben bin...", schreibt der Diakon João Pozzobon in seinem Testament. Am 20.06.85 geschah es genau so — auf dem Weg zum Heiligtum von Santa Maria in Brasilien. Dieser unermüdliche, mystisch begnadete Pilger wanderte 140.000 km zu Fuß, um den Glauben zu verlebendigen. Er trug Maria als die 'große Missionarin' Christi und stand seinen schwächsten Brüdern bei. Er war ein guter Familienvater, lebte von seinem kleinen Krämerladen, ein einfacher Mann des brasilianischen Volkes, der ein erfülltes und heiligmäßiges Leben führte. In seine Kampagne der 'Pilgernden Madonna' und des Rosenkranzgebetes schalten sich inzwischen über 1 Million Menschen verschiedener Kontinente ein. "...ihr wißt, ich bin aus Freude gestorben."

"Si algún día me encontraran muerto a la vera del camino, sepan que morí de alegría". Así había escrito el Diácono Don João Pozzobon en su testamento. Y el 27 de junio de 1985 ocurre realmente así, camino al santuario en Santa María, Brasil. Este líder carismático popular recorrió a pie 140.000 km animando la fe, llevando a la Sma. Virgen como la 'gran misionera' de Cristo, asistiendo a los hermanos más necesitados. Era un pequeño comerciante ejemplar en su trabajo y en su vida de familia, un sencillo hombre del pueblo brasileño que vivió plena y santamente. Un místico y un apóstol infatigable. Participan de sus campañas de la 'Mãe Peregrina' y del santo rosario más de un millón y medio de personas de distintos continentes. "...sepan que morí de alegría"

"If you should find me dead at the side of the road one day, rest assured that I died of joy..." Those were the words of Deacon João Pozzobon in his will. On June 20, 1985 it happened just that way — on the way to the shrine in Santa Maria, Brazil. This untiring, mystically gifted pilgrim hiked 140,000 km (85,000 miles) in his life in order to bring the faith to life. He carried Mary as Christ's 'great missionary' and helped those who were less well-off than he. He was a good father and family-man, lived in his little general store, was a simple Brazilian who lived a full and holy life. Over 1 million people on widest continents have joined in his campaign of the 'Pilgrim Madonna'. "...Rest assured that I died of joy."

'Se um dia me encontrarem morto à beira da estrada, saibam que morri de alegria'. Assim havia escrito o Diácono João Pozzobon em seu testamento. E no dia 27 de junho de 1985 realmente assim aconteceu, a caminho do Santuário de Santa Maria, no Brasil. Este líder popular percorreu a pé 140.000 km animando a fé, levando Nossa Senhora como a 'grande Missionária' de Cristo, assistindo aos irmãos mais necessitados. Foi um pequeno comerciante, exemplar no trabalho e em sua vida de família, um homem simples do povo brasileiro que viveu plena e santamente. Participam de suas campanhas da 'Mãe Peregrina' e do Terço mais de um milhão e meio de pessoas de vários continentes. '...saibam que morri de alegria'.

dich in die Herzen unserer Schwestern und Brüder zu tragen,
para llevarte al corazón de nuestros hermanos
to bring you to the hearts of our brothers and sisters,
para levar-te ao coração de nossos irmãos

Von Vinzens Pallotti (1795-1850) greift P. Kentenich dessen Zielsetzung der Vereinigung und Dynamisierung aller apostolischen Kräfte der Kirche (Apostolischer Weltverband) auf. Den 'Infinitismus' des großen römischen Heiligen faßt der Gründer Schönstatts als missionarischen Universalismus: 'Universalismus der Höhe, der Tiefe, der Zeit und der Breite'.

De San Vicente Pallotti (1795-1850) asume el P. Kentenich su proyecto de cooperar a la unidad y dinamización de las fuerzas apostólicas de la Iglesia (Confederación Apostólica Universal). El 'infinitismo' del gran santo romano lo integra el fundador de Schoenstatt en un universalismo misionero: 'universalismo en la altura, la profundidad, la anchura y el tiempo'.

From Vincent Pallotti (1795-1850) Fr. Kentenich took on the goals of uniting and invigorating all apostolic energies of the Church (World Apostolic Confederation). The 'infinitism' of this great Roman Saint was taken up by Schoenstatt's founder as missionary universalism: 'unversalism of height, depth, length (time) and breadth.'

De São Vicente Pallotti (1795-1850) o P. Kentenich assume o projeto de cooperar para a unidade e dinamização das forças apostólicas da Igreja (Confederação Apostólica Universal). O 'infinitismo' do grande santo romano é integrado pelo Fundador de Schoenstatt num infinitismo missionário: 'o universalismo na altura, na profundidade, na largura e no tempo'.

zur unendlichen Ehre der Heiligsten Dreifaltigkeit.

para gloria infinita de la Santísima Trinidad.

to the glory of the Blessed Trinity forevermore.

para a glória infinita da Santíssima Trindade.

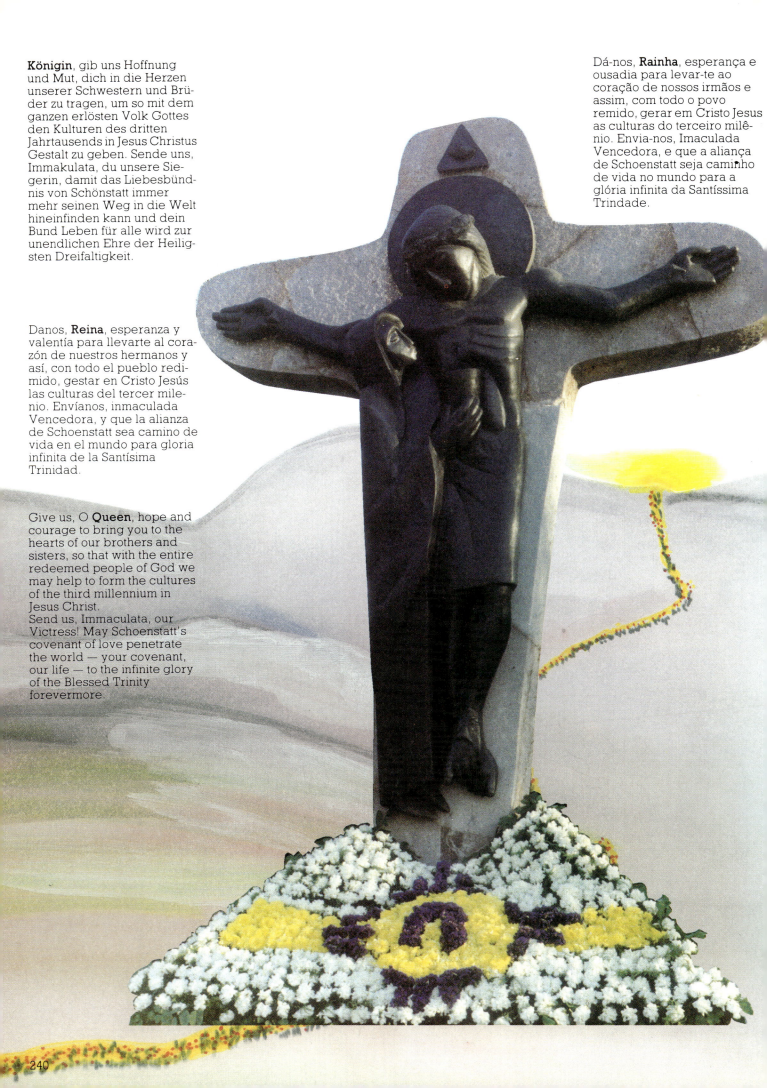

Königin, gib uns Hoffnung und Mut, dich in die Herzen unserer Schwestern und Brüder zu tragen, um so mit dem ganzen erlösten Volk Gottes den Kulturen des dritten Jahrtausends in Jesus Christus Gestalt zu geben. Sende uns, Immakulata, du unsere Siegerin, damit das Liebesbündnis von Schönstatt immer mehr seinen Weg in die Welt hineinfinden kann und dein Bund Leben für alle wird zur unendlichen Ehre der Heiligsten Dreifaltigkeit.

Danos, **Reina**, esperanza y valentía para llevarte al corazón de nuestros hermanos y así, con todo el pueblo redimido, gestar en Cristo Jesús las culturas del tercer milenio. Envíanos, inmaculada Vencedora, y que la alianza de Schoenstatt sea camino de vida en el mundo para gloria infinita de la Santísima Trinidad.

Give us, O **Queen**, hope and courage to bring you to the hearts of our brothers and sisters, so that with the entire redeemed people of God we may help to form the cultures of the third millennium in Jesus Christ.
Send us, Immaculata, our Victress! May Schoenstatt's covenant of love penetrate the world — your covenant, our life — to the infinite glory of the Blessed Trinity forevermore.

Dá-nos, **Rainha**, esperança e ousadia para levar-te ao coração de nossos irmãos e assim, com todo o povo remido, gerar em Cristo Jesus as culturas do terceiro milênio. Envia-nos, Imaculada Vencedora, e que a aliança de Schoenstatt seja caminho de vida no mundo para a glória infinita da Santíssima Trindade.

Reine, donne-nous l'espoir et le courage de te porter dans les coeurs de nos soeurs et de nos frères, afin que, de la sorte, avec tout le peuple racheté de Dieu, nous donnions forme, en Jésus-Christ, aux cultures du troisième millénaire. Envoie-nous en mission, Immaculée, toi notre Triomphatrice, afin que l'Alliance d'amour de Schoenstatt puisse trouver toujours mieux son chemin dans le monde et que ton Alliance se transforme en vie pour tous, en l'honneur infini de la Très Sainte Trinité.

Regina, donaci speranza e coraggio, per farti conoscere ed amare dai nostri fratelli, cosicché, insieme a tutto il popolo di Dio, possiamo contribuire a formare, in Cristo Gesù, le culture del terzo millennio.
Inviaci, Immacolata, Tu nostra Vincitrice, affinchè l'Alleanza d'amore di Schoenstatt, permei sempre più il mondo e la Tua Alleanza diventi per tutti fonte di vita nuova ad eterna gloria della Santissima Trinità.

Królowo, daj nam ufność i odwagę byśmy zbliżali do Ciebie naszych bliźnich i w ten sposób z całym odkupionym Ludem Bożym w Jezusie Chrystusie nadawali kształt kulturze trzeciego tysiąclecia. Niepokalana, nasza Zwycięska Królowo, poślij nas, abyśmy wszystkich ludzi doprowadzili do przymierza miłości z Tobą i by ono było dla nich źródłem świętości dla nieskończonej chwały Trójcy Świętej.

Koningin, gee ons die hoop en moed om die harte van ons broeders en susters ontvanklik te maak vir u, sodat saam met die ganse verloste volk van God, ons sal kan help om die kulture van die derde millennium te vorm in Jesus Christus.
Stuur ons heen, Onbevlekte, Oorwinnares! Mag Schoenstatt se liefdesverbond die wêreld deurdring
— u verbond, ons lewe —
tot die heerlikheid van die Heilige Drievoudigheid tot in ewigheid.

Sinike, ke **Kumkanikazi**, ithemba kwanobuganga bokukusa ezintliziyweni zabazalwana nodade bethu, ukuze sithi singabantu abasindisiweyo ngokupheleleyo bakaThixo sibe nako ukuncedisa ekubumbeni amasiko enkulungwane yesithathu kuYesu Krestu. Sithumele, Ongenasiphaku, iQhawekazi lethu. Wanga umnqophiso wothando waseSchoenstatt ungalityhutyha ihlabathi-umnqophiso wakho, bubom kuthi kuzuko lobu Thathu-Nye obuNgcwele ngonaphakade.

Kraljice, daj nam nadu i hrabrost da te nosimo u srce naše braće i sestara, da tako zajedno sa cijelim spašenim Božjim narodom kulturama trećeg tisućljeća dajemo oblik u Isusu Kristu.
Pošalji nas, Bezgrešna, ti naša Pobjednice, da schönstattski Savez ljubavi sve više raskrči put u svijet, da Savez bude život za sve na slavu Presvetog Trojstva.

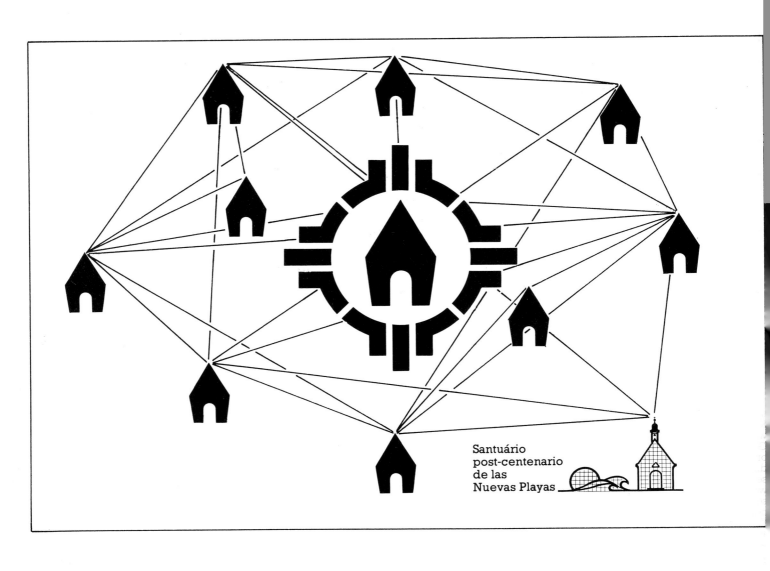

Ein Netz durch Kontinente und Völker

Una red entre continentes y pueblos

A network throughout continents and nations

Uma rede através de continentes e povos

Ein Netz durch Kontinente und Völker

Chroniknotizen
zum Pater-Kentenich-
Gedenkjahr 1985

"Eine Bewegung, die über so viele Länder verstreut ist, leistet einen Beitrag für die Einheit der Menschen und der Kirche. Sie ist ein unsichtbares Netz, das quer durch Kontinente und Völker viele miteinander verknüpft." Dieses Echo eines Teilnehmers an der internationalen Festwoche in Schönstatt im September 1985 trifft ein zentrales Charakteristikum des Pater-Kentenich-Gedenkjahres, das in über 30 Ländern gefeiert wurde. In den Planungen, den strategischen und organisatorischen Maßnahmen, bei der Erarbeitung der thematischen Linie — in allem wurde dieses Netz mehr und mehr erkennbar, zu dem sich die internationale Schönstattfamilie in ihrer nunmehr 71jährigen Geschichte ausgefaltet hat. Die gewachsene Vielfalt sollte im Jubiläumsjahr zum 100. Geburtstag des Gründers P. Josef Kentenich (1885-1968), in ihrer Verwobenheit und Einheit intensiv erlebbar werden. Äußeres Koordinierungsinstrument dazu war die international besetzte Geschäftsstelle, die Ausführungsorgan für die vom Generalpräsidium bestellte "Kommission 85" sein sollte. Über diese Stelle und weitere Kommissionen konnten sehr bald auch die weltweit innerlich verbindenden aktuellen Knotenpunkte gefunden werden: ein Signet, das Motto "Dein Bund — unser Leben" und ein Gebet des Gedenkjahres, das bei den Eröffnungsfeiern erstmals gebetet wurde.

Eröffnung am 20. Oktober 1984

Über 6000 Menschen waren zur internationalen Eröffnungsfeier auf Berg Schönstatt gekommen. Hauptzelebrant der Eucharistiefeier war Bischof Dr. Paul-Josef Cordes, Vize-Präsident des Päpstlichen Laienrates in Rom. Mit ihm konzelebrierten drei chilenische Bischöfe, ein Bischof von den Philippinen, dazu 150 Priester aus 12 Nationen. Ein Netz durch Kontinente und Völker! Die feierliche Proklamation, die der Vorsitzende des Generalpräsidiums vortrug und die in vielen nationalen Eröffnungsfeiern in den Liturgien Platz fand, erklärte das Gedenkjahr als eröffnet. Es sollte "zur Ehre der Heiligsten Dreifaltigkeit und als Bekräftigung unseres Liebesbündnisses mit der Dreimal Wunderbaren Mutter, Königin und Siegerin von Schönstatt" gefeiert werden, als ein heiliges Jahr, "das für die Kirche Jesu Christi und für alle Völker fruchtbar wird". Von diesem Moment an bekamen auch die als Symbol für das weltweite Netz gedachten Fahnen mit dem Signet des Gedenkjahres ihre Bedeutung. Vom Sarkophag des Gründers aus sind sie in alle Schönstattkapellen der Welt geschickt worden. Zu den internationalen Feiern wurden sie wieder mitgebracht, geschmückt mit einem Band, auf dem das Land und die spezifische Sendung des jeweiligen Heiligtums kenntlich wurden. Mit einem weiteren Band von Festwoche und Romfahrt sind sie in ihre Heimatländer zurückgekehrt, angereichert mit vielen Erlebnissen und dem Wissen, daß es dieses Netz wirklich gibt.

In diesem sinnfälligen Symbolvorgang, der den Feiern ein eigenes Kolorit gab, spiegelt sich ein Grundgesetz wider: alles Miteinander in den gemeinsamen Feiern hatte zum Ziel, das originelle Eigenleben der einzelnen Gliedgemeinschaften Schönstatts neu vom Ursprung her zu befruchten. Solches wurde schon spürbar in den Eröffnungsfeiern in den Ländern, die meist um den 20. Oktober 1984 abgehalten wurden. Polen beging das Fest zusammen mit seinem Primas Kardinal Glemp; zur Feierstunde der schottischen Schönstattfamilie war der Weihbischof von Glasgow gekommen, zur portugiesischen der Weihbischof von Lissabon. Die noch kleine Gruppe philippinischer Schönstätter eröffnete das Jahr in ihrem vorläufigen Heiligtum aus Bambusröhren, die Nordamerikaner im internationalen Zentrum in Milwaukee zusammen mit ihrem Erzbischof. In Mexiko zelebrierte der Bischof von Querétaro die Messe zur Eröffnung in seiner Kathedrale. An den darauffolgenden Tagen kamen viele tausend Pilger auch noch an der dortigen Schönstattkapelle zusammen. Die Argentinier begannen das Jahr im Zentrum in Florencio Varela (Buenos Aires) und segneten dabei den Grundstein für die Kirche des Gedenkjahres. Paraguay feierte mit dem Sekretär der Bischofskonferenz, dem Weihbischof von Asunción; Brasilien am Heiligtum von Jaraguá (São Paulo) sowie in Curitiba, wo der Grundstein für eine neue Schönstattkapelle gesegnet wurde. In den brasilianischen Medien fanden die Feiern ungewöhnlich starke Resonanz. In Chile mahnte der Erzbischof von Santiago bei seiner Predigt zur Eröffnung, die Situation des Landes einzubeziehen in die Feierlichkeiten: "Wenn ihr euch entschieden habt, eine besondere Liebe zur Gottesmutter zu künden, seid ihr verpflichtet, auch mit besonderer Großzügigkeit eine bevorzugte Liebe zu den Armen zu wählen. Beweist dies in diesem Jubiläumsjahr. Beweist..., daß Gebet und Streben nach Heiligkeit keine Form der Weltfremdheit legitimieren, sondern daß es viele Impulse gibt, den Menschen zu helfen, den Armen und allen Leidenden."

Eine Orientierung auf die eigene Umgebung wollte auch die deutsche Schönstattfamilie mit ihrem Geburtstagsgeschenk, das sie gleich am Nachmittag der internationalen Eröffnungsfeier brachte: "Das Liebesbündnis für unser Volk." Der Regenbogen, mit dem während dieser Feier der Himmel sein Bundeszeichen setzte, ist ein tiefer Eindruck geblieben, der sich an wichtigen Höhepunkten der Feiern sogar wiederholte — Geschenk und Bestätigung!

Wollte man die Knotenpunkte des Netzes offenlegen, wären außer diesen exemplarisch aufgegriffenen Eröffnungsliturgien viele andere zu nennen. Im Lauf des Jahres gab es in jedem Land und bei jeder Gliedgemeinschaft der Bewegung eine Reihe von Feiern und sehr vielfältige Geburtstagsgeschenke.

Streiflichter

Drei nationale Ereignisse wurden für die Schweizer Schönstattfamilie zu bestimmenden Elementen ihres Festjahres. Die Suche und Erarbeitung ihrer Landessendung sollte das Geschenk an den Gründer werden. Als Beitrag für die Ortskirche galt es, den Pastoralbesuch Papst Johannes Pauls II. in ihrem Land nachzuarbeiten und die Gedanken auch schon dem 700. Jahresjubiläum des Bundesschlusses der ersten Eidgenossen 1991 zuzuwenden. Das internationale Motto vom Bund wurde hier zu einem eigenen Dreiklang: Bund als Zentralwert der Landessendung, Bund im Sinne der Öffnung für Gott (das war der Appell des Papstes bei seinem Besuch) und Bund als Ursprung der Schweiz.

Der andersgearteten Situation ihres Landes wollte die argentinische Schönstattfamilie Rechnung tragen. Sie versuchte das aus einer vertieften Beschäftigung mit der Person des Gründers. Die Liste an Eigenschaften, die sie aus seinem Leben und Wirken neu entdecken konnten, war lang: die Freiheit, Großzügigkeit, Entscheidungsfähigkeit, seine Liebe zur Kirche... Vor allem aber wurde ihnen die Aktualität seines Gemeinschaftsgeistes bewußt angesichts der bedrängenden sozialen und wirtschaftlichen Probleme des Landes. Ein Geschenk für den Gründer sollte deshalb darin bestehen, die Verantwortung für etwas zu übernehmen, das seinen Geist der Solidarität greifbar macht. Eine Gruppe übernahm z.B. die Leitung der diözesanen Caritasstelle, eine andere — wiederum auf Ersuchen des Bischofs — die Organisation und Durchführung einer regelmäßigen Essensausgabe in einem Armenviertel.

Schon traditionell gewordene Aktionen bekamen außerdem spezielle Farbe durch das Gedenkjahr. Unter dem Motto "Vater der Völker, wir gehen mit" wurde das Fest des lateinamerikanischen Liedes als "VI. Festival de la Loma" abgehalten.

Einen ungewöhnlichen Beitrag zur Volkspastoral brachte ein brasilianischer Diakon. Seit 34 Jahren sah João Pozzobon seine Lebensaufgabe darin, mit einem Bild der Gottesmutter von Schönstatt in die Häuser seiner Landsleute zu ziehen, um mit ihnen zu sprechen und zu beten. Zum Geburtstag des Gründers wollte er die Grenzen seines Wirkens ausdehnen, was ihm durch Helfer auch gelang. Das Bild der "Mãe Peregrina" trat nicht nur seine Reise durch weitere Länder Amerikas an, sondern erreichte auch die Häuser von Grubenarbeitern in Südafrika.

Um die Überwindung von Schranken ging es auch bei der ersten lateinamerikanischen Männertagung, zu der Vertreter der schönstättischen Männergemeinschaften aus Argentinien, Chile, Peru und Paraguay zusammengetroffen waren. Als eines der wichtigsten Ergebnisse der Tagung in Paraguay wurde zusammengefaßt: "Mit dem Gedenkjahr unseres Vaters und Gründers ist der Zeitpunkt gekommen, an dem Schönstatt die gesellschaftlichen Schranken durchbrechen und seine Spiritualität und apostolische Dynamik in die Kirche hineintragen muß, um so beim Aufbau einer neuen Zivilisation der Liebe mitzuhelfen."

Bescheidener, aber nicht weniger konsequent machen sich die Ziele der kolumbianischen Schönstattfamilie aus. Erst seit kurzem besteht dort die Bewegung. Sie zählt z.Zt. etwa 70 Personen. Trotz der durch die Umstände gegebenen Begrenzungen und der herrschenden Armut wollten sie aber den Bauplatz für eine Schönstattkapelle schenken, von wo aus die Gottesmutter weiterhelfen soll.

An anderen Orten konnte im Gedenkjahr schon die Einweihung neuer Heiligtümer gefeiert werden: in der deutschen Diözese Münster das "Niederrhein-Heiligtum" auf dem Oermterberg; in Curitiba (Brasilien) — ein Fest, das mit dem 50jährigen Jubiläum der Ankunft der ersten Marienschwestern in Brasilien zusammenfiel; auf "Berg Getsemani" bei San Francisco de Macorís in der Dominikanischen Republik.

Dem besseren Bekanntwerden Schönstatts und Pater Kentenichs galten andere Geschenke. In Puerto Rico etwa bemühte man sich, die pädagogischen Impulse dieses Erziehers weiteren Kreisen zugänglich zu machen; in Spanien beschäftigen sich Vorträge mit seiner Sicht der

Berufung und Aufgabe der Frau. In Australien wurden mehrere Vorträge über das Charisma Pater Kentenichs organisiert und in Argentinien ein Symposion abgehalten zum Thema: "Beiträge der marianischen Pastoral Pater Kentenichs für eine neue Evangelisierung Lateinamerikas."

Ein lang vorbereitetes und bald zur Vollendung gereiftes großes Geschenk zur Begegnung mit Person und Werk des Gründers wird sichtbar und wirksam bleiben. Etwa 3000 Marienschwestern auf der ganzen Welt stehen hinter dem Gebäude, das auf Berg Schönstatt entstanden ist. Das "Pater-Kentenich-Haus" will in Texten, Bildern, Gegenständen aus seinem Leben, Film und Gesprächen jeden Besucher anregen, für das eigene Leben Anstöße aus der Begegnung mit diesem Mann mitzunehmen. Mit diesem Projekt verknüpft ist auch eine künstlerische Auseinandersetzung mit der Gedankenwelt Schönstatts, die auf vielerlei Wegen möglich sein soll.

Ging es bei der Gestaltung des "Pater-Kentenich-Hauses" auf Berg Schönstatt mehr um architektonische und graphische Kunst, so erbrachte das Gedenkjahr darüber hinaus viele Projekte kreativer bildnerischer und modellierender Beschäftigung mit Schönstatt. Viele Porträts von Pater Kentenich sind in verschiedenen Techniken geschaffen worden, eine lebensgroße Bronzestatue, eine andere aus Stein. Gedenktafeln, ein Zyklus von Radierungen, ein Ölgemälde mit einer allegorischen Darstellung der Gründung Schönstatts, Marionetten und farbige Symbolbilder über den Gründer. Viele davon waren bei der internationalen Festwoche im September auf Ausstellungen zu sehen.

Doch nicht nur dem Auge, auch den Ohren wurde Neues geboten. "Peldaños al Padre" — zwischen Rhein und Anden" ist die Kantate eines chilenischen Komponisten überschrieben, die mit dem Kammerorchester der Rheinischen Philharmonie am Ende des internationalen Symposiums uraufgeführt wurde. In anderer musikalischer Sprache brachte das ebenfalls eigens zum Gedenkjahr geschaffene Musical "Wagnis und Liebe" (W. Willms — L. Edelkötter) den "gefährlichen Weg des Josef Kentenich" dem Publikum nahe.

Am Ort Schönstatt selbst wurde man des Feierns das ganze Jahr über nicht müde. Wegen der Größe der Bewegung in Deutschland (ca. 45000 Mitglieder), haben viele Gliederungen auf nationaler Ebene ein eigenes Geburtstagsfest veranstaltet. Mehr als 2000 Jugendliche nahmen an der Feier der Mädchenjugend im Mai 1985 teil; gut 1200 Männer aus 15 Diözesen Deutschlands feierten mit einer Sternwallfahrt Anfang Juni. Das Fest der Familien dauerte gleich drei Tage, an denen 2500 Personen ihr Geschenk überbrachten: das neue "Haus der Familie".

Über viele Jahre hin hatten die Familien dazu Geld geschenkt und in 10000 freiwilligen Arbeitsstunden das Fest der Einweihung in diesen Junitagen auch spürbar vorbereitet. Nachdem rund 1500 jüngere Mädchen auch noch im Juni ihr Fest der Marienapostel gefeiert hatten, versammelten sich Ende des Monats 5000 Mütter zum 100. Geburtstag. Ein offenes Angebot an jede interessierte Frau war das gemeinsame Geburtstagsgeschenk der Frauengemeinschaften in Schönstatt. Ihr Frauenkongreß zog 600 Frauen nach Schönstatt, die sich in Vorträgen, Foren und Gesprächen über die "Verantwortung der Frau für eine neue Kultur" austauschten.

Im Blickpunkt öffentlichen Interesses

Aufgrund der Aktivitäten des Gedenkjahres wurde der Name Josef Kentenich weiten Kreisen bekannt. In seinem Geburtsland waren es nicht zuletzt die 30 Millionen Sonderbriefmarken mit seinem Profil, die ihn an vielen Stellen präsent machten. Einen entscheidenden Beitrag, daß die Gesuche der Schönstattbewegung für dieses Postwertzeichen angenommen wurden, leisteten eine große Anzahl von Empfehlungen deutscher und ausländischer Persönlichkeiten (Politiker, Juristen, Wissenschaftler), die auf die internationale Bedeutung dieses Mannes hinwiesen. Die Stadt Vallendar verwendete zusätzlich zur Sonderbriefmarke und zum Ersttagsstempel aus Bonn einen Sonderstempel mit dem Namenszug "J. Kentenich". Eine zweite Sondermarke erschien mit 600000 Exemplaren in Santiago de Chile. Auf ihr ist links der Gründer und rechts neben ihm das Heiligtum von Bellavista zu sehen.

In Gymnich bei Köln, dem Geburtsort P. Kentenichs, wurde von den örtlichen Behörden zu einer Festveranstaltung eingeladen. Die zahlreichen Besucher aus dem In- und Ausland, die im Gedenkjahr zum Geburtshaus gepilgert sind, konnten danach unweit von diesem Haus den neubenannten "Pater-Kentenich-Platz" in ihr Besichtigungsprogramm einreihen.

Auch im Ausland wurden Straßen, Plätze oder Häuser nach P. Kentenich benannt: In Jaraguá, Brasilien, wurde ein "Pater-Josef-Kentenich-Platz" eingeweiht und eine Bronzebüste von ihm aufgestellt. In der lokalen Presse von Paraná, Argentinien, konnte man lesen: "Die Straße 710, gelegen im Bezirk Süd von Paraná, zwischen der Lebersohn Allee und General Espejo, hat den Namen 'Padre José Kentenich' bekommen." In Buenos Aires wurde ein "Pater-Kentenich-Zentrum" gegründet, das in der Schule der Marienschwestern seinen Sitz hat. In Koblenz wurde an der Stelle des ehemaligen Gefängnisses in der Karmeliterstraße, wo Pater Kentenich vor seiner Überführung ins Konzentrationslager Dachau einsaß, eine Gedenktafel angebracht, die öffentlich an diese Zeit erinnern soll.

Ein anderer Weg zu größerer Breitenwirkung und Kenntnisnahme von Pater Kentenich führte im Gedenkjahr zu neuen Veröffentlichungen und ging über die Medien. In Madrid erschien die ausführliche Biographie über Pater Kentenich von P. E. Monnerjahn in spanischer Sprache, in Kapstadt dasselbe Buch in Englisch. Bei Saint Paul in Paris wurde eine französische Biographie von Prof. R. Lejeune ediert unter dem Titel "Schoenstatt, Chemin d'Alliance. Joseph Kentenich 1885-1968".
In Mexico wurde Pater Kentenich erstmals zum Mittelpunkt eines Hörspiels. Die 55 Folgen von je einer halben Stunde waren überschrieben: "Ein Stern auf dem Weg — das Leben des Josef Kentenich". Die phantasievoll ausgebauten Sendungen wurden bald von drei weiteren Sendern in Mexico und auch in Puerto Rico im Rundfunk ausgestrahlt.

Erinnerung — Erneuerung — Aussendung

Neben der Presse waren es vor allem interne Informationsorgane, die über das Leben im Jubiläumsjahr Nachrichten austauschten. Es entstanden einige nationale Blätter wie die Zeitung "Vínculo" in Chile oder das "Info España". Umschlagplatz weltweiter Schönstattnachrichten wurde aber vor allem "info '85", das in drei Sprachen von der internationalen Pressestelle in Schönstatt zusammengestellt wurde. In diesem Blatt war es auch möglich, die thematischen Schritte, unter denen das Gedenkjahr geplant war, zu entfalten. Diese hatten eine längere Vorgeschichte.

Schon im Oktober 1982 trafen sich in Haus Mariengart in Schönstatt 50 Vertreter verschiedener Schönstattgemeinschaften aus 17 Ländern — erstmals in einer solchen Zusammensetzung —, um alles Geistige und Materielle ins Auge zu fassen, was für das Jahr 1985 und dessen Vorbereitung für die gesamte Bewegung von Bedeutung war. Die Arbeit der Tagungsteilnehmer fand ihren Niederschlag in der "Deklaration zur geistigen Linie des Pater-Kentenich-Gedenkjahres". Dieses Dokument wurde im Jahre 1982 vom Generalpräsidium des Werkes verabschiedet, zusammen mit einem "Orientierungsrahmen für die Veranstaltungen im Pater-Kentenich-Gedenkjahr". Dieses Papier versucht den Lebensprozeß zu beschreiben, der im weltweiten Netz wahrzunehmen ist und der sich in drei Motiven formiert: Erinnerung, Erneuerung und Aussendung. Diese Trias durchzog deshalb auch die gesamte Planung und Durchführung der Feierlichkeiten auf internationaler Ebene.

Die Zeit, bevor Mitglieder der Schönstattbewegung aus aller Welt sich begegneten, sollte der dankbaren Erinnerung an die Geschenke gelten, die Gott dem jeweiligen Land, den einzelnen Gemeinschaften oder jedem persönlich in Pater Kentenich gemacht hat. Durch die gläubige Begegnung mit den Orten, Zeiten, Worten und Zeugen seines Lebens sollte eine tiefere Kenntnis und Bindung an Person und Werk wachsen können, mit der Absicht, dieses Erbe schöpferisch in die Zukunft zu tragen und für Kirche und Welt fruchtbar zu machen.

Die Neuentdeckung der gewachsenen Vielfalt ging einher mit der Suche nach Artikulationsmomenten für die gegebene Einheit in Person und Charisma des gemeinsamen Gründers. Die Bewegung wollte deshalb auf Weltebene in dieser geschichtlichen Stunde formulieren, "was wir unserem Vater zum Geburtstag sagen und schenken wollen, wie wir uns dem Heiligen Vater vorstellen und wie wir uns selbst verstehen als solidarische Familie mit einer zukunftsträchtigen Sendung". Das beschreibt die Einleitung des Rahmenpapiers "Schönstatt International '85", in dem die Perspektiven der Deklaration von 1982 weitergeführt werden. Nach einjähriger Vorbereitung, unter Mitarbeit von Personen und Gremien aus vielen Ländern und Gemeinschaften, konnte das Dokument im Mai 1985 approbiert und ediert werden. Die Grundgedanken waren schon etwas vertraut, weil sie vorweg im internationalen Gebet des Gedenkjahres vorbereitet waren. In sieben Sprachen war dieses Gebet von der Geschäftsstelle in über 150000 Exemplaren gedruckt worden, in noch mehr Sprachen und größerer Zahl wurde es weltweit gebetet.

Durch den regen Austausch, der über viele Kanäle entstanden war und aufrechterhalten wurde, war es möglich, ein Mindestmaß an gemeinsamer Vorbereitung für die internationalen Feiern im September zu erreichen. Über die inhaltliche und praktische Vorbereitung hinaus zeigte sich der Zusammenhalt des großen Netzes auch in vielen Zeichen der Solidarität auf materieller Ebene. Auf Landesebene waren beispielsweise die Mitglieder der australischen Schönstattfamilie übereingekommen, gemeinsam das Geld aufzubringen, mit dem einige Vertreter nach Europa reisen konnten. Andere Hilfe geschah über Solidaritätsfonds, wie etwa in der Schweiz, wo für Teilnehmer aus Burundi und Polen Spenden gesammelt wurden, oder in zwei Frauengemeinschaften der Bewegung, die einen Fond für Jugendliche und Familien gründeten. Vollständiger würde die Liste erst dann, wenn all die vielen Einzelprojekte genannt werden könnten, die von Gruppen und einzelnen getragen wurden, um zuerst die technischen Voraussetzungen zu schaffen für das, was dann im September passieren sollte...

Internationale Begegnungen im September

Vorprogramm
01.-11. September

Möglichkeiten zum ersten oder vertieften Kennenlernen des Ortes Schönstatt, der Umgebung und historisch bedeutender Stätten in Deutschland sollten im Rahmen des Vorprogramms für die ausländischen Teilnehmer nach Sprachgruppen getrennt angeboten werden. Besichtigungen in Koblenz, Trier und Limburg, Fahrten nach Dachau und Gymnich standen auf dem Programm.

Mit einer Messe in der Pfarrkirche Vallendar am Sonntag, den 08.09. sollten die Pilger Kontakt aufnehmen können zu einer deutschen Kirchengemeinde. Einige Besonderheiten des Rheinlandes konnten bei einer Burgenfahrt auf dem Rhein entdeckt werden; deutsche Folklore bot der Männerchor Diana von Vallendar den Gästen bei einer Begegnung der Völker im Lied in der Stadthalle. Zu einem Gespräch zwischen Delegationen aus verschiedenen Ländern und dem Stadtrat kam es am Ende des Vorprogramms. Die ausländischen Gäste überbrachten dem Bürgermeister der Stadt eine bronzene Gedenktafel, auf der die Namen der Länder zu lesen sind, in denen heute Schönstatt verbreitet ist. Zum Abschluß des Treffens wurde sie feierlich auf einem Findling an der Straße, die nach Schönstatt führt, angebracht. Neue Knoten an diesem Netz durch Kontinente und Völker!

Daran nahmen Delegationen aus 11 südamerikanischen, zwei afrikanischen und neun europäischen Ländern, aus Australien und Nordamerika mit insgesamt etwa 1400 Pilgern teil.

Festwoche
11. bis 14. September

Die vier Tage der internationalen Festwoche und der große Pilgertag an ihrem Ende standen unter dem Leitwort der Erneuerung. An Hand der "Meilensteine" der Geschichte Schönstatts wurden in Vorträgen, Foren und Meditationen die thematischen Schwerpunkte angegangen. Das geschah in internationalen Kreisen und gesondert in vier Sprachgruppen. Bereits bei der Eröffnung am Abend des 11. September sah der große neue Pilgerplatz in Schönstatt ein buntes Bild und Treiben, das in den kommenden Tagen noch dichter, herzlicher und intensiver wurde. Neben länderübergreifenden Begegnungen der einzelnen Gliederungen (Familien, Mütter, Mädchenjugend usw.) standen Treffen der nationalen Schönstattfamilien und Feiern für alle Teilnehmer der Festwoche auf dem Programm. Drei Themenschwerpunkte wurden entfaltet: "Beruten zum Liebesbündnis mit Maria"—"Vater vieler Völker"—"Prophet einer neuen Kultur in Christus und Maria". Besonders beeindruckt waren die Teilnehmer von dem Erlebnis der Internationalität und den Möglichkeiten, sich — trotz aller Sprachschwierigkeiten — auszutauschen und gegenseitig zu bereichern. Die sachliche Auseinandersetzung mit der bleibenden Botschaft Pater Kentenichs in unserer gewandelten Situation und ihre Umsetzung in einen fruchtbaren Beitrag Schönstatts für die heutige Kultur und Gesellschaft war sicherlich weithin nur ein Anstoß. Er muß jetzt nach den Feiern überall weitergeführt werden.

Sonntag, 15. September

Ein feierliches Pontifikalamt mit Kardinal Höffner, Köln, als Hauptzelebrant und eine Kundgebung am Nachmittag brachte die Festwoche zu ihrem Höhepunkt und Abschluß. Sieben Kardinäle, 22 Bischöfe, Politiker und andere Persönlichkeiten des öffentlichen Lebens feierten als geladene Gäste zusammen mit den etwa 13000 Pilgern. Die Redner bezeugten die Bedeutung Pater Kentenichs im Bereich der Kirche und Kultur verschiedener Länder sowie seine persönliche Ausstrahlung, die er zu seinen Lebzeiten auf viele Menschen hatte und auch jetzt noch hat. Hauptredner bei der Kundgebung waren Ministerpräsident Dr. Bernhard Vogel von Rheinland-Pfalz, Kardinal Raúl Silva aus Chile, P. Francisco Javier Errázuriz als Vorsitzender des Generalpräsidiums des Schönstattwerkes und Kardinal Camerlengo Sebastiano Baggio, Rom, der auch ein Telegramm des Papstes zu diesem Tag verlas. Das Grußwort von Bundeskanzler Dr. Helmut Kohl überbrachte das Mitglied des Bundestages, Herr Staatssekretär Benno Erhard. Jugendliche bildeten in einem ausdrucksstarken Tanz pantomimisch das Signet des Gedenkjahres.

Dieser "Pater-Kentenich-Tag" war ein Fest der Begegnung, auch in den Alternativprogrammen, die in der Mittagszeit angeboten waren: Gespräche über die Festwoche, Folklorebegegnung der Nationen, Konzert, Marionettentheater, der Besuch von Ausstellungen und vieles mehr. Die Feiern — am Morgen bei strömendem Regen — fanden ein Echo in den Medien und hinterließen nachhaltige Eindrücke bei den Teilnehmern. Am Ende wölbte sich wiederum ein Regenbogen über dem Pilgerplatz.

Rompilgerfahrt
vom 16. bis 23. September

Mit Bussen, Sonderzügen und per Flugzeug kamen etwa 5000 Pilger nach Rom. Eine Eucharistiefeier am Petrusgrab eröffnete die Woche. Die in kleinen Gruppen eingezogenen Pilger füllten das große Gotteshaus an dem Tag, an dem 20 Jahre zuvor Pater Kentenich nach den Jahren seines Exils in den USA in die Heilige Stadt gekommen war. Kardinal Augustin Mayer schilderte in seiner Predigt, was aus dem Senfkornglauben des Gründers gewachsen ist und die Anerkennung der Kirche und der Welt verdient.

Der folgende Tag, Mittwoch 18.09.1986, wurde als Marientag begangen. Die Eucharistiefeier in 20 verschiedenen Marienkirchen Roms erinnerte an die Bundesgeschichte der Schönstattfamilie, die an diesem Tag ihr Liebesbündnis im Herzen der Kirche erneuern wollte.

Begegnung mit Christus in seinen Heiligen und Märtyrern ermöglichte der Donnerstag, der als Christustag gestaltet war. Schwerpunkte bildeten die Eucharistiefeier im Lateran und der Besuch der Katakomben. Für die mitpilgernden Jugendlichen bot der Abend dieses Tages noch ein abwechslungsreiches Programm bei einer internationalen Jugendbegegnung. "Arc-en-ciel — die Stadt, die Josef träumte" stand als Motto über dem Abend.

Als Petrustag wurde der Freitag gefeiert. Er brachte den Höhepunkt der Pilgerfahrt: die eineinhalbstündige Sonderaudienz mit Papst Johannes Paul II. Der Papst hatte die Schönstattfamilie in die Audienzhalle "Paul VI." eingeladen und ließ sich in Wort, Bild und Tanz Geschichte und Spiritualität der Bewegung vorstellen. Anschließend begrüßte er viele Teilnehmer persönlich. Seine wegweisenden Worte für den Ausbau und die Entfaltung des Gründungscharismas schenkten Freude und Mut für die Zukunft.

Die eigentliche Aussendung erfolgte tags darauf in der Basilika St. Paul vor den Mauern im Rahmen einer großen Eucharistiefeier mit Erzbischof Moreira Neves als Hauptzelebrant.

Die Ansprachen der Kardinäle und Bischöfe und nicht zuletzt die Rede des Papstes haben etwas von der Wertschätzung Schönstatts in kirchlichen Kreisen deutlich werden lassen.

Interdisziplinäres Symposion 25.-29.09.1985

"Integration — Herausforderung an eine Kultur des dritten Jahrtausends" stand als Leitwort über dem Treffen in Schönstatt, zu dem etwa 100 Pädagogen, Theologen, Philosophen, Soziologen, Künstler und Sachverständige anderer Disziplinen gekommen waren. Die Schirmherrschaft hatten drei Kardinäle übernommen, Kardinal Joseph Ratzinger, Kardinal Agnelo Rossi und Kardinal Raúl Silva. Prälat Wilhelm Wissing eröffnete am Abend des 25.09.1985 das Symposion, dessen drei Arbeitstage jeweils unter einem speziellen Aspekt die Frage der Integration angingen. Zur Zeit- und Kulturanalyse sprachen Vertreter verschiedener Kulturkreise; zur Integrationskraft christlicher Gotteserfahrung kamen die Hauptreferate von Prof. Dr. Gisbert Greshake und Prof. Dr. Leo Scheffczyk. Über die Integration als Sendung der Kirche im Dienst an einer neuen Gesellschaft handelte der dritte Schwerpunkt. Hauptredner dazu war Bischof Dr. Klaus Hemmerle. Zu allen genannten Themenkreisen wurden nach den dargelegten Analysen und der Beschäftigung mit Aspekten aus den jeweiligen Fachbereichen, Gedanken Pater Kentenichs zu diesem Problemfeld zur Diskussion gestellt.

Ein Anliegen der Tage war es auch, integrative Gestaltungsmomente vom Gesamtangebot her bewußt einzubauen — so beispielsweise die Integration als Aufgabe der Kunst, in Malerei, Architektur und Musik.

Die Tage rundeten zwei öffentliche Schlußveranstaltungen ab. Am Abend des 28.09.1985 konnte die Uraufführung der Kantate über Pater Kentenich "Peldaños al Padre — Zwischen Rhein und Anden" miterlebt werden. Für den nächsten Tag war nach einem Pontifikalamt zu einer abschließenden Podiumsdiskussion zum Tagungsthema eingeladen. Auf einer anderen Ebene, unter Wissenschaftlern und Künstlern war hier dieses Netz durch Kontinente und Völker erfahrbar geworden mit dem drängenden Wunsch, daß es noch viel engmaschiger und fruchtbarer werden solle.

Ein Abschluß, der ein Aufbruch bleibt

In der Kathedrale von Lissabon, in Lima, in der St. Patrick's Kathedrale von New York, im Kölner Dom, anderen Kirchen und vielen Schönstattkapellen der Welt wurden im Umkreis des 18. November, dem eigentlichen 100. Geburtstag, Feiern der nationalen Schönstattfamilien und vieler Freunde der Bewegung abgehalten.

Die schlichte, aber atmosphärisch dichte Eucharistiefeier, mit der in Schönstatt selbst am 18. November das Gedenkjahr offiziell beendet wurde, ließ noch einmal manches nachkosten. Dieser Tag war bewußt als Tag der Anbetung und des Dankes geplant worden, um im dankbaren Rückblick sich der Anforderung der Zukunft wach zu öffnen. So hatte es Erzbischof Moreira Neves in Rom formuliert: "Ich bin sicher, daß der 100. Geburtstag Pater Kentenichs nicht nur Impuls der Dankbarkeit ist, sondern eine Herausforderung, um die Sendung Pater Kentenichs neu zu übernehmen."

Gertrud Pollak

Una red entre continentes y pueblos

Notas sobre el centenario del P. José Kentenich, 1985

"Un movimiento que se ha extendido a tantos países, contribuye a la unidad de las personas y de la Iglesia. Es una red invisible que vincula a mucha gente entre sí a lo largo y ancho de continentes y pueblos". Esta apreciación de uno de los participantes de la Semana Festiva internacional en Schoenstatt, en septiembre de 1985, acierta con una característica central del año del centenario del P. Kentenich, celebrado en más de treinta países. En las planificaciones, en las decisiones de tipo estratégico y de organización, durante la elaboración de la línea temática, en todo, se iba haciendo más y más reconocible esta red, que ha llegado a formar la Familia Internacional de Schoenstatt en sus 71 años de historia. El año del centenario del nacimiento del P. José Kentenich (1885-1968) debía ofrecer la posibilidad de experimentar intensamente la pluralidad en la unidad que ha surgido dentro de ella. Con miras a este fin se estableció en Schoenstatt una central coordinadora con dotación internacional, la 'Secretaría P. K. 85'. Ella debía ser, a su vez, organismo ejecutor de las resoluciones adoptadas por la ‚Comisión 85', constituída a petición del Consejo Internacional de la Obra. Con la intervención de esta secretaría y de otras comisiones, se pudieron encontrar muy pronto también aquellos elementos internacionales en que se apoyó la unidad a nivel mundial de todas las iniciativas del centenario: un símbolo, el lema 'tu alianza, nuestra vida' y una oración del centenario, rezada por primera vez durante las ceremonias de apertura del año festivo.

Apertura, 20 de octubre de 1984

Más de 6000 personas llegaron al Monte Schoenstatt a participar en la inauguración internacional del año del centenario. Presidió la eucaristía Mons. Paul Cordes, Vice-Presidente del Consejo Pontificio para los Laicos (Roma). Otros tres obispos chilenos, un obispo filipino y ciento cincuenta sacerdotes de 12 naciones concelebraron con él. ¡Una red a través de continentes y pueblos! Una proclamación solemne declamada por el Presidente del Consejo Internacional y que luego se incluyó en la liturgia de numerosas ceremonias de apertura nacionales, declaró abierto el año del centenario.

Este debía celebrarse "para gloria de la Trinidad y como expresión de nuestra alianza de amor con la Madre Reina y Victoriosa tres veces admirable de Schoenstatt", como un año suyo que fuera "fecundo para la Iglesia de Cristo y para todos nuestros pueblos". A partir de ese momento cobraron también su debida importancia las banderas con el logotipo del centenario, concebidas como símbolo de esta red de alcance mundial. Desde la capilla de la tumba del fundador habían sido enviadas a todos los santuarios de Schoenstatt del mundo. Fueron traídas de regreso para las festividades internacionales, esta vez adornadas con una cinta conmemorativa, que daba a conocer el país y la misión específica del respectivo santuario. Volvieron a sus países de origen portando otras dos cintas, rememorativas de la Semana Festiva y la peregrinación a Roma, enriquecidas con múltiples vivencias y con la convicción de que esta red realmente existe.

En este manifiesto procedimiento simbólico, que dio a las festividades un colorido exterior propio, se refleja sin embargo, una ley básica: todo el compartir durante las celebraciones comunes tuvo por fin el volver a hacer fecunda, desde el lugar de su origen, la vida propia y original de cada comunidad de Schoenstatt. Ya fue posible palparlo en las ceremonias de apertura de los distintos países, que tuvieron lugar en su mayoría en torno al 20 de octubre de 1984. Polonia celebró las fiestas junto a su Primado, el Cardenal Joseph Glemp; a la ceremonia de la familia schoenstattiana escosesa asistió el Obispo Auxiliar de Glasgow; a la portuguesa, el Obispo Auxiliar de Lisboa. El aún pequeño grupo de schoenstattianos filipinos inauguró el año del centenario en su santuario provisorio de bambú; los norteamericanos lo hicieron junto a su arzobispo en el centro internacional de Milwaukee. En México, el Obispo de Querétaro celebró la misa de apertura en su catedral. En los días siguientes se reunieron aún varios miles de peregrinos en el santuario de Schoenstatt mejicano. Los argentinos dieron comienzo al año en el centro de Florencia Varela (Buenos Aires) y bendijeron en esa oportunidad la piedra fundamental para la 'iglesia del centenario'. Paraguay celebró con el Secretario de la Conferencia Episcopal, el Obispo Auxiliar de Asunción; Brasil junto al santuario de Jaraguá (São Paulo) y en Curitiba, donde se bendijo la piedra fundamental para un nuevo santuario de Schoenstatt. En los medios de comunicación brasileños, las celebraciones tuvieron una resonancia inusual. En Chile, el Arzobispo de Santiago exhortó en su prédica de la misa inaugural a responder a la situación del país en las festividades: "si ustedes han optado por profesar un amor especial a la Virgen, están obligados a optar con especial generosidad por un amor preferencial a los pobres. Demuéstrenlo en este año festivo. Prueben que la oración y la lucha por la santidad no enajenan, sino que impulsan a volverse más cercanos a los hombres, a los pobres, y a todos los que sufren".

También la familia schoenstattiana alemana quiso realizar una contribución al país con su regalo de cumpleaños, del cual hizo entrega en la misma tarde del día de la inauguración internacional: la alianza de amor por el pueblo alemán. El arco iris, que el cielo hizo aparecer durante esta ceremonia como símbolo y respuesta a la alianza, y que impresionó profundamente, volvió a verse en los momentos culminantes de estas festividades. ¡Regalo y confirmación!

Si se quisieran mostrar todos los puntos de contacto de esta red, habría que nombrar, aparte de estas liturgias de apertura tomadas al azar, muchos otros más. A lo largo del año hubo en cada país y en cada rama del movimiento una serie de celebraciones y muy variados regalos de cumpleaños.

Pinceladas

Tres acontecimientos nacionales se convirtieron para la familia schoenstattiana suiza en elementos determinantes de su año festivo. La búsqueda y profundización de su misión nacional quería ser su regalo al fundador. Como aporte a la Iglesia local quiso asumir en este tiempo las directrices que el Papa Juan Pablo II dio al pueblo suizo durante su visita pastoral a ese país y la preparación desde ya del séptimo centenario de la Confederación Helvética en 1991. El lema internacional de la alianza adquirió aquí una triple dimensión: la alianza como valor central de su misión nacional, la alianza como forma de estar abiertos a Dios (mensaje fundamental del Santo Padre durante su visita) y la alianza entre los cantones como fuente de origen de Suiza.

A la situación propia de su país quiso hacer también justicia la familia schoenstattiana de Argentina, intentó hacerlo tributándole una especial dedicación a la persona del fundador. Muchos son los rasgos de su vida y de su obra que pudo redescubrir: su libertad, generosidad, capacidad de decisión, su amor a la Iglesia... Pero, sobre todo tomó conciencia de la actualidad de su espíritu solidario en vista de los agudos problemas sociales y económicos que enfrenta el país. Por eso uno de los regalos al fundador debía ser el asumir la responsabilidad por alguna obra a través de la cual se expresara esta solidaridad suya. Un grupo, por ejemplo, se hizo cargo de la dirección de la filial de la Cáritas diocesana, y otro — también a petición del obispo — se responsabilizó de la organización y atención permanente de un comedor popular. Actividades ya tradicionales de la familia argentina adquirieron con el centenario un acento especial. Bajo el lema 'Padre de pueblos, vamos contigo' se celebró el Festival de la canción latinoamericano, el 'Cuarto Festival de La Loma'.

Un extraordinario aporte a la pastoral popular realizó un diácono brasileño. Durante 34 años vio João Pozzobon su tarea apostólica en portar una imagen de la Mater a las casas de sus compatriotas para hablar y rezar con ellos. Para el cumpleaños del fundador, quiso extender las fronteras de su acción, meta que efectivamente alcanzó con la ayuda de sus colaboradores. La imagen de la 'Mãe Peregrina' no sólo inició sus viajes por otros países latinoamericanos, sino que alcanzó también los hogares de mineros en Sudáfrica.

Durante la primera jornada internacional de hombres, a la cual acudieron representantes de las ramas masculinas de las familias schoenstattianas de Argentina, Chile, Perú y Paraguay, se abordó el tema de la superación de barreras. Una de las principales conclusiones de la jornada en Paraguay se resume en la afirmación: "El centenario del nacimiento del padre fundador debe constituir el gran hito para que Schoenstatt rompa las barreras sociales y se vierta, con toda su espiritualidad y dinamismo apostólico, a la Iglesia y a la construcción de una nueva cultura del amor".

Más modestas, pero no por eso menos significativas fueron las metas de la familia schoenstattiana colombiana. Desde hace poco existe allí el movimiento, que cuenta hasta ahora con unas 70 personas. A pesar de las limitaciones dadas por estas circunstancias y por la pobreza, quisieron regalar al padre un terreno para el santuario de Schoenstatt, desde el cual María les podrá continuar ayudando.

En otros lugares ya se pudo celebrar dentro del año del centenario la bendición de nuevos santuarios: en la diócesis alemana de Muenster el 'Niederrhein-Heiligtum'; sobre el Monte Oermter, en Curitiba (Brasil) — una fiesta que coincidió con la celebración de los 50 años de la llegada de las primeras hermanas marianas a Brasil; sobre el 'Monte Getsemaní' en San Francisco de Macorís, República Dominicana.

El mejor conocimiento de Schoenstatt y del P. José Kentenich fue el objetivo de otros regalos. En Puerto Rico, por ejemplo, se tomó la iniciativa de difundir en círculos más amplios los impulsos pedagógicos de este educador; en España hubo conferencias que se ocuparon de su visión de la vocación y la tarea de la mujer; en Australia fueron organizadas varias conferencias sobre el carisma del P. Kentenich y en Argentina tuvo lugar un simposio sobre el tema: 'Aportes de la pastoral mariana del P. Kentenich para una nueva evangelización de América Latina'.

Durante largo tiempo se estuvo preparando y con rápidez se ejecutó, un gran regalo, perdurable y efectivo, que posibilitará el encuentro con la persona y obra del fundador. Alrededor de 3000 hermanas marianas de todo el mundo respaldan la construcción edificada sobre el Monte Schoenstatt. La 'Casa Padre Kentenich' quiere motivar a cada uno de sus visitantes, a través de textos, imágenes y objetos, películas y conversaciones, a recibir impulsos a partir del encuentro con este hombre de Dios. Este proyecto invita también a una reflexión desde un punto de vista estético con el mundo de Schoenstatt, para lo cual se ofrecen múltiples caminos.

Si en la edificación de la Casa Padre Kentenich sobre el Monte Schoenstatt se trató más bien de arte arquitectónico y gráfico, el centenario también motivó más allá de ello a la realización de muchos proyectos que abordaron creativamente a Schoenstatt a través de la pintura y la escultura, entre otros. Con una diversidad de técnicas, se crearon numerosos retratos del P. Kentenich, una estatua en bronce de tamaño natural, otra en piedra, placas rememorativas, una serie de grabados, una pintura al óleo con una representación alegórica de la fundación de Schoenstatt, marionetas y cuadros simbólicos del fundador. Muchas de estas obras estuvieron expuestas durante la Semana Festiva internacional de septiembre.

Pero no sólo a la vista, sino también al oído se le hicieron ofertas nuevas. 'Peldaños al Padre — entre el Rin y los Andes' se titula la cantata de un compositor chileno, que fue estrenada por el conjunto de cámara de la Orquesta Filarmónica del Rin, al finalizar el simposio internacional. A través de otro lenguaje musical, el 'Musical' titulado 'Riesgo y amor' también compuesto expresamente para el centenario, se puso en contacto al público con 'el peligroso camino de José Kentenich'.

En Schoenstatt mismo no se dejó de celebrar durante todo 1985. Debido al tamaño del movimiento en Alemania (cerca de 45.000 miembros) muchas ramas organizaron a nivel nacional sus propias fiestas de cumpleaños. Más de 2000 jóvenes participaron en la celebración de la juventud femenina en mayo de 1985; no menos de 1200 hombres procedentes de 15 diócesis de Alemania festejaron con una peregrinación a Schoenstatt a comienzos de junio. La fiesta de las familias se prolongó por espacio de tres días y durante ella hicieron entrega de su regalo los 2500 representantes presentes: la nueva 'casa de las familias'. Las familias habían donado durante años dinero para su construcción y prepararon la fiesta de su bendición en los primeros días de junio con 10.000 horas de trabajo voluntario. Luego de que alrededor de 1500 niñas celebraran también en junio la fiesta de las secundarias, se reunieron a fin de mes más de 5000 madres para festejar el centésimo cumpleaños. Una actividad abierta a toda mujer interesada en ella, fue el regalo común de las comunidades femeninas de Schoenstatt. Su 'Congreso de la mujer' atrajo a 600 mujeres a Schoenstatt, quienes en conferencias, foros y conversaciones intercambiaron reflexiones acerca del tema 'La responsabilidad de la mujer para una cultura nueva'.

Objeto de interés público

Con motivo de las actividades del centenario se dio a conocer en amplios círculos el nombre de José Kentenich. En su país de origen, sin ir más lejos, fueron los treinta millones de sellos postales con su perfil, los que contribuyeron a mantenerlo presente en muchas partes. Un aporte decisivo para que los esfuerzos del Movimiento de Schoenstatt para obtener el sello, culminaran en éxito, fueron las numerosas solicitudes de personalidades alemanas y extranjeras (políticos, jurisconsultos, científicos), quienes llamaron la atención sobre la importancia internacional de este hombre. La ciudad de Vallendar utilizó además del sello especial y del matasellos de Bonn para el primer día de su circulación, un matasellos especial que reproducía la firma de ‚J. Kentenich'. Un segundo sello especial, con 600.000 ejemplares, se lanzó en Santiago de Chile. En él aparece a la izquierda el fundador y a su derecha, el santuario de Bellavista.

En Gymnich, junto a Colonia, el lugar de nacimiento del P. Kentenich, invitaron las autoridades locales a un acto festivo. Los numerosos visitantes nacionales y extranjeros que peregrinaron durante el centenario a la casa de su nacimiento, pudieron incluir en su programa una visita a la cercana y recién nombrada 'Plaza Padre Kentenich'.

También en el extranjero se denominó como 'P. Kentenich' a calles, plazas o casas: en Jaraguá, Brasil, se inauguró la 'Plaza P. José Kentenich' y se colocó en ella un busto en bronce del fundador. La prensa local de Paraná, Argentina, informó: "se nominó 'P. José Kentenich' a la calle pública 710, ubicada en la zona sur de Paraná, entre avenida Lebersohn y Gral. Espejo".

En Buenos Aires fue fundado un '"Centro P. Kentenich', que tiene su sede en el colegio de las hermanas marianas. En Coblenza, en el lugar en que se encontraba la cárcel de 'El Carmelo', donde el P. Kentenich permaneció prisionero hasta ser trasladado al campo de concentración de Dachau, fue puesta una placa rememorativa, que ha de recordar públicamente este período.

Una amplia difusión y toma de conocimiento sobre el P. Kentenich se produjo también a través de la aparición de nuevas publicaciones y de las informaciones dadas por los medios de comunicación. En Madrid se publicó en castellano la detallada biografía sobre el P. Kentenich del P. E. Monnerjahn; en Ciudad del Cabo, el mismo libro en inglés. En la editorial Saint Paul, de París, se editó una biografía en francés del Prof. René Lejeune, titulada, 'Schoenstatt, Chemin d'Alliance. Joseph Kentenich 1885-1968'.

En México, el P. Kentenich fue por primera vez protagonista de un radioteatro. Los 55 capítulos, de media hora de transmisión cada uno, se escucharon bajo el título: 'Una estrella en el camino — la vida de José Kentenich'. Los programas, trabajados con originalidad, fueron transmitidos pronto por otras tres radios en México y también en Puerto Rico.

Recuerdo — Renovación — Envío

Fuera de la prensa nacional y local, fueron sobre todo organismos de difusión interna, los que informaron sobre la vida en el año del centenario. Surgieron algunos informativos nacionales, como el periódico 'Vinculo', en Chile, o ‚Info España'. Pero fue ‚Info 85' la instancia de mayor intercambio de noticias schoenstattianas internacionales, el boletín editado en tres idiomas por la oficina internacional de prensa en Schoenstatt. Este informativo también posibilitó desarrollar los pasos temáticos de acuerdo a los cuales se había planeado el centenario. Estos tuvieron una historia previa más larga.

Ya en octubre de 1982 se reunieron en la casa Mariengart, en Schoenstatt, 50 representantes de distintas comunidades schoenstattianas procedentes de 17 países — hecho sin precedente en el movimiento —, para detectar todo aspecto espiritual y material que revistiera alguna importancia para el año 1985 y para su preparación en toda la familia. Fruto del trabajo de los participantes en la jornada fue la 'Declaración acerca de la línea espiritual del centenario del P. Kentenich'. El documento fue aprobado en el año 1982 por el Consejo Internacional de la Obra, junto al 'Marco de referencia para las celebraciones del centenario del P. José Kentenich'. Este papel intenta describir el proceso de vida que se aprecia en esta red mundial y que se divide en tres momentos: recuerdo, renovación y envío. Esta tríada inspiró toda la planificación y realización de las celebraciones a nivel internacional.

El tiempo anterior al encuentro de los miembros del Movimiento de Schoenstatt de todo el mundo, estaba destinado al recuerdo agradecido por los regalos que Dios le ha hecho al respectivo país, a las distintas comunidades o a cada uno individualmente en la persona del P. Kentenich. A través del encuentro creyente con los lugares, tiempos, palabras y testigos de su vida debiera poder crecer un conocimiento y vinculación más profunda a su persona y obra, con la intención de poder portar hacia el futuro esta herencia creadora y de poder hacerla fecunda para la Iglesia y el mundo.

El redescubrimiento de la pluralidad surgida ocurrió durante la búsqueda de momentos de articulación de la unidad dada en la persona y carisma del fundador común. Por eso el movimiento quiso formular a nivel mundial en esta hora histórica "lo que queremos manifestarle y regalarle a nuestro padre en su centenario, la forma en que nos presentaremos ante el Santo Padre y el modo de entendernos como una familia solidaria a la que el Señor le ha encomendado una misión para el futuro". Ello aparece escrito en la introducción del documento 'Schoenstatt Internacional 85', en el que se proyectan las perspectivas de la declaración de 1982. Después de un año de trabajos previos, con colaboración de personas y gremios de numerosos países y comunidades, se pudo aprobar y editar el documento en mayo de 1985. Sus contenidos básicos ya resultaban familiares, porque habían sido preparados de antemano a través de la oración internacional del centenario. En siete idiomas y con un tiraje de 150.000 ejemplares, se imprimió esta oración en la Secretaria P. K. 85. Aún en más idiomas y en mayor número fue rezada en todo el mundo.

Gracias al activo intercambio, que había surgido por múltiples canales y que fue abiertamente promovido, se pudo lograr la necesaria preparación común para las festividades internacionales de septiembre. Más allá de la preparación de contenidos y aspectos prácticos, se mostró la unidad de esta gran red también en múltiples gestos de solidaridad en un terreno material. A nivel nacional, por ejemplo, los miembros de la familia schoenstattiana de Australia se pusieron de acuerdo para juntar el dinero necesario para que algunos representantes pudieran viajar a Europa. Otras ayudas ocurrieron a través de fondos de solidaridad, como en Suiza, donde se recolectaron donaciones para participantes de Burundi y Polonia, o en dos comunidades femeninas del movimiento, que formaron un fondo para jóvenes y familias. Esta lista sólo estaría completa si se pudieran enumerar los múltiples proyectos a cargo de grupos o personas individuales, para crear primero que nada las condiciones técnicas necesarias para todo aquello que había de ocurrir en septiembre...

Encuentros internacionales en septiembre

Programa Previo, 1 al 11 de septiembre.

Dentro del Programa Previo, y separados por idioma, se ofreció a los participantes extranjeros posibilidades de un encuentro (o bien de profundizarlo) con el lugar de Schoenstatt, sus alrededores y centros de importancia histórica de Alemania. Figuraban en el programa visitas a Coblenza, Tréveris y Limburgo, viajes a Dachau y Gymnich. Con una misa en la parroquia de Vallendar, el domingo 8 de septiembre, se invitó a los peregrinos a tomar contacto con una comunidad parroquial alemana. Algunas atracciones de Renania se pudieron apreciar durante un viaje a los castillos a orillas del Rin; el coro de hombres 'Diana' de Vallendar ofreció a los visitantes un repertorio de folklore alemán durante un encuentro musical de las naciones, en la sala municipal. Hacia el final del Programa Previo, se creó una instancia de diálogo entre delegaciones de diversos países y el Concejo Municipal de Vallendar. Los visitantes extranjeros hicieron entrega al alcalde de la ciudad de una placa conmemorativa en bronce, en la que se encuentran grabados los nombres de aquellos países a los cuales se ha extendido Schoenstatt hasta hoy. Al final del encuentro la placa fue puesta solemnemente sobre un pedestal a orillas de la calle que conduce a Schoenstatt. ¡Nuevos puntos de contacto en esta red a través de continentes y pueblos!

En el Programa Previo participaron delegaciones de 11 países latinoamericanos, dos africanos y nueve europeos, de Australia y Estados Unidos con alrededor de 1400 peregrinos.

Semana Festiva, 11 al 14 de septiembre

Los cuatro días de la Semana Festiva internacional y el gran día de peregrinación abierta al final de ella acentuaron la renovación. Sobre la base de los hitos de la historia de Schoenstatt se abordó en conferencias, foros y meditaciones la línea temática. Ello ocurrió en encuentros internacionales y en otras actividades divididas por idiomas en cuatro grupos. Ya durante la apertura de la semana, en la tarde del 11 de septiembre, se pudo apreciar en la nueva plaza de peregrinos monumental en Schoenstatt un colorido ir y venir, que en los días siguientes creció en volumen, entusiasmo e intensidad. Además de encuentros internacionales de las diversas ramas (familias, señoras, juventud masculina, etc), figuraban en el programa encuentros de las familias schoenstattianas nacionales y fiestas para todos los participantes en la Semana Festiva. Durante ella se desarrollaron tres temas principales: 'Llamados a la alianza de amor con María', 'Padre de numerosos pueblos' y 'Profeta de una nueva cultura en Cristo y María'. Especialmente impresionados estaban los participantes con la experiencia de internacionalidad y las posibilidades de intercambio y de mutuo enriquecimiento, a pesar de todas las dificultades idiomáticas. La reflexión objetiva sobre el mensaje perdurable del P. Kentenich en nuestra nueva situación y su actualización como aporte fecundo de Schoenstatt para la cultura y sociedad actual fue seguramente sólo un impulso para un proceso de largo alcance que deberá continuar desarrollándose en todas partes después de las celebraciones.

Domingo, 15 de septiembre

Una eucaristía solemne en la mañana presidida por el Cardenal Joseph Hoeffner (Presidente de la Conferencia Episcopal de Alemania) y una gran asamblea final en la tarde, constituyeron momentos culminantes y finales de la Semana Festiva, el domingo 15 de septiembre. Siete cardenales, veintidós obispos, políticos y otras personalidades de la vida pública invitadas celebraron ese día junto a unos 13.000 peregrinos. Los oradores dieron testimonio de la importancia del P. Kentenich en el ámbito de la Iglesia y de la cultura de diversos países así como de su irradiación personal, que el fundador ejerció sobre muchas personas durante su vida y sigue ejerciendo aún ahora. Oradores principales durante la asamblea fueron: el Ministro Presidente de Renania Palatinado, Dr. Bernhard Vogel; el Cardenal Raúl Silva, de Chile; el P. Francisco Javier Errázuriz, Presidente del Consejo Internacional de la Obra de Schoenstatt y el Cardenal Camarlengo Sebastiano Baggio, de Roma, quien también leyó un telegrama que el Papa envió para esta fiesta. El saludo del Canciller Federal de Alemania, Dr. Helmut Kohl, lo trajo en representación suya el Vice-Ministro de Justicia Dr. Benno Erhard. Jóvenes representaron con un expresivo baile de pantomima el símbolo del centenario.

El variado programa del mediodía también contribuyó a hacer de este 'día del P. Kentenich' una fiesta de encuentro. En él se ofrecieron conversaciones sobre la Semana Festiva, un encuentro folklórico de las naciones, conciertos, marionetas, visita de exposiciones y mucho más.

Las celebraciones de la mañana, bajo una lluvia torrencial, tuvieron una especial resonancia en los medios de comunicación e impresionaron sensiblemente a sus participantes. Al final volvió a formarse un arco iris sobre la plaza de peregrinos.

Peregrinación a Roma, 16 al 23 de septiembre

En buses, trenes especiales y aviones, se trasladaron alrededor de 5000 peregrinos schoenstattianos a Roma. Una eucaristía junto a la tumba de San Pedro inauguró la semana en la Ciudad Santa. Los peregrinos que fueron ingresando a la Basílica en pequeños grupos, llenaron esa iglesia el mismo día en que 20 años antes había vuelto el P. Kentenich a Roma, después de sus años de exilio en Estados Unidos. El Cardenal Augustín Mayer, Prefecto de la Sagrada Congregación para los Sacramentos y el Culto Divino, se refirió en su prédica a lo que pudo crecer gracias a la fe del fundador, que comparó con la parábola del grano de mostaza y que según él merece el reconocimiento de parte de la Iglesia y del mundo.

El día siguiente, 18 de septiembre, estuvo consagrado a María. La eucaristía celebrada en 20 iglesias diferentes de Roma dedicadas a la Virgen, recordaron la historia de alianza de la Familia de Schoenstatt, que quiso renovar en este día su alianza de amor en el corazón de la Iglesia. El jueves, programado como día dedicado a Cristo, ofreció una posibilidad de encuentro con la persona de Jesucristo en las figuras de santos y mártires. Momentos cumbres fueron la eucaristía en la Basílica Laterana y la visita a las catacumbas. Para los peregrinos jóvenes se ofreció en la tarde de ese día un variado programa durante un encuentro internacional de la juventud, organizado bajo el lema 'Arc-en ciel — la ciudad que soñó José'.

Como día dedicado a San Pedro Apóstol se celebró el viernes. En él estaba programado el momento cúlmine de la peregrinación: la audiencia especial de una hora y media con el Papa Juan Pablo II. El Santo Padre había invitado a la Familia de Schoenstatt a reunirse con él en la sala de audiencias Pablo VI, donde presenció la presentación en texto, imagen y baile de la historia y espiritualidad del movimiento. A continuación saludó personalmente a muchos peregrinos. Sus sabias orientaciones e invitación a continuar desarrollando el carisma fundacional fueron motivo de alegría y de confianza para el futuro.

El envío en sí ocurrió al día siguiente en la Basílica San Pablo Extramuros, dentro de una solemne celebración eucarística presidida por el Arzobispo Moreira Neves, Secretario de la Sagrada Congregación para los Obispos.

Las pláticas de cardenales y obispos, y especialmente el discurso del Papa, pusieron en parte de relieve la valoración de Schoenstatt en círculos eclesiales.

Simposio interdisciplinario, 25 al 29 de septiembre

'Integración: reto para una cultura del tercer milenio'. En torno a este tema de fondo se desarrolló en Schoenstatt un simposio internacional, al cual asistieron cerca de 100 pedagogos, teólogos, filósofos, sociólogos, artistas y especialistas de otras disciplinas. El patrocinio lo asumieron tres cardenales: Joseph Ratzinger, Agnelo Rossi y Raúl Silva.

Mons. Wilhelm Wissing, Presidente Emérito de 'Missio', inauguró el simposio en la tarde del 25 de septiembre. Durante los tres días de trabajo de la jornada, se abordó el fenómeno de la integración desde tres ámbitos diferentes. Representantes de diversas regiones del mundo analizaron la cultura de nuestro tiempo; la fuerza integrativa de la experiencia cristiana de Dios fue abordada en dos exposiciones principales por los profesores Gisbert Greshake y Leo Scheffczyk. En el tercer día se expuso sobre la integración como tarea de la Iglesia para una nueva configuración de la sociedad. Orador principal al respecto fue el Obispo de Aquisgrán Dr. Klaus Hemmerle. Pensadores schoenstattianos aportaron en diferentes charlas y foros la visión kentenijiana ante el desafío de la integración.

Objetivo de esos días fue también ofrecer muestras de integración en el arte, por ejemplo en la pintura, la arquitectura y la música.

Dos actividades abiertas a todo público pusieron fin al simposio. En la tarde del 28 de septiembre se pudo asistir al estreno de la cantata sobre el P. Kentenich, 'Peldaños al Padre' — entre el Rin y los Andes'. Al día siguiente se invitó, a continuación de una eucaristía solemne, a un panel sobre el tema del día. Dentro de otro marco, esta vez entre expertos y artistas, se volvió a hacer palpable esta red a través de continentes y pueblos con el anhelo apremiante de que ésta continúe creciendo en densidad y fecundidad.

Un fin que sigue siendo comienzo

En la catedral de Lisboa, en la de Lima, en la catedral St. Patrick's de Nueva York, en la catedral de Colonia, en otras iglesias y en muchos santuarios de Schoenstatt del mundo se celebraron alrededor del 18 de noviembre, el día mismo del centenario del nacimiento del P. Kentenich, fiestas de las familias schoenstattianas nacionales junto a muchos amigos del movimiento. La sencilla pero emotiva celebración eucarística con la cual se puso fin en Schoenstatt, el 18 de noviembre, al año del centenario, permitió volver a evocar algunos momentos. Ese día se programó conscientemente como día de adoración y agradecimiento para dar una mirada a las experiencias vividas y luego abrirse atentamente a las exigencias del futuro. Es lo que dijo el Arzobispo Moreira Neves en Roma: ''Estoy seguro de no errar si pienso que el centenario del P. Kentenich está siendo para ustedes además de un impulso a la acción de gracias, una provocación y un estímulo para ponerse de cara a la llamada que cada uno recibió a hacer suyo y a vivir el ideal encendido en el corazón de Kentenich''.

Gertrud Pollak
Traducción:
Maria Elena Gronemeyer de Cori

A Network throughout Continents and Nations

Chronicle-Notes on the Father Kentenich Centenary Year 1985

"A Movement, which is diffused throughout so many countries, makes a contribution to the unity of mankind and the Church. Such a Movement is an invisible network, which spread over continents and nations, binds many people together". This echo from one of the many participants in the International Festival Week in Schoenstatt in September, 1985 expresses a central element of the Father Kentenich Centenary Year, which has been commemorated in over thirty different countries. In the lengthy preparations, the strategic and organisational measures and also in the various reflexions regarding a continuous theme, this network has become more and more recognizable in each and every aspect in which the international Schoenstatt Family, during its already 71 years of existence, has grown and developed. This growth in diversity, especially in regard to unity and a close interwoven community, was to become an intense experience throughout the Jubilee year, celebrating the hundredth birthday of the founder, Father Joseph Kentenich (1885-1968). Responsible for the more practical co-ordination was the Centenary Office (Secretariate '85), made up entirely of an international team. It was to be the organisational organ of the so-called Commission '85, which had been called together by the General Presidium. Through the co-operation of a number of different commissions working together with the Secretariate, certain essential "knots" in the network could be quickly found which formed the binding threads of a worldwide inward unity: the centenary symbol, the motto "Your Covenant — Our Life", and the centenary prayer, which was used for the first time during the opening ceremonies.

Opening Ceremony on 20th October, 1984

Over 6000 people had come together for the international opening ceremony on Mount Schoenstatt. The principal celebrant of the eucharistic celebration was Bishop Paul-Josef Cordes, Vice-President of the Papal Council for the Laity in Rome. He was joined by three Chilean bishops, a bishop from the Philippine Islands, and also by 150 concelebrating priests from 12 different countries. Truely, a network throughout continents and nations! The Centenary year was proclaimed opened by a solemn declaration delivered by the President of the General Presidium. The Declaration had also found other liturgical expressions in the many opening celebrations on the national level.

The Centenary year was to be celebrated "to the glory of the Most Blessed Trinity and as a confirmation of the Covenant of Love with our Mother Thrice Admirable, Queen and Victress of Schoenstatt". It was to be a holy year "bearing fruit for the Church of Jesus Christ and for all peoples". From this moment onwards, the flags showing the symbol of the Centenary year, which had been proposed as the main expression of this worldwide network, received their true and lasting meaning. From the burial-place of the founder they had been sent to each and every Schoenstatt Shrine in the world. They were present again during the the international celebrations, each now bearing a ribbon which expressed the individual country and the specific mission of the Shrine from which the flag came. Every flag then received a second and third ribbon in Schoenstatt and Rome, and with these ribbons, enriched by the many different experiences, they returned to their homelands in the knowledge that this Network, in every sense of the word, truely exists!

In this striking and symbolic process, which gave the entire celebration a unique outward "colouring", a fundamental law was clearly expressed, namely: Being together during the various celebrations had the goal of invigorating and strengthening the different communities in Schoenstatt from the sources. Such an aim could already be experienced in the national opening ceremonies, which in the majority of cases took place on 20th October, 1984. Poland celebrated their opening ceremony with their Primate Cardinal Glemp, the Auxiliary Bishop of Glasgow attended the celebrations of the Scottish Schoenstatt Family, as in Portugal with the Auxiliary Bishop of Lisbon. The still tiny group of the Philippine Schoenstatt Family opened the year in a makeshift bamboo Shrine, whereas in the United States the ceremony was celebrated with the Archbishop at the International Centre in Milwaukee. In Mexico the Bishop of Querétaro presided over the opening Mass in his Cathedral and, on the following day, thousands of pilgrims had gathered before the Schoenstatt Shrine there. The Argentines began the year in the Centre of Florencio Varela (Buenos Aires) and blessed, at the same time, the foundation stone for the Centenary Year Church. Paraguay celebrated with the Secretary of the Episcopal Conference, the Auxiliary Bishop of Asunción, and Brasil opened the Year at the Shrines of Jaraguá (São Paulo) and Curitiba, where their foundation stone for a new Schoenstatt Chapel was blessed. It was also in Brasil where the celebrations found a decisive resonance. In Chile, the Archbishop of Santiago expressed in his sermon the challenge to include the concrete situation of the country in the opening ceremony. At one point, he commented: " If you have decided to proclaim a special love for Our Lady, then you are obliged at the same time to choose, with a special generosity, a preferential love for the poor. Prove it in this Jubilee Year! Prove...that prayer and striving for sanctity do not promote some form of detachment from the world, but rather, they offer many impulses to help those around us, the poor and the suffering".

The German Schoenstatt Family had called for a determined orientation for their environment with their birthday gift, which it had presented on the afternoon of the international opening ceremony: "The Covenant of Love for our people". The rainbow, with which during this celebration Heaven had asserted the sign of the Covenant, left a deep impression on the participants, which even repeated itself at various important moments during the festivities — gift and acceptance!

If we would leave the knots of the network open, we would have to consider many other liturgies and celebrations apart from those which have been mentioned here. Throughout the year, in every country and community of the movement there was a series of festivities and birthday gifts of every description.

Highlights

Three national events for the Swiss Schoenstatt Family had come to be decisive elements of their festival year. They presented, as a gift for the founder, the search and development of their national mission, and as a contribution to the local church, they worked on the pastoral visit of Pope John Paul II in their own country....

The Argentinian Schoenstatt Family wanted to consider the changing situation in their country. There was an intensive encounter with the person of the Founder. The list of qualities which they rediscovered in his life and work was a long one: His inner freedom, his generosity, his capacity to decide, his love for the Church...

An extraordinary contribution in the field of popular pastoral service came from a Brasilian Deacon. For 34 years, Joao Pozzobon saw his life's mission in carrying a picture of our Lady of Schoenstatt to the homes of his countrymen and to speak and pray with them. For the birthday of the founder, he wanted to extend the borders of his activities, which also became a great success through the help of others. It was this same picture of the "Mãe Peregrina" which not only wandered through the various countries of America, but even reached the houses of the mine workers of South Africa.

The first Latin American Conference for Men, where representatives from the Schoenstatt men's communities of Argentina, Chile, Peru and Paraguay attended, had as its aim the wish to overcome differences and barriers. One of the most important results of the conference was summarized in the words: "With the Centenary year of our Father and Founder, the time has come in which Schoenstatt must overcome the different barriers of society and bring its spirituality and apostolic dynamic into the Church. In this way it will help to build a new civilisation of love"....

In other places throughout the Centenary year, the consecration of new shrines could also be celebrated, such as in the German diocese of Muenster with the "Nieder-Rhein Shrine" on Mount Oermter; in Curitiba (Brasil) — a celebration which took place on the 50th Jubilee of the arrival of the first Sisters of Mary in Brasil; on "Mount Getsemani" near San Francisco de Macoris in the Dominican Republic.

Various other gifts contributed to getting to know Schoenstatt and Father Kentenich better. In Puerto Rico for instance, was the attempt to make Father Kentenich's educational impulses more accessible; in Spain various lectures, presented out of his perspectives, illustrated the vocation and function of women. In Australia various lectures concerning the charism of Father Kentenich were organised and in Argentina a Symposium took place under the theme: "Contributions of Father Kentenich's Marian pastoral for a new evangelisation of Latin America".

After a long preparation, a further important gift for the encounter with the person and work of the founder will soon reach its completion and remain a visible and effective sign. Almost 3000 Sisters of Mary throughout the world have contributed to the building which has slowly taken shape on Mount Schoenstatt. The "Father Kentenich House" is designed to invite the visitor, through text, film, dialogue and possessions of Father Kentenich, to draw impulses for his or her own life in the encounter with this personality. Included in this project is a reflexion on Schoenstatt's ideas on a more artistic level, which should be possible on a wide scale.

In the same way that the concrete design of the "Father Kentenich House" on Mount Schoenstatt expressed a more architectural and graphical artwork, the Centenary year itself gave the opportunity for various other projects concerning creative expressions of Schoenstatt on a scuptural and illustrative level.

Various portraits of Father Kentenich were prepared using different techniques, including a life-size bronze statue, another made of stone, various commemorative plaques, a series of sketchings, also an oil painting showing an allegorical presentation of the founding of Schoenstatt, puppets and coloured symbolic pictures of the founder. Many of these could be seen in exhibitions during the international Festival Week in September.

Such artistic expressions did not limit themselves to stimulating the eyes but the ears too were offered a wide variety of possibilities. Worth mentioning is "Peldaños al Padre — Between the Rhine and the Andes", a cantata by a Chilean composer which received its première from the Philharmonic Chamber Orchestra of the Rhine at the end of the international Symposium. Another form of musical language was presented in the musical "Courage and Love" (W. Willms — L. Edelkötter), which also being composed especially for the Centenary Year, brought home to the public the "dangerous way of Joseph Kentenich".

In Schoenstatt itself the stream of celebrations never seemed to come to an end. Owing to the size of the movement in Germany (approx. 45,000 members), many communities celebrated their own birthday celebrations at a national level. In May, 1985 more than 2,000 young people took part in the festivities of the girls youth movement; over 1,200 men from 15 different German dioceses organized a large-scale pilgrimage at the beginning of June. The celebrations of the Family Branch lasted three whole days, in which 2,500 members presented their specific birthday gift, namely the new "House of the Family". For many years the families themselves had contributed financially to this project, and in the 10,000 voluntary working hours, they had prepared themselves in an outward fashion for the solemn blessing in the month of June. After 1,500 young girls had also celebrated their Feast of the Marian Apostles in June, 5,000 Mothers had come together at the end of the month to celebrate the 100th Birthday. The common gift of the various womens' communities in Schoenstatt was to be an open invitation to all women who would be interested. Their Womens' Congress attracted 600 women to Schoenstatt, who discussed the "responsibility of women for a new culture" in various lectures, forums and talks.

Focusing on public interest

Owing to the various activities of the Centenary year the name Joseph Kentenich has become well-known in wide circles. In his home country, one cannot fail to mention the 30 million special postage stamps with his profile, which certainly made him present in a vast number of places. Without doubt, one of the most decisive contributions which led to the request of the Schoenstatt Movement concerning the stamp being accepted at all, was the considerable number of recommendations from German and foreign personalities such as politicians, lawyers and scientists who drew the attention to the international importance of this man. The town of Vallendar itself, along with the special postage stamp and the first day cover from Bonn, had also prepared their own first day cover which bore the autograph "J. Kentenich". A further postage stamp was issued in Santiago de Chile with a publication of 600,000. On this stamp the founder is portrayed on the left-hand side and beside him the Shrine from Bellavista is illustrated.

The local administration from Gymnich near Cologne — the birthplace of Father Ketenich — had organised a festive event, to which various guests were invited to numerous visitors from different countries, who had gone on pilgrimage to the birthplace, could also include in their tour a visit to the "Father Kentenich Square" situated not far from the actual house.

Also in other countries numerous streets, squares or houses had been named after Father Kentenich: In Jaraguá, Brasil a "Father Kentenich Square" was blessed and a bronze bust of the founder erected. In the local press from Paraná in Argentina the words could be read: "Street No. 710, situated in the southern district of Paraná, between the Lebersohn Avenue and the General Espejo, now holds the name 'Padre José Kentenich' ". Buenos Aires saw the founding of a "Father Kentenich Centre", situated in the school of the Sisters of Mary, and in Coblence in Germany a commemorative plaque in bronze was erected at the place where Father Kentenich was imprisoned before being transported to the Concentration Camp at Dachau — at the site of the former Karmeliterstrasse prison. The plaque is designed to recall publically those difficult times.

Another means of bringing Father Kentenich into even wider circles was certainly a surge of new literary works which expressed themselves mainly through the press. In Madrid an extensive biography about Father Kentenich was issued by Fr. E. Monnerjahn in a Spanish translation, and in Cape Town, South Africa, the book appeared in its English version. Paris saw the edition of a French biography by Prof. R. Lejeune with the title "Schoenstatt, Chemin d'Alliance. Joseph Kentenich 1885-1968".

For the first time ever, Father Kentenich became the focal point of a radio play in Mexico. The 55 parts, each lasting 30 minutes were entitled: "The Life of Joseph Kentenich — a Star on Our Way". The series, known for its creative presentation, was soon to be requested from a further three radio channels in Mexico, and was also transmitted by radio in Puerto Rico.

To remember, to renew, to be sent on a mission

Along with the various editions of the press, it was esepcially internal information sources which exchanged news concerning the different signs of life throughout the Jubilee year. A few national magazines and information pamphlets came into being, for instance, the newspaper "Vinculo" in Chile, or the "Info España" from Spain. However, the main place for collecting worldwide Schoenstatt news was especially "Info '85", which appeared in three different languages from the international Press Office in Schoenstatt. It was further possible, through this means of communication, to develop the various themes, step by step, under which the Centenary year had been planned. Such themes, however, conceal a much longer history and development.

Already in October of 1982, 50 representatives of different Schoenstatt Communities from 17 countries met together in Haus Mariengart in Schoenstatt (it was the first meeting of its kind) to consider the various spiritual and material questions which were of importance for the year 1985 and its preparations. The conclusions of the participants found their expression in the "Declaration of the Spiritual Trends of the Father Kentenich Centenary Year". This document was approved in 1982 by the General Presidium of the Schoenstatt Family, together with a "Framework for the orientation of the celebrations and events during the Father Kentenich Centenary year". Such a framework was an attempt to describe the life's process, which could be seen in the worldwide network and which had crystalized itself in three different aspects: to remember, to renew and to be sent on a mission. These three dimensions penetrated the entire planning and elaboration of the various celebrations on an international level.

The period, directly before the members of the worldwide Schoenstatt Family were to come together, was to be considered as a thankful remembrance of the various gifts which God, through Father Kentenich, had given to the respective country, the specific community or each individual personally. Through an open encounter with the places, times, words and witnesses of his life, a more profound knowledge of his person and work and a subsequent attachment to him, should then be able to develop, with the firm intention to carry his heritage, in a creative loyalty, towards the future, and to make it fruitful for the Church and the world.

The rediscovery of the growing diversity within the Family along with the already present unity in the person and the charism of the founder, made it more and more important to find various means and movements of articulation. For this reason the worldwide movement, in such an historical hour, was to put into words "what we want to offer and say to our Father for his birthday, how we are going to introduce ourselves to the Holy Father, and how we understand ourselves as a united family with a mission for tomorrow". Such elements were described in the introduction to the document "Schoenstatt International '85", in which the framework and the perspectives of the Declaration from 1982 were developed further. After a preparatory time of one year, with the assistance of individuals and commissions from various countries and communities, the document could be edited and approved in May 1985. The fundamental elements, however, were by no means unfamiliar, because they had already been prepapred in the wording of the international prayer of the Centenary year. This prayer had been printed in seven different languages with over 150,000 copies from the Centenary Office, and it has been used throughout the world in seven more languages and in an even greater number of copies.

Through various dialogues and exchange which had grown in time and had been cultivated through many different channels it was possible to secure a minimum of common preparation for the international celebrations in September. Outwith the practical and spiritual preparation, the bonds within the large network revealed themselves in the many signs of solidarity on a material level. For example, the Australian Schoenstatt Family had decided to collect enough money to be able to send a few representatives to Europe. Other forms of material help were realized through a solidarity fund, where for example in Switzerland money was collected for participants from Poland and Burundi, or as in the case of two women's communities who had organized a fund for young people and families. However, the list of examples would certainly be much more complete if all various particular projects from groups and individuals were to be itemised. In such a way, the technical conditions where then laid down, for that which was to happen in September...

International Encounter in September

Preliminary Programme, from 1st until 11th September

In the scope of a preliminary programme, a wide variety of possibilites were to be offered in order to get to know Schoenstatt as a place, the different surroundings and also the various sites of historical importance in Germany for the first time, or in order to deepen already present knowledge. Visits to Coblence, Trier and Limburg, excursions to Dachau and Gymnich were all included in the programme. Contact with a German parish was organised on Sunday, 9th September with a Mass in the parish church of Vallendar. Some specialities of the Rhineland could be appreciated by a castle tour on the River Rhine; German folklore was presented by the mens' choir "Diana" from Vallendar to their guests in an encounter of "the peoples in song", which took place in the city hall. The end of the preliminary programme offered an opportunity for a dialogue between delegations of different countries and the local municipal council. The foreign guests presented the mayor of the town with a bronze commemorative plaque, where the names of the countries in which Schoenstatt has taken root had been inscribed. At the end of the meeting, the tablet was mounted on a large stone at the edge of the main street leading to Schoenstatt. Again more new knots in this network throughout contintents and nations! The delegations were made up of 11 South American, 2 African and 9 European countries, also from Australia and the United States of America with a total of about 1,400 pilgrims.

The Festival Week from 11th till 14th September

The four days of the international Festival Week and the central Pilgrims' Day towards the end, stood under the main theme of Renewal. Following the "milestones" of Schoenstatt's history, the various aspects to the theme were enumerated in lectures, forums and meditations. This was organized in different international circles and divided into four groups according to language. Already by the opening celebration on the evening of 11th September, the large-scale, new pilgrims' amphitheatre became the scene of a colourful panorama and movement which, in the days to come, was destined to grow in density, cordiality and intensity. The programme included various bilateral meetings between the different communities (families, mothers, girls' youth etc.), gatherings of the national Schoenstatt Families, and also celebrations for all the participants of the Festival Week. Three main aspects were developed: "Called to the Covenant of Love with Mary" — 'Father of Many Peoples" — 'Prophet of a new culture in Christ and Mary". The participants were deeply impressed by the show of internationality and the many possibilities, — in spite of language barriers — to get to know each other and to enrich each other mutually. The more objective reflexion of the valid message of Father Kentenich in our so changed situation and also of its transposition into a fruitful contribution of Schoenstatt for today's culture and society was clearly only a first impulse. Such a contribution will still have to be developed after the celebrations are over.

Sunday, 15th September

The climax of the Festival Week was most certainly the solemn pontifical mass with Cardinal Höffner from Cologne as the main celebrant and also the Rally in the afternoon. Seven cardinals, 22 bishops, politicians and other personalities in public life took part as invited guests together with over 13,000 pilgrims. The various speakers not only testified to the importance of Father Kentenich in the sphere of the Church and within the cultures of different countries, but also indicated the effect of his impressive personality on many people during his life, and indeed, even today. The main speakers during the Rally were Minister-President Berhard Vogel from the province of Rheinland-Pfalz, Cardinal Raúl Silva from Chile, Father Francisco Javier Errázuriz as President of the General Presidium of the Schoenstatt Family and also Cardinal Camarlengo Sebastiano Baggio from Rome, who read a telegramme from the Pope commemorating the day. Further highlights were certainly the official greeting of the German Chancellor, Dr. Helmut Kohl, which was delivered by a member of the Federal Parliament, Secretary of State Benno Erhard, and the impressive presentation of the youth in forming the symbol of the Centenary year in pantomime and dance. This "Father Kentenich Day" was truely a celebration of encounter — a reality which showed itself again and again in the various alternative programmes which were offered during the course of the early afternoon. Examples are the different discussions about the Festival Week, the encounters of various countries in a more folkloric style, a concert, puppet-theatre, visits to the exhibitions and many more. The celebrations — held in the morning under pouring rain — found a considerable echo in the press and left a profound impression on the participants. Towards the end, a rainbow bridged itself once again across the pilgrims' amphitheatre.

Pilgrimage to Rome from 16th till 23rd September

With buses, special trains and by plane, about 5,000 Pilgrims made their way to Rome. The week was opened by an Eucharistic celebration at the tomb of St. Peter. The pilgrims slowly filled the Basilica, group after group, on the same day that Father Kentenich, twenty years previously, had entered the holy city after the years of exile in the USA. In his sermon, Cardinal Augustin Mayer compared the faith of the founder to a mustard seed, and spoke of what has now grown from that same faith and how it deserves recognition from the Chruch and the world.

The following day, Wednesday 18th September 1985, was planned as a day dedicated to Mary. The Eucharistic celebration in twenty different Marian churches in Rome was an expression of the Covenant history of the Schoenstatt Family, who wanted to renew their Covenant of Love in the heart of the Church.

Thursday, which was celebrated as a Day for Christ, enabled an encounter with Him in his Saints and Martyrs. Highlights were the Eucharistic celebrations in the Lateran Basilica and a visit to the catacombes. In the evening of the same day, the youth which had also come on pilgrimage organised a programme, in their own style, and invited to an international youth festival: The motto "Arc-en-ciel — the town, which Joseph dreamed of" formed the framework for their encounter.

St. Peter's day was celebrated on Friday, and was also the main festivity of the pilgrimage, namely: the ninety-minute special audience with Pope John Paul II. The Pope had invited the Schoenstatt Family to the Audience Hall Paul VI and was introduced through word, picture and dance to the spirituality and history of the movement. Subsequently, he greeted many of the pilgrims personally. His guiding words for the propagation and development of the founding charism gave joy and courage for the times to come.

Interdisciplinary Symposium from 25th until 29th September

"Integration — challenge to a culture of the third Millennium" was the theme which was placed over the encounter in Schoenstatt, where about 100 pedagogues, theologians, philosophers, sociologists, artists and specialists in other disciplines had come together. The sponsorship had been accepted by three cardinals: Cardinal Joseph Ratzinger, Cardinal Agnelo Rossi and Cardinal Raúl Silva.

Mgr. Wilhelm Wissing, on the evening of 25th September 1985, opened the Symposium, which in its three different working days was organised respectively under a particular aspect of the question of Integration. The analysis of the times and culture was delivered by various representatives of different cultural circles; Prof. Dr. Gisbert Greshake and Prof. Dr. Leo Schewffczyk gave the main lectures on the theme of the integrational capabilities of the Christian experience of God. The third aspect consisted of a reflexion in the sphere of integration as a mission of the Church in the service of a new society. The main speaker in this field was Bishop Dr. Klaus Hemmerle. In all of the mentioned aspects and themes, and after reflecting on the different analysis in the respective disciplines, various considerations and opinions of Father Kentenich were brought into the discussion. It was further the intention of these three days to include other integrative forms as part of the general offer, for example Integration as a task of art, painting, architecture and music.

The working days were completed by two public events which brought the symposium to a close. The evening of 28th September 1985 saw the première of the Cantata about Father Kentenich "Peldaños al Padre — Between the Rhine and the Andes and on the next day the general public was invited to a pontifical mass, followed by a debate on the theme of the day. Here again — on another level — it was possible amongst scientists and artists to experience this network throughout continents and nations, however, always with the firm intention that it becomes even more successful and even more closely knit together.

The End, which remains a beginning

In the Cathedral of Lisbon, in Lima, in St. Patrick's Cathedral of New York, in Cologne, in various other churches and Schoenstatt Chapels around the world, many different celebrations of the national Schoenstatt Families and friends of the movement took place around the 18th November as the central day of the 100th Birthday. Also the simple but impressive Eucharistic celebration in Schoenstatt itself, with which on 18th November the Centenary year officially came to an end, gave enough opportunity to reconsider the various experiences once again. This day was deliberately planned as a day of adoration and thanksgiving, in order to remain alert — through a grateful reflexion of the past year — for the demands which the future will bring. Archbishop Moreira Neves in Rome expressed himself in a similar fashion when he commented: "I am certain that the 100th Birthday of Father Kentenich is not simply an impulse of gratitude, but also a challenge to take possession of his mission once again!"

Gertrud Pollak
Translation:
Fr. Duncan McVicar

Uma rede através de continentes e povos

Crônica do Centenário do Padre
José Kentenich — 1985

"Um movimento que está espalhado por tantos países é um fator de unidade dos homens e da Igreja. É uma rede invisível que une entre si continentes e povos". Esta impressão de alguém que participou da Semana Festiva Internacional em Schoenstatt, em setembro de 1985, define de maneira acertada uma característica do ano comemorativo do centenário do Padre Kentenich, celebrado em mais de 30 países. Na planificação, nas medidas estratégicas e de organização, na elaboração da linha temática, em tudo evidenciou-se mais e mais esta rede, que se tornou a Família de Schoenstatt nos seus 71 anos de história. Esta multiplicidade devia tornar-se perceptível em sua unidade e em sua intimidade durante o ano da celebração do centenário do nascimento do fundador, P. José Kentenich (1885-1968). Seu instrumento de coordenação foi a Secretaria Internacional, órgão executivo da ,,Comissão '85'' organizada a pedido do Conselho Internacional da Família de Schoenstatt. Através destes órgãos e de outras comissões foram criados os pontos de ligação responsáveis pela unidade de todo o empreendimento: um símbolo, o lema ,,Tua aliança — nossa vida'' e uma Oração do Centenário, rezada pela primeira vez na festa de abertura.

Abertura —
20 de outubro de 1984

Na festa de abertura estavam presentes no Monte Schoenstatt mais de 6000 pessoas. O celebrante principal da Eucaristia foi o bispo Dom Paulo José Cordes, Vice-Presidente do Conselho Pontifício dos Leigos, de Roma. Nessa missa concelebraram ainda 3 bispos do Chile, 1 das Filipinas e 150 sacerdotes de 12 diferentes países. Uma rede através de continentes e povos!

A proclamação solene, feita pelo Presidente do Conselho Internacional, e que teve lugar também em muitas celebrações de caráter nacional em vários países, deu abertura ao Ano do Centenário. Devia ser celebrado "para a honra da Santíssima Trindade e como confirmação de nossa aliança de amor com a Mãe, Rainha e Vencedora de Schoenstatt, como um ano santo que seja fecundo para a Igreja de Jesus Cristo e para todos os povos". A partir desse momento também as bandeiras com o símbolo do centenário, distribuídas para todos os santuários de Schoenstatt do mundo, receberam seu significado mais profundo. O ponto de partida das bandeiras foi o túmulo do Fundador. Para a celebração internacional em 1985 foram levadas de volta a Schoenstatt, ornadas com uma faixa onde se especificava a nação e a missão do respectivo Santuário. Na Semana Festiva e na peregrinação a Roma receberam outras faixas e assim voltaram para seu país de origem enriquecidas com muitas vivências e a consciência de que esta rede é uma realidade.

Neste simbolismo bem perceptível, que deu um colorido especial às celebrações, reflete-se um princípio fundamental: toda a convivência na celebração comum teve como objetivo dar nova fecundidade à vida própria de cada comunidade de Schoenstatt. Pôde-se perceber isso já nas celebrações de abertura dos diversos países, realizadas geralmente em torno do dia 20 de outubro de 1984. A Polônia iniciou suas celebrações com seu Primaz, o Cardeal Glemp; o Bispo Auxiliar de Glasgow participou da hora festiva da Família de Schoenstatt da Escócia, e o Bispo Auxiliar de Lisboa esteve presente no início das celebrações em Portugal. O pequeno grupo de schoenstateanos das Filipinas fez a abertura de ano no seu provisório Santuário de bambus; os norte-americanos, no Centro Internacional de Milwaukee, juntamente com seu Arcebispo. No México o Bispo de Querétaro celebrou a missa de abertura em sua catedral. Nos dias seguintes milhares de peregrinos estiveram no Santuário de Schoenstatt, que se localiza nas proximidades dessa cidade. Os argentinos deram início ao ano em Florêncio Varela (Buenos Aires), onde foi benta a pedra fundamental da igreja do centenário. O Paraguai iniciou as celebrações centenárias com o Bispo Auxiliar de Assunção, Secretário da Conferência dos Bispos; no Brasil, entre outros, no Santuário de Jaraguá em São Paulo, e em Curitiba, onde foi lançada a pedra fundamental de um novo Santuário. As notícias da celebração do centenário foram veiculadas em vários meios de comunicação do Brasil. No Chile, o Arcebispo de Santiago, em sua alocução de abertura exortou a incluir na celebração a situação do País: ,,Se vós decidistes a proclamar um amor especial a Nossa Senhora, estais também obrigados a demonstrar com grande generosidade um especial amor aos pobres. Demonstrai-o neste ano do centenário. Demonstrai... que a oração e a aspiração à santidade não legitima qualquer forma de alienação mas ao contrário, leva a ajudar o homem, os pobres e a todos os que sofrem.''

A Família de Schoenstatt da Alemanha quis buscar uma orientação em seu próprio ambiente ao levar seu presente de aniversário logo após, na tarde da abertura da celebração internacional: ,,A aliança de amor por nosso povo''. O arco-íris, com o qual o céu quis dar seu assentimento à aliança durante a celebração, permaneceu como uma impressão profunda e que se repetiu no ponto culminante das celebrações: foi um presente e uma confirmação!

Se quiséssemos apresentar os pontos de encontro desta rede, teríamos que citar muitos outros além destas liturgias de abertura, que aqui foram tomadas como exemplo. No decorrer do ano, em cada país e em cada uma das comunidades do Movimento realizaram-se várias celebrações e uma variedade enorme de presentes foi apresentada.

Raios de luz

Três acontecimentos nacionais foram elementos determinantes do ano comemorativo da Família de Schoenstatt da Suíça. A busca e a elaboração de sua missão nacional deveria ser o presente ao Fundador. Como contribuição para a Igreja local preocuparam-se em recolher os frutos da visita pastoral do Papa João Paulo II a seu País e ocupam-se desde já com o sétimo centenário da aliança feita pelos primeiros confederados em 1291. O lema tendo como ponto central a aliança encontrou aí uma tríplice ressonância: a aliança como valor central da missão nacional, a aliança no sentido de uma abertura para Deus (este foi o apelo do Papa por ocasião de sua visita) e a aliança como fator que deu origem à Suíça.

A Família de Schoenstatt argentina considerou a situação diferente de seu País. Procurou levar a cabo a tarefa ocupando-se em profundidade com a pessoa do Fundador. A lista de qualidades, que se esforçaram por descobrir em sua vida e em sua atuação, tornou-se bastante longa: sua liberdade, sua magnanimidade, sua capacidade de decisão, seu amor à Igreja... Porém, acima de tudo, conscientizaram-se de seu espírito comunitário diante dos angustiantes problemas sociais e econômicos de sua Pátria. Por isso um presente ao Fundador deveria incluir a responsabilidade para algo que manifestasse seu espírito de solidariedade. Um grupo assumiu, por exemplo, a direção da Caritas Diocesana; outro, ainda a pedido do bispo, a organização e distribuição regular de alimentos em um bairro pobre.

Outras atividades, já tradicionais, tomaram um novo colorido através do centenário. Sob o lema ''Pai dos povos, caminhamos contigo'', foi organizado o VI Festival de la Loma, que é um festival da canção latino-americana. Um diácono brasileiro deu uma contribuição extraordinária à pastoral popular. Há 34 anos o diácono João Pozzobon viu como sua missão levar a imagem da Mãe e Rainha Três Vezes Admirável às famílias, falar-lhes e rezar com elas. Queria estender esta sua atividade até o centenário do Fundador, o que foi feito por seu sucessor e companheiro, após sua morte ocorrida aos 27 de junho de 1985. A imagem da ,,Mãe Peregrina'' empreendeu suas viagens não só por outros países da América, mas chegou até a casa dos mineiros da África do Sul.

Para superar as barreiras do isolamento, compareceram ao Primeiro Encontro Latino-Americano de Homens representantes das comunidades masculinas de Schoenstatt da Argentina, Chile, Peru e Paraguai. Um dos resultados mais significativos desse encontro no Paraguai foi resumido na forma seguinte: ''Com o centenário de nosso Pai e Fundador chegou a hora de Schoenstatt romper as barreiras sociais e levar sua espiritualidade e seu dinamismo apostólico à Igreja para assim ajudar na construção de uma nova civilização do amor''.

Mais restritos, porém não menos consequentes foram os objetivos da Família de Schoenstatt de Colômbia. O Movimento é aí bastante recente. Conta atualmente com 70 pessoas. Apesar dos limites devido às circunstâncias, e à pobreza reinante, quiseram dar como presente de aniversário o lugar para a construção do futuro Santuário de Schoenstatt, a partir do qual Nossa Senhora deve continuar a atuar.

Em outros lugares celebrou-se a inauguração de novos santuários durante o ano do centenário: na Diocese de Muenster, na Alemanha, foi inaugurado o ''Santuário do Baixo Reno'' em Oermterberg; em Curitiba, com a inauguração do Santuário celebrou-se também o cinquentenário da chegada das Irmãs de Maria ao Brasil; e finalmente no ,,Monte Getsêmani'' em São Francisco de Macoris, na República Dominicana.

Outros presentes visavam tornar mais conhecidos Schoenstatt e o P. Kentenich. Em Porto Rico houve um esforço para estender a novos círculos as orientações pedagógicas desse educador; na Espanha as conferências visaram principalmente um melhor conhecimento da vocação e missão da mulher. Na Austrália foram dadas várias palestras sobre o carisma do P. Kentenich e na Argentina organizou-se um simpósio com o tema: ,,Contribuições da pastoral mariana do P. Kentenich para uma nova evangelização da América Latina".

Um grande presente, longamente preparado e em fase de conclusão, que se destina a um maior contato e conhecimento da pessoa e da obra do Fundador, entrará em breve em funcionamento e assim exercerá uma função permanente. Foi construído pelo esforço de 3000 Irmãs de Maria e localiza-se no Monte Schoenstatt. Trata-se da "Casa Padre Kentenich" que por meio de textos, fotos e objetos de uso pessoal, filmes e diálogos será um estímulo a cada visitante para, através do contato com esse homem de Deus, levar para sua vida uma nova força. Está unida a este projeto uma confrontação artística com o mundo de Schoenstatt e que se tornará possível através de vários caminhos. Na construção e disposição da "Casa Padre Kentenich" no Monte Schoenstatt ressaltaram-se aspectos arquitetônicos e gráficos. Além disso o centenário foi rico em outros projetos que se ocuparam com Schoenstatt sob o ponto de vista da escultura e modelagem. Com diversas técnicas foram criados muitos retratos do P. Kentenich, uma estátua de bronze em tamanho natural e outra em pedra, quadros comemorativos, uma série de gravuras à água-forte, uma pintura a óleo apresentando de modo alegórico a fundação de Schoenstatt, teatro de marionetes e reproduções simbólicas a cores sobre o Fundador. Muitas destas obras poderiam ser vistas nas exposições durante a Semana Festiva Internacional.

Mas não foram só os olhos que puderam se encher com obras de arte. Também os ouvidos participaram desse deleite. "Degraus ao Pai — Entre o Reno e os Andes" é uma cantata elaborada por um compositor chileno e apresentada pela primeira vez pela Orquestra Filarmônica do Reno no encerramento do Simpósio Internacional. Numa outra linguagem musical foi apresentada ao público a obra composta especialmente para o centenário: "Risco e amor — o difícil caminho de José Kentenich" (W. Willms — L. Edelkoetter).

Em Schoenstatt mesmo, durante todo o ano houve uma série de celebrações. Devido à extensão do Movimento na Alemanha (cerca de 45000 membros), alguns ramos celebraram sua própria festa a nível nacional. Mais de 2000 jovens participaram da festa da Juventude Feminina em maio de 1985; cerca de 1200 homens de 15 dioceses da Alemanha participaram de uma romaria a Schoenstatt no começo de junho. A festa das famílias durou três dias; 2500 pessoas levaram seu presente de aniversário: a nova "Casa das Famílias". Por vários anos as famílias fizeram suas contribuições em dinheiro e prepararam a festa da inauguração em junho de 1985 com a doação de 10000 horas de trabalho voluntário. Depois de 1500 meninas terem celebrado também em junho sua festa de Apóstolas de Maria, no fim do mês reuniram-se 5000 mães para celebrarem o centenário. O presente comum das comunidades femininas de Schoenstatt foi a realização de um encontro para mulheres que se dedicam a uma profissão. Esse congresso reuniu em Schoenstatt 600 mulheres que, em conferências, debates e diálogos trocaram experiências sobre a „responsabilidade da mulher para uma nova cultura".

Na mira do público

Devido às atividades do centenário o nome José Kentenich tornou-se conhecido em vastos círculos. Em sua terra natal, uma edição especial de 30 milhões de selos comemorativos com o seu perfil contribuíram para esse fato. Essa decisão dos Correios da Alemanha foi tomada graças a numerosas recomendações que, a pedido do Movimento de Schoenstatt, fizeram numerosas personalidades, políticos, juristas, cientistas da Alemanha e de outros países ressaltando a importância internacional desse homem. A cidade de Vallendar, além disso, usou um carimbo especial durante esse ano com o nome „J. Kentenich" para o selo comemorativo e para o dia do lançamento do selo em Bonn. Um outro selo comemorativo foi lançado no Chile com uma edição de 600000 exemplares. Do lado esquerdo vê-se o Fundador e à direita o Santuário de Bellavista.

Em Gymnich, perto de Colônia, terra natal do P. Kentenich, as autoridades locais fizeram um convite para uma celebração festiva. Os numerosos peregrinos da Alemanha e de outros países que visitam a casa onde nasceu o Fundador podem agora incluir em seu programa a visita à "Praça José Kentenich" situada nas proximidades.

Também em outros países ruas, praças e casas receberam a mesma denominação. Em Jaraguá, São Paulo, foi inaugurada a "Praça Padre José Kentenich" onde lhe foi erigido um busto de bronze. A imprensa local de Paraná, na Argentina, noticiou: "A Rua 710, situada na zona sul de Paraná, entre as Alamedas Lebersohn e Espejo, recebeu o nome de Rua Padre José Kentenich". Em Buenos Aires fundou-se o "Centro Padre Kentenich" situado na Escola das Irmãs de Maria. Em Coblença, no local onde se situava a antiga prisão na Rua dos Carmelitas onde o P. Kentenich esteve preso antes de seu confinamento no Campo de Concentração de Dachau, foi colocada uma placa de bronze que recorda publicamente esse fato.

Um outro meio que levou a uma divulgação e atuação mais ampla do Padre Kentenich foram as novas publicações e os meios de comunicação social. Em Madri foi editada em espanhol a biografia do P. Kentenich escrita pelo P. E. Monnerjahn e na Cidade do Cabo a mesma biografia foi publicada em inglês. A Editora Saint Paul de Paris lançou uma biografia em francês escrita pelo Prof. R. Lejeune intitulada "Schoenstatt, Chemin d'Alliance — Joseph Kentenich 1885-1968". No México pela primeira vez o P. Kentenich foi o protagonista de uma rádio novela. Os 55 capítulos de meia hora cada um tinham como título: "Uma estrela no caminho: a vida de José Kentenich". As transmissões, cercadas de lances fantasiosos, foram logo transmitidas por outras 3 emissoras do México e uma de Porto Rico.

Recordação — Renovação — Envio

Além da imprensa havia sobretudo órgãos de informações internas que davam notícias sobre a vida do Centenário. Surgiram alguns noticiosos como o jornal "Vínculo" no Chile e "Info España". O „info '85", porém, foi o mais amplo meio de comunicação com notícias sobre Schoenstatt de todo o mundo, editado em 3 línguas pelo setor internacional de imprensa de Schoenstatt. Através desse periódico tornou-se possível desenvolver a linha temática planejada para o centenário. A definição desta linha teve uma longa pré-história.

Já em outubro de 1982 encontraram-se na "Casa Mariengart", em Schoenstatt, 50 representantes de diversas comunidades schoenstateanas de 17 países — pela primeira vez reunidos — a fim de visualizar tudo o que de material e espiritual era importante a todo o Movimento para o ano 1985 e sua preparação. O trabalho dos participantes desse encontro está contido na "Declaração sobre a linha espiritual do Centenário do P. Kentenich". Este documento foi aprovado em 1982 pelo Conselho Internacional da Família, além de um „Conjunto de orientações para as celebrações do Centenário do P. Kentenich". Este documento procura descrever o processo de vida que se estendeu numa rede mundial e que se compõe de três elementos: recordação, renovação e envio. Em consequência esses foram os elementos determinantes na planificação e realização das festividades em âmbito internacional.

O tempo que precede ao encontro dos membros do Movimento de Schoenstatt a nível internacional devia ser dedicado a uma recordação agradecida pelos presentes que Deus, na pessoa do P. Kentenich, concedeu ao respectivo país, a cada comunidade e a cada pessoa individualmente. O contato vivo com os lugares, tempo, palavras e testemunhas de sua vida deveria levar a um maior conhecimento e vinculação à sua pessoa e à sua obra. Este contato deveria tornar possível levar ao futuro, de modo criador, esta herança e torná-la fecunda para a Igreja e o mundo.

A descoberta desta crescente variedade levou a procurar-se elementos de articulação para se conseguir a unidade na pessoa e no carisma do Fundador. Por isso o Movimento quis formular a nível internacional, nesse momento histórico, "o que queremos dizer e dar ao nosso Pai como presente de aniversário, como nos apresentar ao Santo Padre e como nós mesmos nos entendemos como família solidária com uma missão para o futuro." É o que indica a introdução do documento „Schoenstatt Internacional '85" no qual são levadas adiante as perspectivas da Declaração de 1982. Depois de um ano de preparação, com a colaboração de pessoas e de grupos de vários países e comunidades, o documento foi aprovado e publicado em maio de 1985. Suas idéias fundamentais em parte já eram conhecidas pois já tinham sido veiculadas anteriormente na Oração Internacional do Centenário. Essa oração, impressa pela Secretaria do Centenário em sete línguas, alcançou uma tiragem de 150000 exemplares e foi rezada em outras línguas por um número ainda maior de pessoas de todo o mundo.

Pelo intenso intercâmbio, que surgiu e se manteve através de muitos canais, foi possível conseguir um mínimo de preparação comum para as festividades internacionais em setembro. Além da preparação do conteúdo e de outros aspectos práticos, esta grande rede apresentou também sinais de solidariedade no aspecto material. A nível nacional, por exemplo, os membros da Família de Schoenstatt da Austrália decidiram fazer uma caixa comum a fim de que alguns de seus representantes pudessem viajar para a Europa. Outras ações comuns de auxílio foram possíveis graças ao fundo de solidariedade, como foi o caso da Suíça, onde se fizeram coletas para representantes de Burundi e da Polônia, ou de duas comunidades femininas do Movimento que instituíram um fundo de viagens para jovens e famílias. A lista só ficaria completa se fosse possível citar todos os trabalhos realizados por grupos ou individualmente para criar as condições técnicas para o que deveria acontecer em setembro...

Encontros Internacionais em Setembro

Programa prévio: 1 a 11 de setembro

No programa prévio devia ser oferecido aos peregrinos não alemães, divididos por grupos de língua ou país, a possibilidade de um primeiro contato ou de um melhor conhecimento de Schoenstatt e de seus arredores e de cidades da Alemanha de importância histórica. Nesse programa constavam visitas a Coblença, Treves e Limburgo e viagens a Dachau e a Gymnich.

Os peregrinos tomariam contato com uma comunidade alemã através de uma missa na igreja paroquial de Vallendar no domingo dia 9 de setembro. Algumas particularidades da Renânia seriam descobertas numa viagem de barco pelo Reno. Num encontro de povos através da música os convidados puderam apreciar o folclore alemão pelas apresentações do Coro Masculino „Diana" de Vallendar. O programa prévio encerrou-se com um diálogo entre as delegações dos diversos países e a Câmara Municipal da Cidade. Os visitantes ofereceram ao Prefeito uma placa de bronze contendo o nome dos países aonde Schoenstatt já se estendeu. Ao fim do encontro esta placa foi solenemente afixada num bloco de pedra na rua que leva a Schoenstatt. Novos laços nessa rede através dos continentes e dos povos!

Participaram do programa prévio delegações de 11 países latino-americanos, 2 da África, 9 da Europa, da Austrália e da América do Norte num total de 1400 peregrinos.

Semana Festiva: 11 a 14 de setembro

Os quatro dias da Semana Festiva Internacional e o dia da grande peregrinação a 15 de setembro tinham como ideia central a renovação. Seguindo os marcos da história de Schoenstatt, nas conferências, debates e meditações foram destacados alguns aspectos temáticos. Isto se deu em círculos internacionais e principalmente em quatro grupos linguísticos. Logo na abertura, dia 11 de setembro à tarde, a nova grande praça de peregrinos em Schoenstatt viu uma imagem multicor e uma animação que, nos dias seguintes, se tornou mais densa, cordial e intensa. Além de encontros internacionais dos vários ramos (famílias, mães, juventude feminina etc.), constavam do programa encontros das famílias nacionais de Schoenstatt e comemorações para todos os participantes da Semana Festiva. Foram desenvolvidos três temas principais: "Chamado a uma aliança com Maria", "Profeta de uma nova cultura em Cristo e Maria", "Pai de muitos povos". Todos os participantes ficaram muito impressionados por essa experiência de internacionalidade e pela possibilidade de um intercâmbio e mútuo enriquecimento apesar das dificuldades da língua. A preocupação com a mensagem permanente do P. Kentenich numa situação em mudança e sua aplicação para uma fecunda contribuição de Schoenstatt para a cultura e a sociedade hodierna receberam então um impulso inicial. Agora deve ser levada a frente em todos os recantos.

Domingo, 15 de setembro

A Semana Festiva atingiu seu ponto alto e foi concluída com uma solene missa pontifical presidida pelo Cardeal de Colônia, Dom José Hoeffner e, à tarde, com uma manifestação pública. Participaram destas celebrações 7 cardeais, 22 bispos, políticos e outras personalidades de vida pública como convidados especiais, juntamente com cerca de 13000 peregrinos. Os oradores atestaram a importância do P. Kentenich no âmbito da vida eclesiástica e cultural de vários países, assim como a irradiação pessoal exercida por ele sobre muitas pessoas, irradiação que ainda hoje continua a se verificar. Os principais oradores da tarde foram: o Ministro Presidente da Renânia-Palatinado, Dr. Bernhard Vogel, o Cardeal Raul Silva do Chile, o P. Francisco Javier Errázuriz como Presidente do Conselho Internacional da Obra de Schoenstatt e o Cardeal Sebastião Baggio, Camarlengo de Santa Sé, que leu o telegrama enviado pelo Papa. A saudação do Chanceler da República Federal da Alemanha, Dr. Helmut Kohl, foi transmitida por um membro do Parlamento Alemão, o Secretário de Estado Benno Erhard. No final os jovens, numa dança rítmica muito expressiva, formaram o símbolo do centenário.

Este "dia do Padre Kentenich" foi uma festa do encontro também nos programas alternativos oferecidos das 12 à 14 horas com diálogos sobre a Semana Festiva, apresentações folclóricas de vários países, teatro de marionetes, visita a exposições e outros. A celebração da manhã, sob intensa chuva, foi noticiada pelos meios de comunicação social e deixou uma impressão profunda em todos os participantes. Exatamente no ato de encerramento, formou-se no céu um arco-íris sobre a praça de peregrinos.

Peregrinação a Roma: 16 a 23 de setembro.

Com ônibus, trens especiais e aviões (e alguns carros particulares) chegaram a Roma cerca de 5000 peregrinos. A celebração eucarística na Basílica de São Pedro abriu a semana. Os pequenos grupos que iam chegando encheram a nave central da grande basílica, no mesmo dia que há 20 anos atrás o P. Kentenich chegava a Roma, depois de anos de exílio em Milwaukee nos Estados Unidos. O Cardeal Mayer assinalou em sua homilia o resultado da fé do P. Kentenich como um grão de mostarda e que hoje merece o reconhecimento da Igreja e do mundo.

No dia seguinte, quinta-feira 18 de setembro de 1985, celebrou-se o dia de Maria. A missa, celebrada em 20 diferentes igrejas marianas de Roma, lembrou a história da aliança da Família de Schoenstatt, que nesse dia quis renovar sua aliança de amor no coração da Igreja.

A quinta-feira, dia dedicado a Cristo, possibilitou um encontro com Cristo em seus santos e mártires. O ponto central desse dia foi a celebração da Eucaristia na Igreja de São João do Latrão e a visita às catacumbas. A juventude teve ainda no fim do dia um programa variado num encontro internacional da juventude. O lema que deu a linha desse encontro foi: "Arc-en-ciel: o sonho de José".

Sexta-feira foi o dia de São Pedro. Nele aconteceu o ponto culminante da peregrinação: a audiência especial de uma hora e meia com o Papa João Paulo II. O Papa convidara a Família de Schoenstatt para este encontro na "Sala de Audiências Paulo VI" e aí apreciou a apresentação da história e da espiritualidade do Movimento através de textos lidos, canções, danças e um "álbum de família" de 4 m x 5 m. No final saudou pessoalmente a muitos peregrinos. Suas palavras, dando orientação para que se continue a levar adiante e a desenvolver a herança do Fundador, foram um estímulo e trouxeram alegria e ânimo para as lutas futuras.

O envio propriamente dito foi no dia seguinte, na Basílica de São Paulo fora dos Muros, durante uma missa presidida pelo Arcebispo Dom Lucas Moreira Neves, secretário da Congregação para os Bispos (primo do Presidente Tancredo Neves).

As alocuções dos cardeais, bispos e principalmente as palavras do Papa demonstraram a estima que Schoenstatt goza nos círculos eclesiásticos.

Simpósio Interdisciplinar: 25 a 29 de setembro

„Integração: exigência de uma cultura do terceiro milênio" foi o lema que orientou os trabalhos de cerca de 100 pedagogos, teólogos, filósofos, sociólogos, artistas e peritos em outras disciplinas. Assumiram o patrocínio deste encontro o Cardeal José Ratzinger, o Cardeal Agnelo Rossi e o Cardeal Raul Silva.

Mons. Guilherme Wissing procedeu à abertura do simpósio dia 25 à noite. Em cada um dos três dias de trabalho tratou-se de um aspecto especial do tema: integração. Na análise do tempo e da cultura falaram representantes de diferentes círculos culturais. As dissertações do Prof. Gisbert Greshake e do Prof. Leo Scheffczyk trataram do tema: a força da integração da experiência cristã de Deus. Outro ponto central foi a integração como missão da Igreja a serviço de uma nova sociedade, tendo como orador o Bispo Dom Klaus Hemmerle. Depois da análise de cada um dos temas citados e de se tratar dos aspectos da respectiva especialidade, foram apresentados à discussão pensamentos do P. Kentenich relacionados com o problema em foco.

Uma meta desse simpósio era também, dentre toda a matéria apresentada, incorporar conscientemente elementos formativos como, por exemplo, a integração como tarefa da arte na pintura, na arquitetura e na música.

Este encontro foi encerrado com duas apresentações solenes. Dia 28 de setembro à noite deu-se a primeira apresentação da cantata sobre o Padre Kentenich: "Degraus ao Pai — Entre o Reno e os Andes". No dia seguinte, após a missa pontifical, estava previsto um debate sobre o tema do encontro. Assim a rede através de continentes e povos tornou-se palpável a outro nível, entre cientistas e artistas, e se manifestou o ardente desejo de que ela se torne ainda mais densa e fecunda.

Um término que significa um início

As famílias schoenstateanas de vários países com muitos amigos do Movimento celebraram o centenário do P. Kentenich nas catedrais de Lisboa, de São Paulo, de Lima, na Catedral de São Patrício em Nova Iorque, na Catedral de Colônia, em outras igrejas e em muitos santuários de Schoenstatt de todo o mundo nos dias próximos a 18 de novembro, propriamente o dia do centenário do nascimento do Padre Kentenich.

A Eucaristia celebrada com simplicidade, mas numa atmosfera espiritual de grande densidade, e que encerrou oficialmente o centenário em Schoenstatt a 18 de novembro, foi uma ocasião de se reviverem experiências. Este dia foi previsto conscientemente como um dia de adoração e de agradecimento para, num olhar retrospectivo repassado de gratidão, abrir-se às exigências do futuro. Foi o que o Arcebispo Dom Lucas Moreira Neves formulou em sua alocução em Roma: "Estou certo de que o centenário do nascimento do P. Kentenich não é só um impulso de gratidão, mas também uma exigência para se assumir novamente sua missão".

Gertrud Pollak
Tradução:
P. Gilberto Cavani

Gebet des Gedenkjahres

Aus vielen Ländern kommen wir zu dir,
Dreimal wunderbare Mutter,
Königin und Siegerin von Schönstatt,
um dir zu danken
für unseren Vater und Gründer, Pater Josef Kentenich.
Seine Person und seine Sendung in der Kirche
sind ein großes Geschenk,
wir das wir mit dir den ewigen Vater preisen
durch den Sohn im Heiligen Geist.

Wir versammeln uns im Heiligtum,
das aus deinem Liebesbündnis
mit ihm und den Ersten entstehen durfte.
Senke uns tief ein in die Quelle unseres Ursprungs:
reinige uns,
beheimate, wandle und sende uns
als deine erneuerte und solidarische Familie.

Maria, schenke uns die Gnade der schöpferischen Treue
zum prophetischen Auftrag unseres Gründers.
Sein Erbe drängt uns,
wie er die Kirche zu lieben bis zum Kreuz
und seine Versprechen zu übernehmen,
die er den Nachfolgern Petri gegeben hat.

Dir, Mutter, weihen wir unser tägliches Ringen,
neue Menschen zu werden,
die vorsehungsgläubig die Zeichen der Zeit deuten
und in kindlichem Gespräch mit dem Gott der Geschichte leben.
Königin, gib uns Hoffnung und Mut,
dich in die Herzen unserer Schwestern und Brüder zu tragen,
um so mit dem ganzen erlösten Volk Gottes
den Kulturen des dritten Jahrtausends
in Jesus Christus Gestalt zu geben.
Sende uns, Immakulata, du unsere Siegerin,
damit das Liebesbündnis von Schönstatt
immer mehr seinen Weg in die Welt hineinfinden kann
und dein Bund Leben für alle wird
zur unendlichen Ehre der Heiligsten Dreifaltigkeit. Amen

Prayer for the Centennial

From many nations we come to you,
dear Mother Thrice Admirable,
Queen and Victress of Schoenstatt,
to thank you for our father and founder,
Fr. Joseph Kentenich.
His person and his mission in the Church
are a great gift for which we join you
in praising the eternal Father
through the Son in the Holy Spirit.

We gather together in our shrine
which was born of the covenant of love
with him and the founding generation.
Immerse us deeply into the source of our origin;
purify us, give us a home, transform and send us
as your renewed and united familiy.

Mary, give us the grace of creative loyalty
to our founder's prophetic mission.
His legacy urges us to love the Church as he did,
even to the Cross,
and to take up the promises he made
to the successors of Peter.

To you, Mother, we consecrate our daily striving
to embody the new man who lives
in childlike dialogue with the God of history,
and who understands the signs of the time
through faith in Divine Providence.
Give us, O Queen, hope and courage
to bring you to the hearts of our brothers and sisters,
so that with the entire redeemed people of God
we may help to form the cultures of the third millennium
in Jesus Christ.
Send us, Immaculata, our Victress!
May Schoenstatt's covenant of love penetrate the world —
your covenant, our life —
to the glory of the Blessed Trinity forevermore. Amen.

Oracion del Centenario

Acudimos, Madre, Reina y Victoriosa
Tres veces admirable de Schoenstatt,
desde pueblos diferentes a darte gracias
por tu hijo José Kentenich.
El inmenso don de su paternidad
y de su misión en la Iglesia,
nos mueve a alabar contigo
al Padre, por el Hijo, en el Espíritu Santo.

Venimos al santuario
nacido de tu alianza de amor
con él y los primeros.
Sumérgenos en la fuente de nuestro origen;
en ella purifícanos,
cobíjanos y transfórmanos,
desde ella envíanos
como tu familia renovada y solidaria.

María, concédenos la gracia
de la fidelidad creadora
al encargo profético de nuestro padre y fundador.
Urgidos por su legado
queremos amar a la Iglesia
como él, hasta la cruz,
y hacer nuestras sus promesas
a los Sucesores de Pedro.

Te ofrecemos, Madre, la lucha cotidiana
por encarnar al hombre nuevo
y el esfuerzo por ir siempre
en diálogo filial con el Dios de la historia,
vigilantes a los signos de los tiempos.
Danos, Reina, esperanza y valentía
para llevarte al corazón de nuestros hermanos
y así, con todo el pueblo redimido,
gestar en Cristo Jesús
las culturas del tercer milenio.
Envíanos, inmaculada Vencedora,
y que la alianza de Schoenstatt
sea camino de vida en el mundo
para gloria infinita de la Santísima Trinidad. Amén.

Oração do Centenário

Acorremos, Mãe, Rainha e Vencedora
Três Vezes Admirável de Schoenstatt,
de povos diferentes para agradecer-te
por teu filho José Kentenich.
O imenso dom de sua paternidade
e de sua missão na Igreja,
move-nos a louvar contigo
o Pai, pelo Filho, no Espírito Santo.

Vimos ao Santuário
nascido de tua aliança de amor
com ele e os primeiros.
Submerge-nos na fonte de nossa origem;
nela purifica-nos,
acolhe-nos e transforma-nos;
a partir dela envía-nos
como tua família renovada e solidária.

Maria, concede-nos a graça
da fidelidade criadora
à incumbência profética de nosso Pai e Fundador.
Impelidos por seu legado,
queremos amar a Igreja
como ele, até a cruz,
e fazer nossas as suas promessas
aos Sucessores de Pedro.

Oferecemos-te, Mãe, a luta cotidiana
por encarnar o homem novo
e o esforço de ir sempre
em diálogo filial com o Deus da história,
vigilantes aos sinais dos tempos.
Dá-nos, Rainha, esperança e ousadia
para levar-te ao coração de nossos irmãos
e assim, com todo o povo remido,
gerar em Cristo Jesus
as culturas do terceiro milênio.
Envía-nos, Imaculada Vencedora,
e que a aliança de Schoenstatt
seja caminho de vida no mundo
para a glória infinita da Santíssima Trindade. Amém.

**Fotonachweis, Indice de fotógrafos,
Photo Index, Indice de fotógrafos**

Archiv Gründersekretariat, Archiv Frauen von Schönstatt, Archiv Schönstattpatres - Deutsche Regio, Antunes, Banz, Baral, Berberich, Bonini, Boos, Brügger, Büchler, Czapke, Delalin, Dott, Durrer, Eise, Felici, Fink, Germann, Gold, Grill, Gronemeyer, Hauser, Hagan, Hoch, Jäger, Jochim, Kassung, Klein, Kowanz, Kurtscheid, Lütgens, Mari, Mast, Mélas, Mielke, Müller, Peters, Pollak, Poss, Ravera, Süß, Schlichtmann, Schmid, Schöbi, Schönstattfamilie (Australia, Argentina, Bolivia, Brasil, Chile, República Dominicana, Ecuador, Ireland, México, Paraguay, Philippines, South Africa, Texas, Uruguay), Stenger, Treese, Velázquez, Wefringhaus, Zefa, Zehnder.

**Nachweis von einigen im Text nicht erläuterten Kunstwerken
Indice de algunos artistas no indicados en el texto mismo
Index of some pieces of art not named in the text
Indice de algumas obras de arte nao comentadas no texto**

- 11   Holzvortragekreuz, Berthold Rumold;
- 15   Plakette, Paul M. Rothgerber;
- 17   Dibujo a lápiz, María Jesús Ortiz;
- 21   Plakette, Paul M. Rothgerber;
- 22   Bleistiftzeichnung, Studienblatt Maria Kiess;
- 30   Poster, Lothar Kröll;
- 35.3 Kreidezeichnung, Michael Fuchs;
- 35.4 Kohlezeichnung, Johnny Parth;
- 36   Graphik, Michael Fuchs-Miller;
- 55   Grabado en cuero, Federico Ricardo Mora Mendoza;
- 61   Medalla, Casa de la Moneda de Chile;
- 63   Calabaza, Elías Dorregaray Rivas;
- 65   Oleo, María de los Angeles Fabbri;
- 72   Afiche, Adrián Nelson;
- 88   wie 11;
- 100 Dibujos, David Perera;
- 120s. Sculptures sur bois, art populaire, Burundi;
- 125 Bronzeplakette, Paul M. Rothgerber;
- 198ff Album, Kalman Szerdahelyi;
- 216 Kelch, Kunstwerkstätte Schönstätter Marienbrüder;
- 223 como en 100;
- 232ff Aquarelle, Peter Schlamann,
- 239 Ölgemälde, Alfred Gottwald;
- 240 Cruz monumental según imagen original del P. Angel Vicente Cerró.